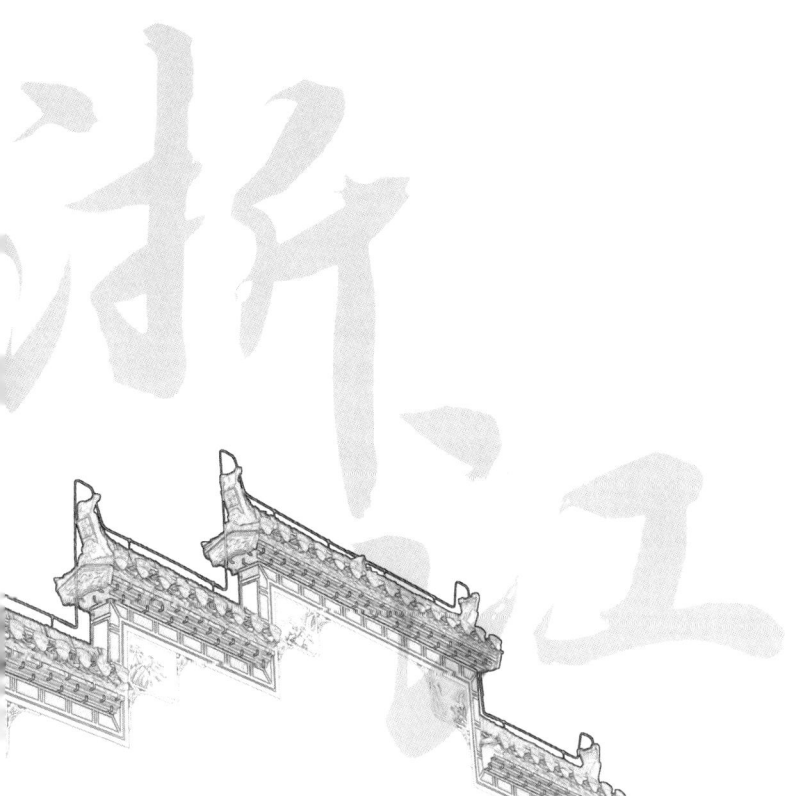

农村土地制度改革：
浙江故事

浙江省土地勘测规划院
浙江大学土地与国家发展研究院／著
沈国明　关涛　谭荣　蒋明利

科学出版社
北京

内 容 简 介

浙江省对农村土地制度的不断创新与探索，已成为该地区农村与城市协调发展的重要基础。本书紧扣当前农村土地制度改革的热点议题，从农村集体经营性建设用地入市、宅基地制度改革、征地制度改革、耕地保护与占补平衡制度改革等多个视角，较为全面地剖析了浙江省各地区在创新土地资源利用规则方面的成熟做法与典型案例，揭示出浙江故事背后的土地资源治理逻辑，并进一步归纳总结出浙江农村土地制度改革的经验，由此形成了"浙江故事"。

本书适合土地政策分析与土地管理领域的研究者，政府相关行政管理部门人员，以及高校土地资源管理、农林经济管理、公共管理专业的教师和研究生阅读与参考。

图书在版编目（CIP）数据

农村土地制度改革：浙江故事 / 沈国明等著. —北京：科学出版社，2018.8
  ISBN 978-7-03-057194-6

Ⅰ. ①农… Ⅱ. ①沈… Ⅲ. ①农村-土地制度-经济体制改革-研究-浙江 Ⅳ. ①F321.1

中国版本图书馆 CIP 数据核字（2018）第 083003 号

责任编辑：陶 璇／责任校对：贾娜娜
责任印制：霍 兵／封面设计：无极书装

科 学 出 版 社 出版
北京东黄城根北街 16 号
邮政编码：100717
http://www.sciencep.com
中国科学院印刷厂 印刷
科学出版社发行 各地新华书店经销

*

2018 年 8 月第 一 版 开本：720×1000 1/16
2018 年 8 月第一次印刷 印张：13 1/2
字数：272 000
定价：108.00 元
（如有印装质量问题，我社负责调换）

序

　　中国特色社会主义进入了新时代，我国社会主要矛盾已经转化为人民日益增长的美好生活需要和不平衡不充分的发展之间的矛盾。城乡发展不平衡、农村发展不充分是我国当前发展不平衡不充分的突出问题之一。农业、农村、农民问题是关系国计民生的根本性问题，党中央把解决好"三农"问题作为全党工作的重中之重，党的十九大明确提出要坚持农业农村优先发展，实施乡村振兴战略，加快推进农业农村现代化。建立城乡统一的建设用地市场，建立兼顾国家、集体、个人的土地增值收益分配机制，统筹城乡土地资源要素合理配置，深化农村土地制度改革，是关乎民生与国家发展的重大改革，是"三农"问题的核心，是实施乡村振兴战略的重要内容。

　　改革开放以来，浙江省对农村土地制度改革的探索实践从未停止。20 世纪90 年代，温州大胆尝试了农房及宅基地抵押贷款，21 世纪初浙江省开展了城乡建设用地复垦指标试点，近年来德清、义乌按照国家部署开展了农村土地制度三项改革试点。浙江秉持先行先试、勇于创新的精神，积极面对农村土地制度改革任务，不断开创国土资源管理新局面，持续助推浙江省社会经济的持续健康发展。浙江农村土地制度改革取得的成效与经验，得到了中央有关部委和各级党委政府的肯定，也得到了农村集体经济组织与广大农民的认可，逐步形成了"浙江改革样本"。对此，我们浙江国土人引以为自豪，同时也保持着谦虚审慎的态度。

　　饮水当思源。"浙江改革样本"的形成离不开中央有关部委的大力支持和省委、省政府的正确领导，正因为营造了"惟改革创新者胜"的整体发展环境，浙江国土人才有了充分发挥制度创新的空间。地方党委政府勇于担当，农民群众热烈响应，社会各方通力配合，使改革探索得以扎根于浙江这方热土，并形成"星火燎原"的良好态势。在改革实践中，我们始终强调基础性工作的重要性，时刻为推动改革准备着；始终坚持改革释放红利的发展眼光，鼓励地方大胆进行制度创新；始终坚持"智慧在民间"的治理理念，增强地方自主改革的积极性；始终坚持务实的工作作风，以改革成效论英雄，同时也宽容失败。正是这四个方面的改革导向，铺就了当前浙江改革的道路。

近年来，浙江省土地勘测规划院以中国土地勘测规划院土地政策实证研究基地为平台，联合浙江大学土地与国家发展研究院，组成研究团队，长期跟踪研究浙江农村土地制度改革探索与实践，完成了《农村土地制度改革：浙江故事》一书的写作。该书扮演着"说书人"的角色，从非正式制度梳理、正式制度分析、治理结构选择以及资源配置优化等多个层次，系统提炼出浙江省在农村土地制度改革中的特色与亮点，立体展示了改革背后的特性与共性，以此串联成"浙江故事"，使人读之兴趣盎然，品之意犹未尽，思之豁然开朗，值得肯定。

"浙江故事"给当前改革带来两点重要启示：一是妥善解决改革过程中"人、地、钱"的问题，即人往哪里走或哪些人参与，地从哪里出或地要怎么配置，钱从哪里来或钱要如何分配，这关乎改革的成败；二是有效协调政府、市场与集体经济组织之间的关系，政府应该在改革的哪些环节发力、市场应该在什么时候发挥主导作用、集体经济组织应该在哪些地方扮演重要角色，这决定了改革的成效。以上两点启示，仅是从整体角度做出的提炼，其他方面的一些经验做法与浙江特色，该书中亦有体现。

路漫漫其修远兮，改革没有终点，永远在路上。我们要以习近平新时代中国特色社会主义思想为指导，全面贯彻落实党的十九大精神，秉持"一张蓝图绘到底"的改革决心，推动改革向纵深拓展。一方面，要在现有改革成效的基础上，加强与兄弟省市的学习交流，进一步凝练出"可推广、可复制"且更具普遍意义的浙江经验；另一方面，要稳步推进基础性工作，大胆创新"三项改革"，探索构建城乡统一的建设用地市场，进一步夯实浙江"藏富于民"的发展道路，助推实施乡村振兴战略，在化解当前社会经济发展"不平衡、不充分"的主要矛盾的过程中发挥积极作用，为浙江"两个高水平"建设做出新的更大贡献。

是为序。

浙江省政协副主席，省国土资源厅党组书记、厅长

2018 年 2 月 9 日

目　　录

第一章 浙江发展过程中的土地故事

第一节 土地服务于浙江发展的经典历史

一、浙江改革发展的关键阶段

习近平同志主政浙江期间，高瞻远瞩地提出了"八八战略"的总体部署，要求进一步发挥浙江八个方面的优势、推进八个方面的工作，勾画了浙江改革发展的新蓝图。一是进一步发挥浙江的体制机制优势，大力推动以公有制为主体的多种所有制经济共同发展，不断完善社会主义市场经济体制；二是进一步发挥浙江的区位优势，主动接轨上海、积极参与长江三角洲地区交流与合作，不断提高对内对外开放水平；三是进一步发挥浙江的块状特色产业优势，加快先进制造业基地建设，走新型工业化道路；四是进一步发挥浙江的城乡协调发展优势，统筹城乡经济社会发展，加快推进城乡一体化；五是进一步发挥浙江的生态优势，创建生态省，打造"绿色浙江"；六是进一步发挥浙江的山海资源优势，大力发展海洋经济，推动欠发达地区跨越式发展，努力使海洋经济和欠发达地区的发展成为浙江省经济新的增长点；七是进一步发挥浙江的环境优势，积极推进基础设施建设，切实加强法治建设、信用建设和机关效能建设；八是进一步发挥浙江的人文优势，积极推进科教兴省、人才强省，加快建设文化大省。

秉持"八八战略"，"腾笼换鸟、凤凰涅槃"，推进经济结构的战略性调整和增长方式的根本性转变是重要的发展举措，浙江开始把注意力更多地集中在发展的质量上而不是速度上，主动关停并转、调低增速，为经济转型升级打开通道。浙江省坚决贯彻习近平同志的要求，久久为功、善作善成，打出了"三改一拆"、"五水共治"、"腾笼换鸟"、科技创新驱动、八大万亿产业培育、特色小镇建设等转型升级的系列组合拳，以加快经济转型升级奠定更高水平全面小康社会的厚实基础。特别是持之以恒以"三改一拆"优化城乡空间布局，以"腾笼换鸟"盘活城镇低效用地，改出了美丽环境，推动了转型发展，大量"轻、巧、灵"产业替代了"厚、重、黑"产业，高端产业正吸引越来越多人才聚集，探索出了供给侧结构性改革的浙江路径，使浙江站上经济"增长中高速、质量中高端"的跑道①。

随着社会经济的发展，人民群众对环境质量提出了更高要求，改变城乡面貌势在必行，浙江省进入了生态文明发展的新阶段。浙江是习近平同志"绿水青山就是金山银山"重要理念的萌发地。浙江践行这一发展理念，着力抓好生态文明建设，加快绿色浙江建设，绘就更高水平全面小康社会的浙江美丽蓝图。"五水共治"全民动员、势如破竹，"河长制"全面落实，打响剿灭劣 V 类水攻坚战，治出了一湾湾清水河塘；开展生猪养殖集中整治，坚决关停排放不达标的养猪场和散养点，许多养殖场变身为生态风景区；坚持治水、治气、治土一起抓，加快推进生态环境问题综合治理，实施最严格的生态环境保护制度，打造"环境执法最严省"。浙江省深入实施"千村示范、万村整治"工程，扎实推进美丽乡村建设，涌现出一批布局美、环境美、风貌美、生活美、风尚美、发展美的宜居宜业宜游美丽乡村，再现了天蓝、水清、山绿、地净的美丽浙江①。

习近平同志在浙江工作期间指出，没有欠发达地区的小康，就没有浙江省的全面小康。随着经济社会发展步入新常态，浙江省继续发挥城乡协调发展优势，坚持城乡统筹、山海协作，在均衡协调发展中拓展空间，在补齐短板中增强后劲。浙江省坚持普惠性、保基本、均等化、可持续方向，持续打通城乡体制改革的经脉，切实使老百姓钱袋子更鼓、幸福感更强。浙江省高标准开展扶贫脱贫工作，26 个欠发达县实现集体"摘帽"，家庭人均年收入 4 600 元以下的贫困现象全面消除，"十二五"期间城乡居民收入继续稳居全国省区第一①。

二、土地与浙江省的发展

土地作为一种重要的生产要素，在浙江省经济社会发展，推动"八八战略"及后续一系列政策实施的过程中发挥了举足轻重的作用。浙江省大胆先行先试，通过土地领域的改革探索，进一步激发经济社会发展活力，释放改革红利，让全体人民更好地共享改革发展成果。

"十一五"期间，浙江省在土地管理制度改革中涌现出一批成功典范，如嘉兴的"两分两换"制度、义乌的"三大激励政策"、温州的农房抵押、慈溪的宅基地置换农民公寓、宁波鄞州的农民集中居住区建设等。土地管理制度

---

① 葛慧君. 以"八八战略"为总纲率先全面建成更高水平的小康社会[EB/OL]. 人民网，http://opinion.people.com.cn/n1/2017/0412/c1003-29203846.html，2017-04-12.

改革在少数地方取得了一定成效，但改革尚需深入，仍需要进一步推广和不断完善。要破解长期存在的城乡二元结构，形成城乡经济社会一体化新格局，改革创新土地管理制度是一条必由之路。为此，浙江继续以土地管理制度改革创新为切入点和突破点，加快推进"十二五"时期城乡经济社会发展一体化进程。

"十一五"以来，浙江省国土资源工作紧紧围绕促进科学发展、转变经济发展方式主线，突出把握好"稳中求进"的工作总基调，按照"重保障、促发展，严监管、促规范，强改革、破难题，惠民生、促和谐"的工作思路，深化改革创新，严格规范管理，国土资源服务保障能力水平进一步提升。

第一，重保障、促发展，着力优化国土空间开发格局。一是严格实施新一轮土地利用总体规划，及时开展规划定期评估和适时修改工作，部署开展土地利用总体规划调整完善工作，科学划定生态红线、永久基本农田红线和城镇扩展边界线，实现规划由规模扩张向限定边界、优化结构转变，增强规划的科学性、实施性。立足"多规"融合，组织开展多规融合试点和村庄土地利用规划编制试点，明确城乡生产、生活和生态功能区范围，优化国土空间开发格局。二是统筹利用山海土地资源，积极探索实施"台地工业、坡地村镇"新模式，研究建立海域使用管理与土地管理联动机制，加快浙江西南地区的低丘缓坡综合开发利用和东部沿海地区的滩涂资源综合开发利用，浙江省被原国土资源部列为全国首个低丘缓坡开发试点省。深入推进"坡地村镇"建设用地试点，走出一条建设项目少用地、少占用耕地的破解用地空间矛盾的新路子。统筹城乡土地资源，编制农村土地综合整治规划，合理安排增减挂钩试点规模、时序和布局，加快推进农村土地整治和城乡增减挂钩试点。统筹存量土地资源，加快对批而未供土地消化利用和低效利用土地的二次开发，挖潜存量建设用地空间。三是实施有差别的计划管理政策，从严从紧投放新增建设用地计划，实施新增计划与节地率、供地率挂钩办法，强化计划执行评估考核，建立奖惩约束和激励机制。统筹协调和合理安排各类建设用地，重点保障事关经济转型升级的重大项目，保障战略性新兴产业、现代服务业和新型城市化发展，以及公益性养老、教育、医疗、农民建房等民生项目用地。一般性工业项目原则上不安排新增指标。

第二，严监管、促规范，着力构建耕地保护长效机制。一是扎紧耕地保护"篱笆"。按照"保护优质耕地、保护生态环境"和"数量与质量并重"的要求，调整优化基本农田区位和布局，优先将城镇周边、交通沿线、河道两岸的平原优质良田、高标准农田、粮食生产功能区划为永久基本农田示范区，优先将旱涝保收、农田水利基础设施配套、土地平整的优质耕地划为永久基本农田，实行最严格的保护措施，扎紧耕地保护"篱笆"，筑牢粮食安全基石。完善巡查工作机制，开展耕地卫片执法检查，充分发挥信息科技在巡查中的作用，真正做到"发现在初始，解决在萌芽"。结合"三改一拆"专项行动，开展"亮剑行动"，加强土地执法监察，对违法违规行为敢于动真碰硬，严肃查处违法占用耕地，特别是永久基本农田行为。二是加大耕地建设力度。组织实施"百万"造地保障工程、"812"土地整治工程、"611"耕地保护工程，建立建设占用耕地耕作层剥离再利用制度、新增耕地后期管护和地力提升制度、耕地质量等级监测制度，制定出台土地整治项目规划设计标准、项目预算定额标准、项目绩效评价办法，推进垦造耕地、高标准农田建设、农村土地综合整治、旱地改水田质量提升项目，以建设促保护，实现耕地数量不减少、质量有提高、布局更优化的目标。三是建立完善耕地保护共同责任机制。推行领导干部耕地保护离任审计制度，加大对地方党委政府耕地保护目标责任考核。以激励促保护，全面建立耕地保护补偿机制，土地出让收益反哺耕地保护和农业农村，提高耕地保护积极性和主动性。

第三，强改革、破难题，着力提高节约集约用地水平。一是建立健全节约用地激励约束机制。出台《浙江省土地节约集约利用办法》，深入开展"365"节约集约用地行动计划、亩产倍增行动计划，推进节约集约模范县（市）创建，争创全国国土资源节约集约利用"示范省"。规范土地出让交易管理，建立全省统一的土地市场网上交易平台。及时总结推广各地节约集约用地的新理念、新政策、新模式，全面落实"严控增量、盘活存量、优化结构、提高效率"的要求，全方位提升土地资源节约集约利用水平。二是深入推进空间换地和城镇低效用地再开发。明确"三改一拆"中违法用地处置和土地开发利用政策意见，探索完善低效利用土地"二次开发"政策，建立低效利用土地评价认定标准和流转退出机制，抓好批而未供土地消化利用和闲置土地清理处置，建立"以存量换增量"机制，推进存量建设用地盘活挖潜，提高现有建设用地对经济社会发展的支撑能力和利用效率。支持地下空间开发利用，对地下空间国有建设用地使用权实行分类供地的方式和"分层递减"的地价政策。三是破除"以 GDP 论英雄"的传统理念，树立"亩产论英雄"的节约集约用地理念。完善节约集约用地标准与考核评价制度，建立健全产业集聚区项目用地准入标准，探索差别化城镇土地使用税管理政策，研究建立促进节约集约用地的税费调节机制。实施土地出让合同履约保证金制度，探索企业用地诚信管理和工业项目投产后的监测评价制度，切实做好重大产业项目用地动态监测与绩效考核。完善区域集约利用评价考核体系，进一步加强城市、开发区和产业集聚区土地集约利用评价和管理。四是严格控制农村建设用地总规模，力争实现零扩张。探索开展农村土地利用规划编制和农村土地全域整治，科学规划农村三生空间，助力建设美丽乡村。总结提升农村土地整治工作经验，建立银行与政府合作平台，用好用足城乡建设用地增减挂钩政策、完善节余指标收益分配和项目实施监管办法，探索节余指标在市域范围内有偿调剂使用的方法，促进农村存量土地盘活利用，推动城乡统筹发展和新农村建设。

第四，惠民生、促和谐，持续改善民生问题。开展破解农民建房难专项行动，进一步落实好农村无房户、危房户建房用地，从源头上解决农村违法用地等突出问题。深化征地制度改革，调整提高征地补偿标准，完善被征地农民社会保障制度和多元补偿安置机制。推进村级土地民主管理，突出农民主体地位，以"村规民约"、基层协商和自治管理等有效形式，调动农民群众参与耕地保护的积极性，强化农村土地管理。全面推行土地、房产、林地、海域等不动产统一登记，开展"不动产统一登记最多跑一次"改革，实现群众办事一站式服务。全面落实保障性安居工程用地应保尽保制度。

三、农村土地制度改革的浙江探索

浙江省立足于世情、国情和省情，创造性地开展农村土地制度改革，取得了丰硕成果，走在了全国前列。因此，研究浙江省土地制度改革的进程，分析改革中遇到的问题，将为全国其他地区未来改革提供颇有价值的经验和启示。

当前，浙江省农村土地制度改革的试点工作进入了需要总结提炼的阶段。无论是原国土资源部，还是相关部委领导，在浙江省调研时都给出了一个关键词——先进性。2017 年，国土资源部党组成员、副部长、国家土地副总督察张德霖在浙江省德清县、义乌市调研农村土地制度改革试点工作时就指出：浙江省和试点地区党委、政府对改革试点工作高度重视，切实落实改革责任，组织实施有力，把改革试点政策真正宣传到老百姓的心坎上，把群众的首创精神和顶层设计很好地结合起来，充分发挥了基层组织的作用。改革试点工作走在了全国前列，老百姓通过改革有了更多实实在在的获得感。可以说，浙江省的改革最具有先进性，不仅仅是因为浙江省相对于其他地方经济发展所具有的先进性，更是因为浙江省的改革在三年的试点过程中所积累起来的经验。

毋庸置疑，浙江省的改革确实具有很多亮点，但浙江省经验能否进一步提升为可复制、可推广的模式，是理论研究者和工作实践者需共同关注的议题。这不仅有利于深化浙江的农村土地制度改革，更是为中国特色社会主义进入新时代后，从全国层面总结农村土地制度改革经验和修法，提供重要的实践支撑。

第二节　农村土地政策创新的现实背景

一、农村土地制度的困境与反思

国有与集体的土地产权二元分化构成了现行土地管理制度的基本框架。土地规划与用途管制制度是城乡二元的土地产权制度在实际中起作用的重要途径，也是实施城乡土地二元化管理的主要工具。作为现行土地产权制度以及规划与用途管制制度的产物，城乡土地市场的二元割裂直接影响着城乡土地资源配置和收益分配效果。这种城乡二元的土地管理制度，是诱发农村土地管理特别是集体经营性建设用地和宅基地治理中诸多矛盾与问题的一个原因。

首先，农村土地产权受到的诸多限制从根本上影响了包括集体经营性建设用地和宅基地在内的农村土地资源的优化配置和价值释放。根据《中华人民共和国土地管理法》（2004 年修订）（以下简称《土地管理法》）等法律法规，我国的土地可以划分为城市土地和农村土地，城市市区的土地属于国家所有，农村和城市郊区的土地，除由法律规定属于国家所有的以外，属于农民集体所有，宅基地和自留地、自留山，属于农民集体所有。这样的法律规定，建立起了国家所有与集体所有的二元土地产权结构，城乡土地产权在使用权、收益权、处置权、排他权和交易权五项权能上存在明显差别，主要表现为集体土地产权在多方面受到法律的限制。从使用权来看，集体土地只能用于与农业相关的生产生活，未经政府允许或在政府征收为国家所有之前，不能用于非农产业发展和非农生活使用。从收益权来看，集体土地只能通过与农业相关的生产生活获益而不能通过非农产业收益，在被征收为国有土地时，也只能按照原农业用途年均产值的若干倍或者区片综合价进行补偿。从处置权来看，集体土地的所有者只能在保证农业生产生活的前提下决定土地在集体内部的分配和再次流转，不能转让、租赁给集体以外非农产业使用，抵押融资也受到一定程度的限制。从排他权来看，集体土地产权无法对抗政府的征收和征用，尤其在政府以公共利益为目的之时。从交易权来看，集体土地所有权不能让渡给其他集体，使用权也要在一定条件下才能流转给集体以外的成员使用。

其次，农村土地市场的欠发育和不完善进一步折射出农村土地制度运行的困境。就农村集体建设用地来看，随着农村土地价值的显化和"同地不同价"矛盾的日益突出，农民或者农村集体组织会直接非法地（未经土地征收）把农村建设用地流转给城市土地使用者用于非农建设，既包括村集体将集体所有的建设用地使用权流转给外来投资使用，也包括村民个人将自己的住房连同宅基地的使用权流转给城市居民，以便分享更多的土地增值收益。但是，此类非法交易不能办理登记手续，产权缺乏安全性，存在交易风险。依据我国《土地管理法》的相关规定，政府一旦发现此类非法交易行为必然要严格处罚，并责令限期改正，还要没收在非法转让的土地上新建的建筑物和其他设施。就农村宅基地而言，农村宅基地集体内部交易市场的灰色属性导致其未能有效实现提升农村土地资源配置效率和增加农民财产性收入。有限的交易范围和缺少正式制度保障的产权使供需双方缺乏交易的积极性。随着农业转移人口的增加，农村宅基地大量闲置，出现了"空心村"现象，宅基地也成为"沉睡的资产"。

最后，现行的土地征收制度形成了"同地不同价"的城乡二元土地市场，使农村和农民难以分享土地增值收益。根据现行法律，农村集体土地征收为国有土地，是实现农村土地在城乡间流转的唯一合法途径。在土地征收过程中，政府具有强制性的公权力——征收权，征收土地的位置、数量和补偿标准均由政府确定，作为供给方的村集体一般不能对抗政府的征收。由于法律规定，土地征收按照被征收土地原用途年均产值的若干倍（一般为被征收前三年平均年产值的15~30 倍）或区片综合价进行补偿，而不是以该土地未来所具有的城市国有建设用地价值为基础进行补偿[1]。这反映出我国土地市场中"同地不同价"的特殊现象[2]，两块相邻的土地其他条件都基本相似，因权属上的不同，即一块属于城市国有，一块属于农村集体所有，导致两块土地的市场价格存在显著差别，国有土地价格会远远高于农村集体所有的土地。可见，政府以较低的征地补偿将集体土地转变为国有土地，限制了农民和农村充分享有土地增值收益的收益权。据统计，在土地增值收益分配中，政府得到 60%~70%，村级集体组织只得到25%~30%，农民得到的少于 10%[3]。可见，在现行的城乡二元土地制度下，农村土地是一种不能自由流动的生产要素，制约着土地资源配置效率的提升，从而导致城乡土地收益分配的困境，也使大量的农村存量用地资源处于低效利用的状态。

二、国家土地政策的创新试验

国家自上而下进行了一系列的农村土地政策创新，包括城乡建设用地增减挂

① 郑振源. 征地补偿中的几个理论问题[J]. 中国土地科学，2012，（7）：23-27，83.
② 刘守英. 农村土地法律制度改革再出发——聚焦《中共中央关于全面深化改革若干重大问题的决定》——中共十八届三中全会后的土地制度改革及其实施[J]. 法商研究，2014，（2）：3-10.
③ 唐健，谭荣. 农村集体建设用地价值"释放"的新思路——基于成都和无锡农村集体建设用地流转模式的比较[J]. 华中农业大学学报，2013，（3）：10-15.

钩、农村土地制度三项改革试点等。城乡建设用地增减挂钩是指依据土地利用总体规划，在城市近郊区将若干拟整理复垦为耕地的农村建设用地地块（即拆旧地块）和拟用于城镇建设的地块（即建新地块）等共同组成建新拆旧项目区，建新拆旧和土地整理复垦等措施，既增加了一定面积的土地用于城镇建设，又保证了项目区内耕地有效面积的增加和耕地质量的提高，实现了节约集约利用建设用地，城乡用地布局更合理的目标。

总体而言，增减挂钩不仅盘活了农村存量建设用地，拓展了城镇建设用地空间，还可有效整合农村土地资源，改变既往村庄结构分散，居民点呈现"多、散、乱"的局面，有利于优化土地结构、实现土地规模经营、提高土地利用集约度。各地自下而上进行了许多试验，产生了许多模式，实践成效也较为显著。特别是重庆市地票交易制度，充分运用和显化了增减挂钩政策和效应，成为重庆市城乡统筹发展的重要政策手段。

地票交易制度是指在充分尊重农民和村集体经济组织意愿的前提下，将闲置、废弃的农村集体建设用地复垦为耕地，产生的建设用地指标优先保障农村自身发展后，节余部分可在政策规定的规划范围内进行市场交易，地票交易的收益将全部用于"三农"支出，以巩固脱贫攻坚成果和支持实施乡村振兴战略。地票交易制度突破城乡建设用地界限，使建设用地资源实现大范围、远距离的优化配置，有助于统筹城乡土地利用和提高土地利用效率。同时，地票交易制度还推动建立了农村财产处置变现平台和城市反哺农村的通道，推动了农村土地发展权的价值实现，让农户直接分享到工业化、城镇化的土地增值收益，有利于促进农民增收、农村发展和农业人口转移，农户能够带着财产进城，可以更好地融入城市生活。地票还可以作为有价证券用作融资质押物，并为农房贷款的资产抵押评估提供现实参照系，带动金融下乡和农村房屋价值提升，拓宽农民的增收渠道。

除了重庆市外，四川省成都市也建立了类似的地票制度，江苏省华西村提出了"多占天少占地""向空中地下要土地"的农田整理模式，江苏省无锡市把农民拆迁安置房建成多层公寓式农民住宅小区，广东省深圳市对 2 000 多个旧村实行多高（层）楼群改造，向中心村镇集聚。

有些地方还探索了宅基地换房、双放弃等改革举措。宅基地换房是指在国家现行政策框架内，在坚持自愿原则的前提下，农民以其宅基地，按照规定的置换标准换取小城镇中的一套住宅，迁入小城镇居住。双放弃是指农民同时放弃土地承包权和宅基地使用权后可以参加城镇社会保险并获得就业机会。

很明显，城乡建设用地增减挂钩政策有利于完善农村宅基地退出机制，在推进城乡统筹发展和农村人口转移进城中发挥了重要作用，也使农村土地价值得到了一定程度的显现。

2015 年初，经全国人民代表大会（以下简称全国人大）授权，国土资源部在全国范围内选择了 33 个县级行政区开展农村土地制度改革试点，包括征地制度改革、农村集体经营性建设用地入市和宅基地制度改革三项。在试点之初，国家层面就对试点政策进行了顶层设计，提出了总体思路，要求试点地区坚守"土地公有制性质不改变、耕地红线不突破、农民利益不受损"三条改革底线，立足我国基本国情和发展阶段，坚持问题导向和底线思维，使市场在资源配置中起决定性作用，更好地发挥政府作用，兼顾效率与公平，围绕健全城乡发展一体化体制机制目标，以建立城乡统一的建设用地市场为方向，以夯实农村集体土地权能为基础，以建立兼顾国家、集体、个人的土地增值收益分配机制为关键，以维护农民土地权益、保障农民公平分享土地增值收益为目的，发挥法律引领和推动作用，着力政策和制度创新，为改革完善农村土地制度，推进中国特色农业现代化和新型城镇化提供实践经验。同时，全国人大也在试点地区暂停了部分相关法律条款的施行，为改革试点县区创造了良好的法律基础条件。

在土地征收制度改革方面，国家提出了探索缩小土地征收范围、规范征地程序、完善对被征地农民合理规范多元保障机制等总体思路。在集体经营性建设用地入市改革方面，国家提出了完善农村集体经营性建设用地产权制度、明确农村集体经营性建设用地入市范围和途径、建立健全市场交易规则和服务监管制度等总体思路。在宅基地管理制度改革方面，国家提出了完善宅基地权益保障和取得方式、探索宅基地有偿使用制度、探索宅基地自愿有偿退出机制、完善宅基地管理制度总体思想。在推进农村土地制度改革的同时，国家就落实最严格的耕地保护制度提出了一系列改革举措，建立了耕地占补平衡制度，实施了高标准农田建设工程，推进了耕地保护补偿机制建设，管控性、建设性、激励性耕地保护措施不断推陈出新，形成了耕地数量、质量、生态"三位一体"的保护新格局。2017年 1 月，中共中央、国务院下发了《中共中央 国务院关于加强耕地保护和改进占补平衡的意见》（中发〔2017〕4 号），明确要求，要牢牢守住耕地红线，确保实有耕地数量基本稳定、质量有提升。到 2020 年，全国耕地保有量不少于18.65 亿亩①，永久基本农田保护面积不少于 15.46 亿亩，确保建成 8 亿亩、力争建成 10 亿亩高标准农田，稳步提高粮食综合生产能力，为确保谷物基本自给、口粮绝对安全提供资源保障。耕地保护制度和占补平衡政策体系不断完善，促进形成保护更加有力、执行更加顺畅、管理更加高效的耕地保护新格局。

三、浙江省的土地政策创新效应

浙江省是民营经济发展比较早也比较好的省份，市场化程度高，市场主体接

① 1 亩=666.67 平方米。

受新事物时也非常敏锐，土地资源需求持续旺盛。浙江省委、省政府部署了一系列改革农村土地制度的工作，改革经验比较丰富，改革成果更为丰硕。

首先，政策创新能够释放农村土地资源的潜在价值，创造社会财富。政策创新直面农村土地产权现状，不断完善农村土地收益、转让、抵押、担保等权能。产权安排变化会导致资产价值变化，影响人的行为选择，左右资源的配置、产出结构和收入分配。农村土地制度改革的还权赋能取向，可以丰富农村土地的产权内容，显化农村土地的价值，实现农村土地从资源向资产、资本兼容转变，提升农村土地资源配置效率。制度改革直面城乡土地市场二元现实，通过土地资源、资产或指标的市场化交易，让市场在资源配置中起决定性作用，推动建立城乡统一的土地市场。改革举措直面农村集体土地产权、土地市场、监管服务等方面存在的突出问题，通过发挥政府在界定和保障产权、健全市场规则及监管服务等方面的作用，明晰农民、集体、用地者之间的权、责、利，规范市场主体的交易行为，避免了农村土地的各项权利不清引致的主体间过度竞争和博弈，防止了农村土地流转交易过程中的机会主义行为，减少交易的不确定性。政府职能的有效发挥，避免了待释放的农村土地价值的耗散，为社会创造出更多财富。

其次，政策创新能推动城市反哺农村，实现社会财富转移，优化城乡分配格局。从本质来看，同国有建设用地一样，集体经营性建设用地也是一种生产要素，同样能够满足用地者开发建设的需求。集体经营性建设用地入市的探索，打破了城乡建设用地市场二元局面，逐步实现城乡土地"同地同权同价"，消除城乡土地收益分配的"剪刀差"，赋予农民和集体对农村土地的剩余索取权和收益支配权，使农村分享更多发展的红利。宅基地管理制度改革，明晰和显化了农村的住房财产权，宅基地有偿退出以及农民住房财产权的抵押、担保和转让，可以规范或逐步消除"隐形土地市场"，让农民和农村直接获得财产性收入，以及未来发展所需要的金融支持。当然，此类财产性收入和金融资本也都得益于工业化、城镇化发展的经济红利，体现了城市对农村的转移支付。综上所述，多项制度改革，不但具备社会财富创造的功能，还能产生转移社会财富的分配效应，从而促进城市反哺农村和城乡之间的分配格局优化。

再次，社会财富创造与转移的分配效果，有利于促进农村的后发发展，不断缩小城乡差距，推动浙江省全面建成更高水平的小康社会。集体经营性建设用地入市，有利于吸引城市资本投入农村，发展农村产业，扩宽农民的增收渠道；休闲旅游等农村现代服务业，可以激发城市居民消费的需求，带动社会财富从城市向农村转移。农民和村集体作为集体经营性建设用地的产权人，将分享相应的土地收益。宅基地管理制度改革，明晰和显化了农村的住房财产权，增加了农民的财产性收入。农民整体收入水平的提高和各类社会资本的广泛参与，能够为农村的后发发展积累资金和资本，农民和农村就可以利用社会财富创造和转移所积累的资金和资本完善农村的基础设施，改善农村的生产生活条件，调整产业结构，促进农村协调产业发展。

最后，政策创新完善了耕地保护的责任管理机制，有效推进了耕地占补平衡工作的稳步开展。保护耕地和保障经济社会发展所需的土地供给，是浙江省土地管理需破解的长期问题。近年来，随着工业化和城镇化的深入推进，日益严峻的耕地占补平衡矛盾凸显。一方面，受到"七山一水二分田"自然条件的约束，浙江省的后备耕地资源，尤其是高质量的后备资源严重不足，增大了耕地占补平衡的难度，实现耕地占补平衡，特别是质量平衡的压力较大。另一方面，耕地占补平衡的资金压力突出，耕地占补平衡的生态"代价"亦不容小觑。浙江省依靠制度创新，构建补充耕地指标交易平台，推动实现耕地占补平衡的政策目标。

得益于浙江省土地政策创新的分配效应显现，城乡之间分配差距将会进一步缩小、城乡分配格局将更加优化，农民和农村也将会分享到更多、更实在的改革发展成果，有力地推动全面建成更高水平的小康社会。作为经济发达地区的典型代表，浙江省是了解中国农村土地制度改革实践的重要"窗口"，深入分析浙江省的土地政策创新实践，有助于明晰中国深化农村土地制度改革的前进方向，也能够为土地制度的顶层设计提供经验证据。

第三节　土地制度改革浙江故事

一、浙江省的特殊背景

浙江省农村土地制度改革有其特殊的背景。一是浙江省局部"用地难"的不平衡、不充分的资源禀赋。浙江省部分地区土地利用总体规划各项主要控制指标已处于"警戒线"以下，发展空间问题凸显，土地供需矛盾十分尖锐，改革开放以来，浙江省经济社会快速发展，综合实力和人民生活水平大幅提高。在经济高速增长的同时，消耗了大量的土地资源。局部地区人多地少，土地资源禀赋先天不足，传统粗放的土地利用方式已难以为继，制约着浙江省经济社会的全面可持续发展。二是浙江农村集体经营性建设用地普遍处于低效利用的状态，主要表现在土地闲置、条件差、"违法"租赁、存在污染等方面。例如，一些村在矿产资源开采枯竭后，并没有再次利用这些工矿用地，开采后的土地大多处于废弃闲置状态。一些乡村小微企业，或租用原先生产农副产品的厂房，或私下租用、违法租用集体土地建房生产，安全隐患大，生产条件恶劣。总的来看，改革前的农村集体经营性建设用地，利用效率低下，违法违规问题突出，严重影响了城乡建设用地健康可持续的发展。改革前，民营企业对集体经营性建设用地有刚性需求，由于缺乏引导和管控，集体建设用地野蛮生长，企业家因为土地产权不明晰等不确定因素束缚了手脚，投资信心不足。随着入市试点的政策落地，集体建设用地市场运转应运而生，并保持了正常的活跃度。三是浙江的农村宅基地管理面临着一些"老、大、难"问题。例如，农村规划缺失、农民建房指标稀缺、农民建房落地难，无房户、危房户大量存在。此外，宅基地使用中违法现象频出，"一户多宅""超标超占"等问题也比较突出。宅基地粗放与低效利用甚至出现闲置并存，农村住房布局散乱与基础设施配套不足同行，农民生产和生活条件亟待提升。多年来，浙江深入推进"规范宅基地管理破解农民建房难"专项行动，通过专项扶持、存量盘活、增减挂钩、异地搬迁等多种途径，解决无房户、危房户农民建房问题，群众权益得到进一步维护。浙江省着力抓好宅基地使用权登记工作，全面推行农村土地民主管理制度，进一步发挥村级集体经济组织和农民在土地管理中的主体作用，持续完善宅基地权益保障和取得方式，探索建立宅基地有偿使用和有偿退出机制。

浙江人的企业家精神为浙江省农村土地制度改革创造了得天独厚的"先天条件"。改革开放以来，浙江省的民营经济异军突起，持续高速增长，取得了举国瞩目的成就。社会主义市场经济在浙江省的蓬勃发展，离不开活跃的民营经济。1980年，浙江省温州市颁发了中国第一张个体工商户营业执照，标志着孕育在民间的浙江省民营经济，正式得到国家的承认和鼓励。30多年来，以温州市、台州市和义乌市为代表的浙江省民营经济，从小到大，由弱变强，为浙江省经济发展注入强大动力。浙江的民营企业有许多集中在乡镇、村，一村（镇）一品的块状经济实现了农村财富的增长。截至2016年，浙江省农民人均可支配收入达到22 866元，同比增长8.2%，人均纯收入连续32年冠居全国各省（自治区、直辖市）。浙江省民营经济的现象及其背后的发展逻辑，成为众多经济学家探寻的热点，"温州模式""浙江模式"等概念相继被提出。

浙江省的民营经济也是一种草根经济，很多以块状化的小微企业为主，据不完全统计，有各类市场主体400多万户。2000~2012年，浙江省经济总量中民营经济比重为60%~70%，是浙江省经济发展的主要动力。长期以来形成的重商观念、务实精神、开放意识等传统文化，具有企业家精神的人力资源对历史禀赋（如夹缝中生存的社队企业）与集市的有效利用，是浙江省民营经济发达的关键。可以说，浙江省的农村土地制度改革根植于浙江省社会经济这个大环境，根植于浙江省的民营经济基因。浙江省民营企业家对市场的认识和尊重、对土地资源要素以及"释放"农村土地的潜在价值的渴望，产生了农村土地制度改革创新的实际需求。在敢闯敢试、大胆创新的环境氛围下，浙江省民营经济中所蕴含的民间市场力量，为农村土地制度的改革创新提供了源源不断的内在动力，农村土地制度创新应运而生。

二、"自下而上"创新土壤

浙江省在土地改革创新领域有着丰富历史经验（详见第二章）。在浙江，集体经营性建设用地市场化改革并非新鲜事。早在 20 世纪 90 年代，随着城乡产业结构的转型升级和开放型经济的深入发展，外来资金不断涌入农村地区，村镇集体土地的价值迅速提升，集体建设用地收益大大提高。在征地补偿标准偏低和国有用地成本偏高的巨大反差下，集体建设用地出现了"隐形流转"现象。很多地方出现了类似出让、转让、出租、抵押和作价（入股）等形式的集体建设用地流转现象，且数量和规模呈不断扩大的趋势。

2000 年，国土资源部在地方制度创新基础上，选择了浙江湖州、江苏苏州、安徽芜湖、广东顺德和南海等九个集体建设用地使用权流转比较活跃的区域进行试点，组织进行集体建设用地流转的调研，制定规范集体建设用地流转的相关规章法规。

湖州模式的初衷是解决乡镇企业土地资产处置问题，后又继续探索集体其他存量建设用地流转经验。1999 年初，善琏镇开展了一次转让土地使用权 30~40 年和作价入股的试点。通过总结试点经验，湖州市政府出台了《湖州市区农村集体建设用地使用管理试行办法》。从内容看，主要采取"规划区内外分别对待"的流转政策：在城市规划区、建制镇规划区范围内，乡镇企业因合并、兼并、重组及公司改制涉及集体建设用地使用权流转的，在符合土地利用总体规划、城市规划或乡镇建设规划的前提下，将其集体土地所有权转为国有，并补办国有土地出让或出租手续；在城市规划区外的集体非农建设用地，保留集体土地所有权，依法进行流转，收取的土地收益按一定比例返回给乡镇政府、村级集体经济组织。为了保证市场秩序，杜绝"暗箱操作"，湖州市参照国有土地基准地价，制定并公布集体建设用地有偿使用的指导价和最低保护价，根据当地经济发展和土地市场发育状况适时进行调整。可以看出，湖州市一直在不断摸索中前进，通过明晰产权、规范流转，将集体建设用地引导到有偿、有限期、可流动的土地市场公开运作，逐步形成了租赁、转让、抵押、入股联营等多种集体建设用地流转方式。而这些早期的经验，为本轮改革奠定了基础。

一度闻名全国的浙江模式，则是浙江省农村土地制度改革走在前列的另一个典型案例。1999 年国家下达给浙江省的"规划指标"和逐年下达的"计划指标"偏紧，在现行刚性约束管理体制下，浙江省的建设用地实际需求很难得到满足。自 20 世纪 90 年代末期开始，杭州、温州、宁波等地市不断提出更多的用地指标需求。在广泛调研的基础上，浙江省国土资源厅陆续出台了以"折抵、复垦指标""待置换用地区"为基本要素的"区域内土地发展权转移"政策体系；通过创造性地引入土地发展权跨区交易的市场机制，建立了以"折抵指标有偿调剂""基本农田易地代保""易地补充耕地"为主要内容的"跨区域土地发展权交易"政策体系，形成了一套土地发展权转移与交易环环相扣的系统性政策模式——浙江模式[①]。

浙江省嘉兴市的"两分两换"也引人注目，为农村宅基地制度改革积累了丰富经验[②]。"两分两换"是在中国城市化进程加速的背景下，为推进土地资源整合、实现农民社会保障、推动农民转移进城而做出的一种社会实践。其核心是以宅基地集中置换为突破口，鼓励农民放弃承包地和宅基地，换取在小城镇的集中安置住宅和社会养老保险，以此实现城乡建设用地增减挂钩，推进土地节约集约利用，降低城市化的成本。显然，"嘉兴试验"并没有对土地产权制度进行改革，只是创新了土地管理与使用方式，是一场在给定范围内进行的试验。"两分两换"在以人为本、保障农民权益的前提下进行，坚持"依法、自愿、有偿"的原则，坚持"农民可接受、政府可承受、发展可持续"的"三可"原则和"土地集体所有的权属不变、农用地的数量质量不变、农用地的用途性质不变"的"三不变"原则。

嘉兴市的"两分两换"将快速稳健推进新型城市化与统筹城乡发展的方向性、概念性目标，具体化为一项政府可操作、农民可获益的工作模式。这也正是"两分两换"试点伊始，即引起各方关注、学习考察不断的重要原因。嘉兴市的探索既具有普遍性，也有其特殊性。规划布局优先、集中统一建设、土地集约利用等做法具有较强的普遍适用性。当地农民户均宅基地面积大，挖掘潜力大；居民点布局分散，集中居住需求意愿高；城乡土地级差明显，置换升值空间好等是其特殊性，特别是城乡差别小更是其独特优势。"两分两换"是嘉兴市对自身发展优劣态势的全面把握，对工业化和城市化规律的科学洞察，对社会转型的深刻认识，酝酿形成的适合当地实际的决策。可见，因地制宜从实际出发，是快速稳健推进新型城市化议题中的应有之意。

三、中央对浙江的改革期许

2015年，经全国人大授权，国土资源部在全国范围内选择了33个县级行政

---

① 汪晖，陶然. 论土地发展权转移与交易的"浙江模式"——制度起源、操作模式及其重要含义[J]. 管理世界，2009，（8）：39-52.

② 方芳，周国胜. 农村土地使用制度创新实践的思考——以浙江省嘉兴市"两分两换"为例[J]. 农业经济问题，2011，（4）：32-35；扈映，米红. 经济发展与农村土地制度创新——浙江省嘉兴市"两分两换"实验的观察与思考[J]. 农业经济问题，2010，（2）：70-76.

区，开展以征地制度、集体经营性建设用地入市和农村宅基地管理制度为主要内容的农村土地制度三项改革试点。浙江省德清县和义乌市分别作为集体经营性建设用地入市和农村宅基地管理制度改革试点区名列其中。全国人大常委会授权德清县等集体经营性建设用地入市制度改革试点区，以及义乌市等农村宅基地制度改革试点区，暂时调整实施《土地管理法》和《中华人民共和国城市房地产管理法》（以下简称《城市房地产管理法》）中关于集体建设用地使用权不得出让、宅基地审批权限、征收集体土地补偿等有关法律规定，允许开展集体经营性建设用地入市和农村宅基地制度改革。上述调整在 2017 年 12 月 31 日前试行，对于实践证明可行的，修改完善有关法律；对于实践证明不宜调整的，恢复施行有关法律规定。2016 年 9 月以来，为响应国土资源部"三块地"联动改革的要求，进一步释放土地潜能，义乌市还把"三块地"改革打通，增加集体经营性建设用地入市和征地改革内容。义乌市以宅基地改革为重点，统筹协调推进农村土地制度三项改革，不仅为浙江省的宅基地改革实践提供了实践指导，也为全国全面深化改革阶段的宅基地制度和"三块地"统筹改革提供了范例。同时，德清县的集体经营性建设用地入市制度改革也正式开展，不但为浙江省的入市改革实践提供指导，也为全国农村集体经营性建设制度改革提供了范例。

2017 年 4 月底，在浙江省德清县召开的国土资源部统筹推进农村土地制度改革三项试点工作现场交流会，对浙江省农村土地制度改革提出了新要求。会议要求打好第二阶段的攻坚决战，进一步强化统筹协调，推动新增加的试点任务取得实质性进展。加强三项试点之间统筹，空间上要协调，国有和集体建设用地均应纳入土地利用总体规划，实现规划全覆盖、无遗漏。利益上要平衡，把实现国家、集体和个人利益平衡作为统筹协调推进的关键切入点，维护好各方利益，让农民有更多获得感。要加强三项试点与农村相关改革和本地区经济社会发展统筹，坚守"不能把农村土地集体所有制改垮了、不能把耕地改少了、不能把粮食生产能力改弱了、不能把农民利益损害了"四条底线。要注意重点难点问题的探索突破和研究总结，缩小征地范围、统筹入市和征地的土地增值收益分配、明确集体经营性建设用地入市用途、规范宅基地有偿使用和流转范围等问题，仍需要在试点中探索突破。要注意与修法工作同步推进，加快推动修改《土地管理法》及配套制度，配合做好《土地管理法》修改审议相关工作，实现试点与修法的无缝衔接。同时，要做好改革成效的宣传工作。

原国土资源部张德霖副部长在调研浙江省农村土地制度改革工作时也明确指出，土地制度是我国的一项基本制度，管好、用好土地涉及千家万户和各行各业的利益，对我国经济社会发展起着至关重要的作用。试点地区要扎扎实实地落实好改革试点工作的政治责任、岗位责任、改革责任，在坚守"四条底线"的基础上，巩固和深化现有改革试点成果，进一步加大统筹推进三项改革力度，边试点、边规范、边总结，努力形成更多可复制、易推广、利修法的经验成果，为土地制度修法立法提供经验。

选择浙江省内的区县作为全国层面改革的试点地区，不仅体现了改革需要东部经济发达地区的实践检验，也反映了浙江省本身的经济社会和人文背景对改革的经验积累有着重要的作用。浙江省坚持"干在实处，走在前列，勇立潮头"，勇当改革试点的"排头兵"，探索出了一条制度优、机制活、群众拥护的农村土地制度改革新路子，积累了可复制、可推广的宝贵经验。这也是我们关注浙江省的土地政策创新的重要原因。

2017 年 10 月，十二届全国人大常委会第三十次会议决定北京市大兴区等 33 个农村土地制度改革试点期限延长至 2018 年 12 月 31 日。原国土资源部部长姜大明向人大常委会解释了延长农村土地制度改革试点的原因：需要更多时间深化积累推进，已开展的试点经验需要阶段性总结。姜大明指出，土地制度改革与单纯的行政审批制度等改革不同，试点地区从制度设计、工作布置、实践操作到效果反馈周期较长，试点工作仍处于不断探索、逐步完善的阶段，改革的整体性、系统性、协同性和综合效益显化尚需时间。

第四节　浙江省农村土地制度改革概览：问题的提出

回顾浙江省农村土地制度改革的历程可以看到，勇于创新的浙江人，在集体经营性建设用地入市、农村宅基地制度改革、征地制度、耕地保护与占补平衡制度方面进行了大胆而有益的探索，积累了浙江经验，形成了农村土地制度改革的浙江模式。

在集体经营性建设用地入市改革中，浙江省德清县确立了以建立城乡统一的建设用地市场，健全同权同价、流转顺畅、收益共享的农村集体经营性建设用地入市制度为主的改革目标，构建了"一办法、两意见、五规定、十范本"的入市政策体系，改革内容涵盖入市范围、途径、主体、方式、程序、地价管理、收益管理、抵押等集体建设用地市场化的各个环节。从试点进展看，无论是入市宗数还是入市面积，德清县都排在所有试点的首位。2015 年 8 月 19 日，德清县以协议出让的方式完成了全国首宗农村集体经营性建设用地入市；2015 年 9 月 8 日，该县又以拍卖的方式成功出让了一宗农村集体经营性建设用地，正式拉开了本轮农村土地改革的帷幕。基于湖州市前期积累的改革经验，同时也得益于德清县农村集体经营性建设用地的市场条件，德清县的改革步伐始终走在前列。从实施的总体情况来看，截至 2017 年 7 月，全县已完成集体经营性建设用地入市 131 宗，总面积约 856 亩，成交总价达 1.88 亿元。根据 2017 年 1 月国土资源部《关于完善建设用地使用权转让、出租、抵押二级市场的试点方案》的要求，德清县将同时开展国有和集体土地二级市场试点。在集体经营性建设用地入市改革的基础上，进一步探索完善市场规则，提高土地资源配置效率，建立产权明晰、市场定价、信息集聚、交易安全的城乡统一建设用地市场。

在农村宅基地制度改革中，浙江省义乌市以"向空间要地"和"由发展权供资"为核心，经历了一场从四层半农房建设模式到高低结合的建房模式，再到高层集聚模式及集地券的制度变迁，实现了四个方面的改革创新：改革传统垂直安置模式（四层半）为水平房安置模式（高层）；改革原先生产生活混用的村庄建筑布局形态为功能分区的布局形态；改革沿袭多年的农村多点分散管理为集中统一的新型社区管理方式；改革农村宅基地及住房资产属性受限为允许将宅基地的"发展权"转移交易，从而有助于实现城市用地有增量、农民住房有保障、农民财产有增收的多重目标。浙江省义乌市的探索表明，农村宅基地制度改革所实现的"向空间要地"是不断提高农村住宅的容积率，在土地资源稀缺、用地指标紧张的约束条件下，从"一户一宅"转向"户有所居"的新模式，满足农民日益增长的住房需求。"由发展权供资"则是农民通过整理、复垦闲置的宅基地，减少农房占地面积，将发展权转移给其他用地者，以获取旧村改造和新房建设的资金。"向空间要地"和"由发展权供资"其实是一个问题的两个方面。"向空间要地"实现了对农村宅基地的节约集约利用，而农民节余的土地及用地指标，即所谓的发展权，则可以交易给其他用地者从而换取资金，达到"由发展权供资"的效果，最终解决农村建房和改善生产生活条件的用地和资金难题。

浙江省征地制度改革的重大创新则是留用地制度。所谓"留用地制度"是指政府在征用集体所有土地时，按照征地面积的一定比例核定留地用地指标，给被征地集体经济组织用于发展第二、三产业，壮大集体经济，安置失地农民。在实践中表现为在规划确定的建设用地范围内，安排一定面积的建设用地，支持被征地的农村集体经济组织和村民从事生产经营，使失地农民的生产、生活得到长期稳定保障的安置方式，是货币化安置的一种重要补充形式。换言之，留用地政策是要通过村集体经济组织利用留用地增加固定资产，发展第二、三产业，村民通过分红收益，获得长期、稳定回报。留用地制度不仅是征地过程中的一种补偿政策，同时也蕴含着巨大的潜力，不仅能够给予农民一定的货币补偿，满足其基本生活，更能引导农民自我创业，使集体经济组织创收。近年来，浙江省更是在留用地的制度设计方面做了许多有益探索：多举措鼓励自主开发，如要求按照"积极鼓励自主开发、有序控制合作开发、合理探索统筹建设"的开发思路，鼓励社区村集体经济组织通过"指标换资金，资金换物业"的方式，自主开发村级留用地项目。多项优惠政策降低用地成本，如开放绿色审批渠道、享有优先办理权、以商务商业用地性质协议出让、明确物业不得分割转让等。多途径规范合作开发，如严格控制合作开发项目村集体所占股份，合作开发项目占地比例不得超过本社区、村集体留用地总指标的比例，严格合作开发企业准入标准，禁止合作单位抽逃注册资本，不得众筹资金或以租代售等形式筹集社会资金，通过财政手段确保项目工程进度，保障村民切身利益不受损害。多思路摸索统筹建设，如合理探索统筹建设模式，多社区共用一个项目时，实行分社区供地、分社区办证，做到"五个统一"，即统一规划、统一设计、统一施工、统一验收、统一经营，同时明确暂不开发土地实行统一管理，进行临时绿化或建设停车场，美化周边环境，完善生活配套设施，提高周边居民获得感。

浙江省的耕地保护和占补平衡制度改革同样有不少"有趣"的故事。浙江省的耕地保护和占补平衡机制大致可以分为两类。一是农村土地综合整治，即以城乡建设用地增减挂钩为平台，以行政村为基本单元的"全域规划、全域设计、全域整治"实施模式，整合各方资金，从而充分发挥整体效益，以整村连片推进"田、水、路、林、村"综合整治为主要内容，增加耕地数量、提高耕地质量的综合治理行为；二是指标交易，即补充耕地指标的供需双方，根据地方性政策法规，本着友好协商、自愿互利的原则，商定指标买卖的数量、价款，达成补充耕地指标有偿调剂的协议，在此基础上，双方履行协议所规定的责任与义务，保证耕地占补平衡。浙江省实施耕地占补平衡政策的组织形式（或管理模式），表现出多样化的特点。每种不同的耕地占补平衡实施方式都有着不同的具体实施模式。对于农村土地综合整治来说，"政府主导、多方参与"是其实施模式的典型。而补充耕地指标交易，则发挥着市场机制影响利益主体的行为决策和优化资源配置的作用。这些多样化的实施模式，规范了政府、村集体、村民以及耕地占补平衡项目的施工或承建企业等行为主体的交互作用，形成了多样的利益关系，在不同程度上推动了耕地占补平衡政策的实施。当然，从地方性的实践案例中也可以看出，多元化的耕地占补平衡政策实施方式，及对应的多样化实施模式，也导致了差别化的政策实施绩效。很明显，农村土地综合整治和指标交易这两种实施方式，产生的成本、经济效益、社会效益和生态效益不尽相同。即便同为农村土地综合整治，政府主导的农村土地综合整治和通过利益相关方的集体行动实现的农村土地综合整治，在成本、收益及分配效应方面也存在一定差异。

面对浙江省如此丰富的农村土地制度改革探索，我们感兴趣的是：①浙江省农村土地制度改革的历史脉络是如何发展演变的；②改革背后所形成的浙江故事的基本轮廓、主要特征是什么；③浙江故事中的土地政策的实施绩效如何；④通过浙江故事能够获得什么启发。本书正是要回答上述问题，向读者展现浙江省农村土地制度改革的生动实践，揭示这些实践背后的理论逻辑以及可复制、可推广的宝贵经验。

第五节　全书的结构

全书的总体安排如表 1-1 所示。

表 1-1　全书结构

章节	主题
第一章	浙江发展过程中的土地故事
第二章	浙江农村土地政策的逻辑及其创新的发展脉络
第三章	浙江集体经营性建设用地入市制度改革
第四章	浙江农村宅基地制度改革
第五章	浙江省征地制度改革
第六章	耕地保护与占补平衡制度改革
第七章	浙江故事背后的土地资源治理逻辑
第八章	浙江故事的经验总结和政策建议

第一章主要介绍浙江发展过程中的土地故事，概述全书写作的背景，引出后续各章的关注重点。

第二章介绍浙江农村土地政策的逻辑及其创新的发展脉络。首先以自改革开放以来浙江土地事业发展的三个阶段作为背景；其次阐明土地工具的出现和作用，即土地作为纽带如何引发诸如劳动力、资本、土地、技术、制度等相关生产要素之间的重新配置；再次重点论述在地方政府面临保护耕地和发展经济的双保压力的情境下，浙江存在寻求政策创新的内在动力，其中市场和政府的力量不可或缺；最后提炼总结浙江土地政策创新的历史脉络，力求通过历史的发展脉络将浙江的各个分故事串联起来。

第三章分析浙江集体经营性建设用地入市制度改革。首先从价值的"释放"和向"造血"功能的转变两个维度，理解集体经营性建设用地土地入市制度，在此基础上，重点回答浙江省集体土地市场是怎么建的、如何探索中央改革提出的问题、有哪些独有的特征并解释其背后的原因、集体土地市场建设后有哪些成效和作用以及对全国有什么启示。

第四章分析浙江农村宅基地制度改革。重点阐述浙江农村宅基地改革的重大关切及其解决思路，梳理浙江省宅基地制度改革的历程，探讨浙江省宅基地制度改革的本质，揭示浙江省农村宅基地制度改革的特色，阐明浙江经验对全国的启示。

第五章讨论浙江省征地制度改革。首先阐明农村征地制度改革的本质是公权力的范围界定，即将公权力关进法律法规的笼子，以及政府对增值收益的让利。本章将讨论征地制度改革在浙江的成果，重点探讨留用地政策改革的成效和作用，阐述在新型城镇化背景下留用地政策的新情况和新问题，以及浙江省为探索改革问题所做的创新性政策设计，并总结浙江的征地制度改革对全国的经验与启示。

第六章介绍耕地保护与占补平衡制度改革。首先阐述浙江面对耕地保护困境，通过引入市场激励手段实现经济发展与耕地保护的"两难自解"，重点讨论该制度的变迁、取得的成效、存在的隐忧，剖析浙江省耕地保护和占补平衡改革，探索中央提出更高要求所进行的创新性举措，即通过重塑耕地占补平衡的目标和创新耕地保护补偿机制，着力构建耕地数量、质量、生态"三位一体"保护格局。最后探讨浙江耕地占补平衡政策的前因后果，并提出相关的政策建议。

第七章是浙江故事背后的土地资源治理逻辑。该章首先从浙江多地的尝试和案例中，凝练出浙江故事的内涵核心，点出浙江故事的独特性，即构建市场配置、政府让利、民众有话语权和选择权的土地制度改革核心逻辑。其次，总结浙江故事得以发生的逻辑，讨论浙江故事独特性背后的原因，分析浙江故事中不同模式取得相应绩效的影响因素，提炼浙江故事中治理结构多样性的原因、共性和理论规律。最后，探讨浙江故事中显现的（潜在）风险。

第八章是浙江故事的经验总结和政策建议。从整体的角度归纳总结浙江故事背后的特征、绩效与经验，并形成本书的研究结论。同时，尝试从浙江改革的视角来回答全国性的制度改革问题，讨论浙江经验推广复制到东部发达地区和全国的可能性，并进一步提出提升浙江经验的实施绩效的政策建议。

第二章 浙江农村土地政策的逻辑及其创新的发展脉络

在我国四十年波澜壮阔的改革历史长河中，浙江省的国土资源管理事业与浙江省的经济社会共同发展。在改革开放初期，浙江省的国土管理事业刚刚起步，保障发展与保护耕地，抑制投资过热是当时的主旋律；进入 21 世纪后，浙江省的国土管理在行政体制上愈加完善，在能力上也凸显出自主性；发展至今，面对经济进入新常态，浙江省的国土管理侧重于以土地为载体促进社会经济的转型升级，政策上更加灵活和富有创新性。总体上看，浙江省的国土管理从起步到发展，不断涌现出土地政策创新的闪耀历程。

第一节 土地的作用及土地政策工具的出现

在社会经济发展中，土地作为原始三要素之一的基础性作用不可忽视，它是联结劳动力、资本、技术等要素的基础平台。土地政策制度决定了土地资源的空间配置，也间接影响了其他生产要素的重组配置。

一、土地的作用

在浙江省社会经济发展历史中，政府慢慢意识到土地具有的纽带作用。首先，土地本身作为一种重要的生产要素，对经济增长的贡献巨大。理论上讲，一个地区的经济发展从起步到腾飞的早期阶段，需要有足够的建设用地供给，建设用地增量与经济发展水平呈正相关性。也就是说，在经济没有达到稳态前，地方的经济发展水平越快，所需的建设用地量就越多。有研究指出[①]，大规模的土地

---

① 蔡枚杰. 建设用地在经济增长中的贡献研究[D]. 浙江大学硕士学位论文，2006.

非农化过程所提供的建设用地对地方的经济增长发挥了巨大的作用，浙江省 11 个地级市（除舟山市外）的土地贡献率均在10%以上，有的甚至达到了30%。其次，土地作为一种物理载体，是城市形成和工业发展的基础，其天然地具有联结其他生产要素的属性。社会经济的发展，需要包括土地、劳动力、资本、技术在内的要素投入。而土地作为一种纽带，可以引发其他生产要素的重新配置。土地的投入，可以带动资本和劳动力要素的投入，也可以通过要素替代减少其他要素的投入。例如，在改革开放初期，由于资金相对短缺，大量土地和劳动力替代了资本的投入，造就了浙江劳动力密集型和土地粗放型的经济发展模式。而随着产业升级和转型的倒逼，资本和技术的要素投入必将逐步替代劳动力和土地的投入，促进资本密集型和技术密集型经济的发展。这种生产要素之间的替代组合在浙江省近三十年的经济增长中表现得相当明显。最后，土地制度的变革对人口、资本的重新配置影响深远。改革开放之前，土地制度相对固化，城乡二元体制明显，农村人口被限制在农地上，城乡的国有和集体经济活力不足。土地制度的变革增加了生产要素之间的流动性。家庭联产承包责任制的全面推广，提高了农业生产效率，同时释放了大批农村劳动力。农村劳动力进入了乡镇企业，使浙江省迅速开启了农村的就地工业化。国有土地所有权与使用权分离的制度设计，土地的有偿使用推动了城镇化和工业化，带动了资本和技术，为浙江的经济提供了初始动力。

总的看来，以土地为纽带的城市化和工业化进程，带动了各类生产要素之间的重新配置。通过征地制度进行的土地非农化，带来建设用地、农用地等不同地类在空间和数量上的变化。以土地要素为载体，资本、劳动力、技术等其他要素得以重新组合和流动，提供经济增长的动力。浙江省社会经济的腾飞，不能忽略土地所起到的积极作用。正是因为土地在社会经济发展中的重要性，围绕土地而创新的各种政策工具成为浙江省土地管理事务中的重要主线。

二、土地政策工具的出现

土地要素及其引致的其他生产要素在城乡之间的重新配置，并不是自动或自由流动的，而是需要一定的土地政策工具加以推动。

土地征收是政府最重要的一种土地政策工具。改革开放以来，浙江省工业化、城市化需要大量的国有建设用地，而通过征地实现新增建设用地的供给，是地方政府可以采用的主要手段。征收的土地用于工业、商业、服务业，带来了劳动力、资本和技术的要素投入，直接的结果就是引导经济的快速增长。在"九五"期间（1996~2000 年），浙江省共征地98.91 万亩，年均征地19.78 万亩，为全省年均11%的经济增长率提供了资源基础。在 2000 年前后，浙江省各地纷纷成立了土地储备机构，通过市场机制供地调控地方经济，征地这一工具，对浙江省的经济社会发展和城市化、工业化的快速推进起了巨大支撑作用①。

土地整治是政府采用的另一种土地政策工具。保护耕地、实现耕地总量动态平衡也是政府的重要职责。《土地管理法》第 31 条规定，"国家实行占用耕地补偿制度。非农业建设经批准占用耕地的，按照'占多少，垦多少'的原则，由占用耕地的单位负责开垦与所占用耕地的数量和质量相当的耕地；没有条件开垦或者开垦的耕地不符合要求的，应当按照省、自治区、直辖市的规定缴纳耕地开垦费，专款用于开垦新的耕地。"在实践中，以土地开发、复垦、整理为主的土地整治工程，在 20 世纪 90 年代就已经在全国各地，包括浙江省全面铺开。浙江省滩涂资源丰富，围垦造田也是实现耕地占补平衡的重要途径。自 2004 年以来，浙江省共实施滩涂围垦造地项目94个，规划围垦面积210万亩，规划围垦用于农用地面积39.4 万亩，已实现围垦造耕地27.2 万亩②。此外，对现有农田进行集中连片整理，开展高标准农田建设，利用低丘缓坡资源垦造耕地也是浙江省一直在开展的土地整治方式③。为规范土地整治的项目组织、技术标准和资金统筹，浙江省编制了《浙江省土地整治规划（2011—2015）》，于 2014 年出台的《浙江省土地整治条例》是浙江省首部规范土地整治项目的地方性法规。

农村土地综合整治是近年来随着社会经济的发展，地方政府在整合原有土地整治内涵的基础上，所采纳的一种新的土地政策工具。所谓土地综合整治，是指以土地整理、复垦、开发和城乡建设用地增减挂钩为平台，通过田水路林村的综合整治，改善农村生活生产生态环境，促进人口产业集聚，从而推动城乡一体化的系统工程。与原来的土地整治不同的是，土地综合整治不单单考虑耕地补充的单一目标，而是将其他要素（如人口、产业、生态等）加以统筹整合，凸显土地作为纽带的联结组织作用。这一土地政策工具更加有利于城乡之间的要素流动和优化配置，对于推动地方社会经济发展而言意义重大。

土地政策工具也可以组合起来使用，发挥"1+1>2"的效应。城乡建设用地增减挂钩与农村土地综合整治这两个土地政策工具的组合就是一个例子。城乡建设用地增减挂钩通过对农村低效的集体建设用地进行复垦，获得的增减挂钩指标用于增加城市国有建设用地，在总体上实现城乡建设用地的动态平衡，实现城乡用地之间的空间腾挪，既优化了城乡建设用地布局，也实现了耕地保护的目标，受到了地方政府的青睐。在浙江等地的实践中，地方政府往往将城乡建设用地增

① 郭占恒. 浙江省土地征用与工业化、城市化、非农化进程[J]. 经济研究参考，2002，（42）：41-48.
② 宋佩华. 浙江省滩涂围垦造地现状和政策研究[J]. 浙江国土资源，2016，（11）：37-38.
③ 王松林. 在全省土地整理暨建设用地复垦现场会上的讲话[J]. 浙江国土资源，2007，（9）：10-12.

减挂钩作为农村土地综合整治的政策平台，进行宅基地退出、生态移民、美丽乡村等政府行为，以实施新型城镇化的战略。

总的来说，征地等一系列土地政策工具的出现①，直接推动了土地资源的重新优化配置，并作为空间载体，间接带动了人口、技术、资本在城乡之间的流动和重新组合。在浙江，地方政府运用这些土地政策工具，或单独使用，或组合使用，"叩开"了社会经济快速发展的"大门"。

第二节　土地政策创新的起源：现实困境、市场意识和政府角色

尽管征地等传统的土地政策工具的应用，在促进浙江省经济社会发展中发挥了应有的重要作用，但是这些土地政策工具并不是完美无缺的。一方面，传统的土地政策工具在一开始可能与浙江省的社会发展相匹配，但是随着时间的推移难以适应新时期的社会经济形势，在实施过程中出现诸多问题，运行的边际成本逐渐提高；另一方面，浙江省后备土地资源不足、人地矛盾尖锐的背景长期存在，一些传统的土地政策工具给浙江的"双保"困境带来了更大的压力，有的却没有有效缓解这一"双保"困境。为克服这些现实困境，新的土地政策工具的出现，或者对原有的传统政策工具进行改造革新就显得非常有必要。不同于其他地方的是，浙江省土地政策创新的背后，更多地体现了传统的市场经济意识和积极的政府角色。

一、浙江"双保"困境的现实：传统土地政策工具管控的失灵

为管控土地利用，国家设定了严格的土地规划管控制度，形成了国家级、省级、市级、县级和乡镇级五个层级的土地利用总体规划体系。围绕耕地总量不减少、统筹安排建设用地等规划原则，各层级土地利用总体规划形成了以耕地保有量、建设用地总量为核心的一系列"规划指标"②。这些规划指标通过从上而下，层层分解来完成。理论上讲，每一级政府编制的土地利用总体规划在建设用

---

① 除了这些常规性的土地政策工具外，浙江省还存在一些在当时不被待见或边缘化的土地政策工具，如浙江省民营经济发展过程中以集体建设用地作为企业发展初始资本投入、温州市农房及宅基地抵押的尝试等。这些土地政策工具在当时并不被鼓励，但为后来自上而下的土地改革创新提供了样本和经验。

② Tan R，Beckmann V. Diversity of practical quota systems for farmland preservation：a multicountry comparison and analysis[J]. Environment & Planning C：Government & Policy，2010，28（2）：211-224.

地总量上不得超过上一级土地利用总体规划确定的控制指标，而耕地保有量则不得低于上一级土地利用总体规划确定的控制指标。为有效、有时序地分解一个规划期内制定的"规划指标"，各级政府还需制定逐年下达的短期性指标，并通过土地利用年度计划实行管理。到目前为止，各级政府已经完成1987~2000年和1997~2010年两轮土地利用总体规划的实施[①]，当前正在实施最新一轮2006~2020年的土地利用总体规划，而下一轮规划编制工作正在计划中。

与很多地方一样，浙江省同样面临保护耕地和保障经济发展的"双保"压力。作为经济发展水平较高的省份之一，浙江省依然面临旺盛的用地需求与偏紧的土地供应。1999年批准的《浙江省土地利用总体规划（1997—2010）》出现了过快土地"消费"矛盾，即这一轮土地利用总体规划给浙江省下达的新增建设用地指标为100万亩，然而截至2001年底，因大规模的工业化、城镇化发展，浙江省实际使用的新增建设用地指标就达到了99.2万亩[②]。面对如此快速的建设用地消耗，浙江省政府不得不向国家申请追加"十五"期间（2001~2005年）共71.8万亩的新增建设用地指标。除了土地指标超用外，浙江的城市发展也面临基本农田保护的刚性制约。由于城市发展和工业化的进程明显加快，杭州、宁波以及其他地级市的中心城区的项目用地，在2000年后就陆续遇到了难以避开的基本农田空间布局问题[②]。

一方面，浙江尽量"精打细算"使用下达的新增建设用地指标；另一方面，浙江还需确保耕地占补平衡，即占用多少耕地，就要补充相当数量和质量的耕地，实现省域内耕地保有量不减少的刚性要求。初期，浙江省各地可以通过土地整治项目的实施，利用辖区内有限的耕地后备资源，较为顺利地完成耕地占补平衡。由于浙江省"七山一水二分田"的自然资源禀赋背景，耕地后备资源必然相对贫乏，土地整治的后劲明显不足。根据张琳等的研究可以测算[③]，浙江省在2005年可补充的耕地潜力仅101.4万亩，在全国省份中位列倒数第六位。按照当时的经济发展速度和耕地占用趋势，到2010年浙江省将面临耕地占补平衡无法实现的尴尬境地[④]。此外，浙江省的耕地后备资源分布在空间上具有明显的地域差异性，可开垦的连片土地集中位于浙中、浙西、浙南等山丘盆（谷）坡地，江河滩涂主要位于瓯江流域，海涂滩地则连片分布于杭州湾、三门湾、台州湾、温

---

① Tao T, Tan Z, He X. Integrating environment into land-use planning through strategic environmental assessment in China: towards legal frameworks and operational procedures[J]. Environmental Impact Assessment Review, 2007, 27（3）: 243-265.

② 汪晖，陶然. 论土地发展权转移与交易的"浙江模式"——制度起源、操作模式及其重要含义[J]. 管理世界, 2009,（8）: 39-52.

③ 张琳，张凤荣，薛永森，等. 中国各省耕地数量占补平衡趋势预测[J]. 资源科学, 2007, 29（6）: 114-119.

④ 这一研究虽然过于理想化，所采用的函数不能客观真实地反映现实的占补平衡速度，但是依旧可以表明浙江省耕地潜力不足这一事实。

州湾、舟山岛屿等沿海地带①。实际可开垦的后备耕地资源存在空间分布不均衡、补充耕地能力严重受限等问题。

在我国社会经济发展进入新常态的背景下，国土资源管理的理念也逐渐由增量发展向存量发展转变，挖潜农村地区低效、闲置的集体建设用地，成为未来发展的一个主要方向，而这也恰是传统土地管控工具暂时没有涵盖的领域，是浙江省土地利用开启一次新的变革和创新的重要路径。

二、创新的动力之一：市场力量的传统

在浙江的土地上，存在两种推动土地政策创新的内生性动力：一是浙江省本身具有的重视市场力量的传统，二是浙江省发展服务型政府的角色。

浙江省是个人多地少、文化底蕴深厚的省份。市场意识根植于社会经济生活的每一个领域。由于人多地少，以商业活动代替传统的农业生产成了浙江省许多农民必然的选择，这种因人地矛盾而产生的市场活动，在以山地丘陵为主的浙南、浙中地区尤为明显。因人地关系紧张而产生的商业活动，在古代和近现代就一直在浙江大地上演。浙江省独特的地理条件和历史底蕴为市场经济环境提供了条件。浙江省拥有全国最长的海岸线，岛屿众多，海港优质，这样的地理优势为沿海居民从事商业外贸，孕育出有别于内陆的海洋文明提供了基础。在唐代，明州（宁波）和温州就是海上丝绸之路上重要的贸易港，其中明州在明朝闭关锁国之前，一度也是中国和日本贸易往来的唯一港口。港口贸易在浙江省历史上的兴衰，也塑造了浙江省开放创新的市场意识。浙江省的市场意识的形成，还来源于越文化根深蒂固的思想传承。在浙江省民间和学术上流传的事功主义学说主张实效、注重功利，认为工商皆为本，这一学说又以陈亮为代表的永康学派、吕祖谦为代表的金华学派、叶适为代表的永嘉学派最为典型②。这些文化思想与官方正统的儒家思想格格不入，属于意识形态的异端，受到官方的打压和抑制，却为浙江省工商业的发展、民间市场环境的形成提供了扎实的理论支撑。

在历史、文化、自然因素作用下演化而来的市场意识，有别于传统的小农意识和改革开放以前的计划经济意识，是一种敢为人先、尊重市场规律、强调竞争和价格机制的意识。改革开放后，长期蛰伏的市场意识开始迸发出新的力量，为浙江省社会经济的快速发展和体制转型提供了源动力。在改革开放初期，来自边缘的市场力量就通过"打擦边球"的方式绕过了计划经济的束缚。例如，在特定

---

① 华元春，黄炎，戴韫卓. 浙江省耕地后备资源潜力与开发利用战略研究[J]. 广东土地科学，2003，（4）：4-6.

② 汤光平，何樟勇. 意识的形成与演进：经济学的观点——兼论浙江地区市场经济意识的形成[J]. 学术月刊，2004，（3）：43-50.

历史条件下，许多私营合伙企业通过戴集体企业的"红帽子"的方式，取得了民营企业生存的合法性基础。正是通过发挥市场在资源配置中的决定性作用，提高市场化水平，浙江的民营经济蓬勃发展，创造了经济增长奇迹。

浙江传统的市场力量推动了大的社会经济变革，同时，作为一种浙江的"本土基因"，也作用于浙江的土地管理领域，为土地管理创新提供动力。也就是说，与其他省份相比，浙江省有相信市场、尊重市场的传统，更愿意采用市场化的机制来解决传统土地管控工具的不足问题。

三、创新的动力之二：发展型和公共服务型政府的双重角色

除了市场的力量外，推动土地政策创新的第二个动力则来自浙江省地方政府。作为典型的发展服务型政府，来自浙江省的地方政府长期以来以经济增长为主要目标，其中土地要素投入则是地方政府最为倚赖的政府资源。然而，正如前文所述，基于粮食安全的考虑，中央实行了严格的土地指标管控模式，地方政府并不能为所欲为地使用辖区内的土地进行非农建设。

尽管如此，地方政府依旧对通过土地政策创新，"绕过"土地管控的模式充满热情。这种积极性和能动性来自两个层次的激励：一是地方的财政激励。改革开放以来的财政分权，使地方成了地方经济发展的"剩余索取者"，具有追求地方税收的最大化的动机。1994 年出台的分税制改革，重新分配了中央和地方之间的税收利益。这一调整并没有收回地方政府在土地相关税费上的财政权，使地方政府过度依赖土地出让金等预算外收入，形成土地收入最大化的财政激励。土地出让金逐渐成为地方政府财政收入的重要来源，甚至超过了地方财政预算收入，成为"第二财政"，这一现象在浙江省相当普遍。在 2013 年，杭州市的土地出让金收入就达到了1 477 亿元，而该年的一般预算财政收入才 945 亿元，土地财政依赖度达到了156%[1]。这种"土地财政"带来地方政府以地谋发展的思路，从而产生了"卖地饥渴症"。二是地方官员的晋升激励，与"土地财政"最大化相伴随。同级政府之间以GDP增长率为标尺，希望获得更多的土地指标，通过土地出让、土地储备、土地投融资等一系列手段来招商引资、经营城市，追求更快的经济增长。如前所述，土地是促进经济增长的不可或缺的要素，并起到联结技术、资本、劳动力等其他要素的纽带作用。土地的重要性，使地方更加重视如何在现有的规划管控框架下，进行土地合理利用的问题。总之，地方政府总是存在"找地"的激励。

除了一味追求地方经济发展外，现在的地方开始越来越重视地方公共福利的

---

① 参见中房网新闻《救市暂未显效　多地恐遇土地财政危机》，网址为 http://www.fangchan.com/news/1/2014-05-23/368177.html。

提升，尽可能改善公共物品的质量和效率。2000 年以后，浙江省各地逐渐兼具公共服务型政府的角色，以"管理就是服务"为根本理念，追求民生和财富公平分配①。这意味着，过去在土地利用和管理中所积累的问题和矛盾，需要地方政府运用地方智慧，逐一加以化解。这些积累的问题和矛盾包括城乡之间的发展不平衡、征地过程中的土地增值收益分配不均、城市化以来的空心村现象、因宅基地指标多年未下达造成的农民住房难问题、新常态下众多小微企业的用地难问题等，有的民生问题是全国所有省份的通病，有的则是浙江省独有的土地矛盾。在公共服务型政府的角色作用下，浙江省认识到过去的土地政策工具存在许多"旧债"，无法适应新的社会经济形势，须设法推动土地政策的创新来还"旧债"。

地方政府的双重角色是浙江省不断探索土地政策创新的另一大动力。作为发展型政府，浙江省政府积极地推动地方经济发展，而土地则是其中最重要的一环。在"土地财政"刺激下，地方总是会绕过或合理利用土地指标管控的"找地"激励。作为公共服务型政府，要对民生福利更加关注，有积极性地运用"地方智慧"，改进或出台新的土地政策工具，以期化解各种矛盾。

第三节　"开口子"和市场化：浙江土地政策创新脉络考察

在市场和政府的合力驱动下，浙江省土地政策创新，从早期的由土地整理折抵指标、耕地易地代保、建设用地复垦、两分两换、留用地政策组成的浙江模式，到近年的城镇低效用地再开发、坡地村镇、农村土地综合整治、农村土地制度三项改革试点等，始终遵循着"开口子"和市场化的脉络痕迹。所谓"开口子"，可视为地方对严格的土地管控框架和土地利用规则的一种探索性突破。该突破并不是完全摒弃过去的土地利用制度，而是开辟新的规则，一定程度上与原有的土地制度框架双轨运行。而市场化则是运用市场这一"看不见的手"，来优化配置土地资源，该原则符合浙江省尊重市场力量的传统。

一、浙江模式的尝试：增减挂钩的前身

前文提到，浙江省部分发达县市在严格的土地管控框架下，面临着"双保"

---

① 郁建兴、徐越倩. 从发展型政府到公共服务型政府——以浙江省为个案[J]. 马克思主义与现实，2004，（5）：65-74.

的巨大压力。杭州、宁波、温州等发达地区新增建设用地指标往往无法满足城市建设需要，完成耕地占补平衡的难度也逐年增加。为破解社会经济发展存在的矛盾，浙江设计了一套以"折抵、复垦指标"为核心的土地发展权转移政策，学界称之为浙江模式。

1998 年浙江省出台的"折抵指标"，是指经农用地整理净增的耕地面积，可以按照 72%的比例折抵为建设用地指标①。农用地整理项目的资金可以通过折抵的建设用地指标出让筹集。"折抵指标"同时解决了土地整理资金不足与地方建设用地指标不够的问题②。所谓"复垦指标"政策，是从 1999 年发布的《浙江省城市化发展纲要》中提出来的，目的在于将农村存量的集体建设用地（宅基地）复垦为耕地，置换成等量的建设用地指标。考虑到浙江省农村的宅基地粗放利用、"空心村"现象严重，通过集体建设用地的复垦置换，可以大大缓解地方政府的城市用地需求，因而受到欢迎。2000 年，浙江省通过立法将这一政策提升为地方性法规，在制度层面有了合法性基础②。"折抵、复垦指标"的设计，本质上就是在设定的土地指标框架之外，地方为经济发展而增设额外建设用地指标。另外，地方"开口子"设置的"折抵、复垦指标"，还具有传统新增建设用地指标不具有的优点。具体来说，"折抵、复垦指标"不过期作废，可以逐年累积并分年度支取，灵活性较好。不同县级区域之间的"折抵、复垦指标"，可以跨区域在省内有偿调剂，以消除不同地区指标供给和需求的不平衡性②。

截至 2004 年底，浙江省通过土地整理新增耕地 182.07 万亩，核拨"折抵指标"131.08 万亩，实际使用"折抵指标"104.26 万亩，占全部批准建设占用耕地面积 179.27 万亩的 58%，大大缓解了快速城市化中的用地需求不足的矛盾③。"折抵、复垦指标"市场也逐渐发展，交易量不断上升。截至 2004 年，累计指标有偿调剂达 30 万亩，交易价格从起初的 1 万元/亩上升到 3~4 万元/亩。"折抵、复垦指标"在浙江省的实践取得了明显的成效。然而浙江模式的负面影响在一定程度上也是存在的：一是建设用地总量管制易失控；二是整理复垦的土地质量堪忧，占优补劣、占水补旱，甚至出现了补充的耕地"上山下海"的现象。因继续实施的风险加大，2007 年国务院下发《国务院办公厅关于严格执行有关农村集体建设用地法律和政策的通知》（国办发〔2007〕71 号），严控"一些地方借农民集体所有建设用地使用权流转、土地整理折抵和城乡建设用地增减挂钩

---

① 参见《关于鼓励开展农村土地整理有关问题的通知》（浙政办发 [1998] 91 号）。

② 汪晖，陶然. 论土地发展权转移与交易的"浙江模式"——制度起源、操作模式及其重要含义[J]. 管理世界，2009，（8）：39-52.

③ 王松林. 加大土地整理开发力度　为我省经济社会可持续发展作出新贡献[J]. 浙江国土资源，2005，（10）：6-8.

等名义，擅自扩大建设用地的规模"①。

尽管浙江模式存在不足，但浙江省的探索为缓解地方建设用地不足和调动地方开展土地整理的积极性提供了思路。在此意义上，国家在 2004 年出台的城乡建设用地增减挂钩政策是一种浙江模式的延伸，其基本的运作机制与浙江的"复垦指标"无异。浙江模式的尝试还为后续的其他政策创新，如宅基地有偿退出、低效用地再开发提供了方向，发挥了强烈的路径依赖效应。

二、耕地占补平衡的市场化交易及补充机制创新

相较于"折抵、复垦指标"的注重为经济发展增加额外的建设用地来源，耕地占补的市场化交易则是为发达县市，在辖区之外寻找新的补充耕地来源。杭州、宁波等发达地区在本辖区内已难以落实耕地占补平衡法定义务，而丽水、衢州等相对不发达地区，建设占用的耕地少且耕地后备资源相对丰富，"基本农田易地代保"和"易地补充耕地"两个新的土地政策工具应运而生。

为达到发达地区在城市扩张中基本农田保护的目标，2001 年浙江省探索了基本农田易地代保的制度设计。2002 年，浙江省修订《浙江省基本农田保护条例》，在第十二条、第十三条、第十四条、第二十条对该项制度设计进行了法理上的规范。所谓基本农田易地代保，是指因国家或省级重大项目批准占有基本农田，项目所在地的（市县）地方政府在本辖区无法完成基本农田补划的，可以经省级政府批准，委托省内其他地区的（市县）政府在其辖区范围内划定相应数量和质量的基本农田代为保护。易地代保的交易双方为市县级地方政府，代保费用由双方通过市场交易平台支付，进入代保的地方政府的财政专户，专款用于基本农田保护。这种跨区域的基本农田补划，引入了市场机制，并通过政府的文件和地方性法规加以完善。在 2001 年，浙江省基本农田有偿调剂的总量为 2.475 万公顷，代保金额达 4.4 亿元，有偿调剂的价格为 1.5~2.8 万元/公顷，委托方主要为杭州、宁波、温州和金华地区，承担方则主要集中在衢州、丽水和湖州地区②。由于基本农田易地代保存在因发展权、保护权过度转移而造成的区域发展不平衡等问题，2004 年国务院办公厅下发《国务院办公厅关于深入开展土地市场治理整顿严格土地管理的紧急通知》（国办发明电〔2004〕20 号），明确要求"不得进行跨市、县的基本农田易地代保，对已发生的要坚决纠正"。

易地补充耕地则主要是解决发达地区补充耕地潜力小，难以完成耕地占补平衡任务的问题，委托资源丰富地区代为补充耕地。该制度设计在 1999 年就开始

---

① 谭明智. 严控与激励并存：土地增减挂钩的政策脉络及地方实施[J]. 中国社会科学，2014，（7）：125-142.

② 谭峻，戴银萍，高伟. 浙江省基本农田易地有偿代保制度个案分析[J]. 管理世界，2004，（3）：105-111.

实行，浙江省于同年出台了《浙江省人民政府办公厅关于加强易地垦造耕地管理工作的通知》（浙政办发〔1999〕132 号），对跨县区的占补指标在有偿调剂的适用范围、资金筹集、项目管理、验收标准等方面做出了规范。自 1999 年杭州市委托上虞市开垦滩涂造地 3 万亩（支付易地造地费 9 900 万元）以来，县市之间的有偿调剂交易就开始活跃起来。浙江省为此建立了各级垦造耕地项目储备库。跨区域的有偿调剂方式主要分为地级市内部和外部两种。前者主要发生于地级市内部耕地后备资源相对丰富的地区，如绍兴市越城区作为需方，耕地后备资源较少，而同属绍兴市的上虞、新昌、嵊州等县级市则具有相对丰富的耕地补充潜力，绍兴市的占补指标有偿调剂多发生于绍兴市内部。后者常常发生于整体后备资源禀赋差，内部补充耕地的成本较高的地级市，如杭州和宁波，选择与后备资源丰富的其他地级市进行占补指标交易。

　　随着各地对"未来发展空间"的考虑，耕地后备资源充足的地区也开始惜售，导致占补指标有偿调剂的价格逐年上升。为防控风险，在行政干预下，地级市内有偿调剂价格相对较低，涨幅不大。以绍兴市 1999~2009 年的内部交易为例，易地补充耕地的价格从 1999 年的 0.33 万元/亩上涨到 2009 年的 3 万元/亩。而地级市外的占补指标有偿调剂价格，则随着浙江省整体耕地后备资源的稀缺度而不断攀升。以宁波市 2006~2012 年的市外交易为例，有偿调剂价格从 2006 年的 2 万元/亩猛涨到 2012 年的 25 万元/亩[①]。为加强有偿调剂价格的宏观调控，浙江省从 2014 年开始实行补充耕地指标、标准农田指标调剂最高限价模式[②]。就补充耕地指标而言，旱地不高于 20 万元/亩，水田不高于 35 万元/亩；就标准农田指标而言，一等地不高于 7 万元/亩，二等地不高于 4 万元/亩。总的看来，耕地占补平衡的市场化交易，通过土地发展权的转移，取得了耕地资源空间配置的帕累托改进，同时实现了对欠发达地区的财政支持。

　　在市场化交易平台的背景下，随着耕地后备资源的紧缺，近年浙江省各地补充耕地的方式也逐渐发生变化。2013 年，浙江省提出在未来五年计划完成垦造耕地 80 万亩，建成高标准农田 1 043 万亩，开展农村土地综合整治 20 万亩[③]。2014 年，浙江省政府办公厅确定要建立以县（市、区）补充耕地为主，省、设区市统筹解决为辅，跨区域调剂为补充的"三位一体"耕地占补平衡统筹机制[④]。为了缓解耕地占补平衡矛盾，2012 年、2014 年，浙江省针对山地资源、沿海滩

---

① 马会芳. 易地补充耕地交易的案例实证研究：制度起源、发展与展望[D]. 浙江大学硕士学位论文，2014.

② 参见《浙江省国土资源厅　浙江省财政厅　浙江省物价局关于做好耕地占补平衡指标调剂工作的通知》（浙土资发〔2014〕36 号）。

③ 参见《浙江省人民政府办公厅关于印发全省"812"土地整治工程实施方案的通知》（浙政办发〔2013〕60 号）。

④ 参见《浙江省人民政府办公厅关于进一步加强耕地占补平衡管理的通知》（浙政办发〔2014〕25 号）。

涂资源较为丰富的土地省情，提出了综合利用山坡地资源、滩涂未利用资源发展"台地产业、坡地村镇"的思路，并在金华、衢州、丽水、宁波、台州、温州等地开展了试点，努力从源头上减少对耕地的占用，落实耕地保护制度，缓解双保压力[1]。在有效控制生态负面后果的情况下，浙江省在匮乏的耕地后备资源上继续探索，补充耕地方式逐渐从未利用地开发转向农村土地综合整治，以及山坡地资源的综合开发。

三、征地的政策创新：留用地模式在浙江的发展

在浙江省内经济发达的县市，偏低的征地补偿标准日益加剧了征地冲突，因征地引发的信访事件快速上升，群体性事件也经常发生。征地拆迁事务成为影响社会稳定，削弱政府公信力的根源。为缓解征地矛盾，保障城市化推进，浙江省设计了留用地模式的征地制度创新。所谓留用地模式，是指地方政府按照征地面积的一定比例，返还（国有或集体性质的）土地给被征地的农民和村集体经济组织，用于第二、三产业非农用途的开发，让被征地农民分享城市化带来的土地增值收益。浙江省留用地政策始于 20 世纪 90 年代，相继出现于杭州、温州等经济发达地区。1994 年，温州市开始试行留用地模式，出台《温州市区国家建设征用土地补偿费和劳力安置的规定》（温政发〔1994〕47 号），规定以行政村为单位，按照一个农村劳力补偿 55~70 平方米土地的标准留地。1999 年和 2004 年，温州市正式出台相关文件[2]，鼓励被征地的农民和集体经济组织，利用政府安排的留用地兴办企业，解决失地农民就业问题。温州市留用地的政策要点：一是留用地按征用耕地面积的比例或人均留用地面积计算，按国有土地性质划拨或出让给被征地集体；二是在符合城市规划的前提下，将留用地按一定的比例分为二产用地和三产用地；三是随着 2003 年停止宅基地指标审批，留用地也被允许开发成商品房或农民安置房。留用地的开发及其收益分配均由村级集体经济组织自行决定。2008 年温州市修订了《温州市市区征收农民集体所有土地管理办法》，对留用地模式的探索进行了调整。

杭州市的留用地模式最初用于"撤村建居"所涉及的征地安置，后来则扩大到重点建设项目的征地[3]。1999 年，杭州市土地管理局制定《杭州市撤村建居集体所有土地处置补充规定》，提出"可由原村集体经济组织提出申请，经区人民

---

① 参见《浙江省人民政府关于进一步做好低丘缓坡综合开发利用工作的通知》（浙政办发〔2008〕84 号）。

② 1999 年，温州市颁布《温州市鹿城、龙湾区征用土地补偿标准暂行规定》（温政发〔1999〕133 号）。2004 年，温州市颁布《温州市市区征用农民集体所有土地管理办法》（温政令 101 号）。

③ 曹正汉. 弱者的产权是如何形成的?——中国被征地农民的"安置要求权"向土地开发权演变的原因[A]// 张曙光. 中国制度变迁的案例研究（土地卷）第八集[C]. 北京：中国财政经济出版社，2011：17-63.

政府审核，报市政府同意，在杭州市土地利用总体规划确定的建设留用地范围内留出部分土地，其面积控制在可转为建设用地的农用地总面积的10%以内。留出的土地必须符合城市规划的要求，明确土地的用途，并严格按规定用途使用，不得转让和出租。留用地在实施非农建设时，免收各项规费，按行政划拨方式供地。"村级集体拿到留用地指标后，在符合城市规划和土地利用总体规划的前提下，自主开发建设工业或商业项目（除房地产项目外）。2005年，在总结留用地的实践经验基础上，杭州市以政府文件加以完善和改进，杭州市国土资源局下发《关于加强杭州市区留用地管理的暂行意见》（杭政函〔2005〕128号），明确提出留用地在指标核发、指标管理、指标使用、留用地建设项目管理等方面的设计要点，专门指出留用地开发的受让主体，可以是村集体经济组织、村集体联合其他市场主体成立的项目公司（村集体占股不得少于50%）。2006年，杭州市通过《杭州市人民政府办公厅关于完善杭州市区留用地管理的补充意见》（杭政办〔2006〕10号），放宽了留用地管理标准，允许村庄持股低于50%，或者将留用地直接转让给其他市场主体开发。2008年，为规范留用地合作开发程序，防范集体资产流失，杭州市政府分别再次发文重申，要求提高合作开发的村集体持股比例，即要求必须相对控股，村集体经济组织所占股份和所占土地开发建筑总面积均不得低于51%[1]。杭州市政府的引导确保了留用地在村集体层面的统一开发，农民转变为社区股民分享开发分红收益。据统计，2004~2010年，杭州市区办理留用地项目用地审批202宗，出让土地面积4 540亩[2]。

　　总的来看，经过将近20年的探索，留用地政策已经成为被征地村集体和农民分享城镇化土地增值收益的主要政策工具，城镇周边的村集体开发留用地不断壮大集体经济，被征地农民因留用地项目收益分红成为先富阶层。留用地政策也成为国家推进征地制度改革的主要政策措施。但是，从浙江的实践来看，留用地模式探索的历程并不是一帆风顺的，具体实施规则在各地不尽相同，所取得的成效也各异，杭州市区的留用地模式成了全国学习的模板，但也有较多地方陷入了困境，存在较多的问题，如留用地指标规模偏大、落地较为困难、留用地项目因村集体经济实力薄弱开发档次较低、留用地开发中村集体内部矛盾较多、留用地开发形成了一定规模的小产权房等。为此，近年来浙江省在留用地政策的基础上，提出留用地指标货币化、物业化等新提法，有的地方甚至取消了留用地政策，如乐清市。

　　① 参见2008年杭州市出台的文件《关于加强村级集体经济组织留用地管理的实施意见》和2014年杭州市出台的文件《杭州市区村级留用地管理办法（试行）》。
　　② 姚如青. 农村土地非农开发和集体经济组织重构——基于浙江两种留地安置模式的比较[J]. 中国经济问题，2015，（6）：37-48.

四、宅基地管理的政策创新：从有偿退出到有偿使用

如何提高宅基地管理和利用，始终是浙江省关切的主题。《土地管理法》第六十二条明确规定"农村村民一户只能拥有一处宅基地，其宅基地的面积不得超过省、自治区、直辖市规定的标准"。这一宅基地制度，在地方实行中逐渐出现一些新情况。一方面农居点布局分散、混乱，存量宅基地粗放利用与宅基地闲置、一户多宅、面积超标等现象并存；另一方面随着农村经济发展水平的提高，农民对新增宅基地的刚性需求（如成家分户、旧房翻新）十分强烈，存在明显的建房两难问题。在城市化"找地"和保障民生的动力之下，浙江省先后提出了两项创新政策：一是以"两分两换"为代表的宅基地退出政策；二是宅基地的有偿使用政策。这两项政策的出台，可视为是对传统宅基地制度的"开口子"，即退出机制从无到有，宅基地分配从无偿到有偿。

浙江省的宅基地退出政策，最早要从嘉兴市的"两分两换"开始。2008年，浙江省确定嘉兴市开展统筹城乡发展综合配套改革试点。同年嘉兴市制定出台了《关于开展统筹城乡综合配套改革试点的实施意见》，提出以土地使用制度改革为核心的"十改联动"机制，并形成了"两分两换"模式。该模式是指宅基地与承包地分开，搬迁与土地流转分开，以土地承包经营权换股、换租、增保障，推进集约经营，转换生产方式；以宅基地换钱、换房、换地方，推进集中居住，转换生活方式。通过"两分两换"，原分散的农居点复垦为连片耕地，退出宅基地的农民搬迁至政府统一新建的集中安置区，节余产生的复垦指标通过城乡建设用地增减挂钩的平台用于城市发展。节余指标落地后出让所获得的土地增值收益，构成宅基地退出过程中新社区建设和旧房拆迁的主要资金来源。宅基地退出的政策满足了地方"找地"发展工业和城市化的需求，同时实现了城乡统筹、农村土地集约利用、农民生活改善等地方发展意图，受到了浙江省各地的欢迎。在总结"两分两换"的基础上，浙江省以土地综合整治和城乡增减挂钩政策为平台，相继出台了宅基地退出的规范文件[①]。浙江省各个县市，则根据自身农村的实际情况，纷纷开展了对宅基地退出机制的探索。

宅基地有偿使用政策，是指对存量的超标或一户多宅的宅基地使用权人，收取有偿使用费，或是对因旧村改造而新增的宅基地进行有偿分配。这一政策旨在提高宅基地的持有成本，以价格机制指导宅基地资源的有效配置。这一创新政策的出台，与浙江省特有的农村背景密切相关。一方面，浙江省农村新增宅基地资源与巨大的宅基地需求存在明显的差距。2000年以来浙江省农民的新增宅基地

---

① 2010年《中共浙江省委办公厅、浙江省人民政府办公厅关于深入开展农村土地综合整治工作扎实推进社会主义新农村建设的意见》（浙委办〔2010〕1号）；2011年《中共浙江省委办公厅、浙江省人民政府办公厅关于印发〈2011年浙江省农村工作要点〉的通知》（浙委办〔2011〕47号）。

审批基本处于停滞状态，而农民生活水平的提高带来了农民对新增宅基地旺盛的刚性需求（如成家分户、婚嫁等）。另一方面，浙江省农村工业化进程基本完成[①]，农民普遍拥有一定的财富积累，在市场意识的熏陶下，形成了宅基地有偿配置的经济基础。在经济发达、人地关系尤为紧张的义乌市等地区，2000 年以来就出现了自发的宅基地有偿竞价分配的方式。2014 年，浙江省下发《浙江省人民政府办公厅关于规范农村宅基地管理切实破解农民建房难的意见》，明确在坚持"一户一宅、拆旧建新、法定面积"的前提下，鼓励村集体经济组织结合本地实际，探索级差排基、选位等宅基地有偿使用分配方式，完善宅基地分配管理机制。在宅基地指标紧张的地区，通过宅基地的有偿使用，提高宅基地资源的配置效率，并为村庄的基础设施改善和维护提供资金支持。

宅基地管理的政策创新也充分体现了市场化的原则。在宅基地退出方面，浙江省的农民通常可以获得 1~2 套安置公寓房，在补缴土地出让金的前提下，公寓房可以在市场上合法流转，以增加农民的财产性收入。而有偿使用通过市场化手段调节宅基地资源，在不增加农民经济负担的前提下解决了农民住房难问题，同时还保证了农村公共物品的供给水平。总的来说，浙江省通过宅基地有偿退出和有偿使用开的"口子"，实现了资源的有效配置和要素的空间流动。其中，前者通过城乡土地要素的空间置换，实现了资金、人口等要素的流动，后者则主要通过村庄内部的土地重构，促进集体内部的资金要素流动。

五、创新进行时：中央"三块地"改革浙江试点

前面对土地政策的"开口子"，从浙江模式的探索，到宅基地有偿退出和有偿使用的尝试，基本上都是在浙江的"默许"下进行的主动试验，具有自下而上的意味；而中央"三块地"改革的浙江试点，则是在中央明确授意下进行的土地政策创新，具有自上而下的意义。

2015 年，全国人大授权在全国 33 个县市区启动农村土地制度三项改革试点，即农村土地征收、集体经营性建设用地入市、宅基地制度改革试点。正是因为前面的一系列地方创新引起了较好反响和社会经济效益，中央在改革试点的选择上对浙江省寄予厚望。经地方自主申报，中央统筹考虑，浙江省的德清县和义乌市，分别入选集体经营性建设用地入市改革和宅基地制度改革的试点，是试点个数入选最多的两个省份之一（另一个省份是四川省）。

集体经营性建设用地入市，指的是在符合土地利用总体规划和土地用途管制

---

① 郭占恒，李火林. 经济发达县市提前基本实现现代化的对策思路[J]. 浙江经济，2001，（8）：40-41；王立军. 从农村工业化到城乡统筹发展:浙江农村改革回顾与前瞻[J]. 中共杭州市委党校学报，2008，（5）：20-25.

的前提下，允许集体经营性建设用地以出让、租赁、入股等形式进入城乡建设用地一级市场，试行与国有建设用地同权同价。此项改革的目的在于盘活农村存量土地，带动资本等生产要素下乡，让农村在充分分享土地增值收益的同时，实现城乡土地市场的可持续运转。德清县在试点之初，就将建立"同权同价、流转顺畅、收益共享"的农村集体经营性建设用地入市制度作为其改革的中心任务。德清县在 2015 年陆续出台了"一办法、两意见、五规定、十范本"等一系列政府文件，构建起较为完备的农村集体经营性建设用地入市政策体系。在搭建的市场体系之下，结合当地小微企业众多、农村休闲旅游蓬勃发展的契机，充分发挥市场价格机制在资源配置重组中的决定性作用。在利益分享的机制设计上，德清县创造性地提出了土地增值调节金的概念，"按类别、有级差"收取土地成交价款的 16%~48%，剩下的入市收益由村集体获得，通过追加量化股权的形式为农户带来可持续的分红收益。随着改革的进行，德清县相继实现了农村集体经营性建设用地的全国首宗入市和首笔抵押，还探索了异地调整入市。截至 2017 年 7 月，德清县已累计完成集体经营性建设用地入市 131 宗 855.55 亩，成交价款 1.88 亿元；农村集体经济组织获得土地入市收益 1.53 亿元，惠及 49 个村集体经济组织和 88 000 余位村民，覆盖面达 35%[①]。总的来看，德清县的入市改革在短时间内就提高了城乡土地的空间配置效率。

按照中央的部署，宅基地制度改革的主要任务是完善宅基地权益保障和取得方式，探索有偿使用方式和农民自愿有偿退出或转让方式，进一步改革宅基地审批制度，发挥村民自治组织的民主管理作用。在改革框架下，义乌市的宅基地改革融合了地方发展的意图，提出了"向空间要地"和"由发展权供资"的改革思路。具体来说，"向空间要地"就是不断提高农村住宅的容积率，在土地资源稀缺、用地指标紧张的约束条件下，满足农民日益增长的住房需求。"由发展权供资"则是指农民通过整理、复垦闲置的宅基地，减少农房占地面积，将土地发展权转移给其他用地者，以获取旧村改造和新房建设的资金。在这一思路下，义乌市宅基地改革经历了多层集中（四层半）、多层住宅（四层半）和高层住宅混合、新社区集聚、集地券四种形式的升级演变。很明显，在经济发达的义乌市，改革的初衷一方面是强化城镇土地的高效集聚，通过引导农民集中居住，退出的宅基地通过指标腾挪满足城市建设需要；另一方面则是以宅基地的空间腾挪为核心，带动人口、资金等要素的自由流动重组，实现农村生活环境的改善、农村土地潜在价值的提高、农村基础设施的愈加完备等社会经济生态效益。为保障改革的有序推进，创造良好的制度环境，义乌市在规范化政策设计方面，建立了"一意见、七办法、九细则"的宅基地制度改革的政策体系。截至 2017 年 10 月，义

---

① 江宜航，赵旭. "农地入市"改革的德清密码[EB/OL]. http://m.sohu.com/a/162719314_115495，2017-08-07.

乌市通过新社区集聚的方式，将1.45万个农民纳入城市生活；通过"空心村"整治，拆旧建新 1 439 户；通过实施"异地奔小康"，安置下山脱贫农民 7 700 余人；通过宅基地复垦，累计产生集地券994.2亩。2015年以来，累计收取宅基地有偿选位费 32 亿元。总的来看，人、地、钱三要素在义乌市的改革中得到了较好的流动重组。

从2016年9月开始，国土资源部提出了"三块地改革试点联动"的统筹推进方式，增强改革整体性和协调性，让"三块地"改革形成共振效应。至此，德清县试点的权限扩展到集体经营性建设用地入市、征地制度两项改革，义乌市试点的权限扩展到宅基地制度、集体经营性建设用地入市、征地制度三项改革①。2017 年 10 月，十二届全国人大常委会第三十次会议决定农村土地制度改革 33 个试点的期限延长至 2018 年 12 月 31 日。总的来看，随着改革的进行，浙江省德清县和义乌市的试点开始从重点探索突破向联动统筹推进，为国家修法提供了可复制可推广的浙江改革经验。

通过以上的梳理考察，可以大致勾勒出近年来浙江省土地政策创新的发展脉络：20 世纪 90 年代以来，为缓解新增建设用地指标不足的压力，优化城乡土地的空间配置，浙江省创造性地设计了一套"折抵、复垦指标"为核心的"浙江模式"。这一模式作为增减挂钩制度的雏形，成为后期地方政策创新的重要历史渊源；伴随着浙江模式的运作，耕地占补平衡的市场化交易也在浙江省悄然展开，内涵和外延不断丰富；同时期，在征地制度改革中，杭州、温州等地运用地方智慧，设计了一套留用地模式；在广大的农村，为提高宅基地利用的效率，嘉兴市于 2008 年率先探索出"两分两换"的有偿退出模式；而有偿使用的探索，则在义乌等地陆续推进；2015 年"三块地"改革试点在全国 33 个县（市）展开，浙江省的德清县和义乌市作为试点，结合过去浙江省取得的土地政策创新的经验教训，大胆探索集体经营性建设用地入市和宅基地制度改革。后面的章节中将选取浙江省改革创新中的数个标志性事件，尤其关注"三块地"的改革试点，展现浙江特色。

① 中央对试点联动的要求是宅基地制度改革的试点单位可以进行"三块地"统筹，而入市或征地制度改革的试点单位只能进行除宅基地外的"两块地"统筹。

第三章 浙江集体经营性建设用地入市制度改革

　　庞大的民营经济群体和较为成熟的产业基础，使浙江省农村地区具备了自主造血的条件，受农村集体建设用地不能自由流转所限，可谓是"万事俱备，只欠东风"。土地制度改革，牵一发而动全身。浙江省在早期集体建设用地流转试点中积累了丰富的经验，对诸多问题已有事先把握，所以德清县的集体经营性建设用地入市改革试点，通过事前一系列的制度设计，包括明确入市范围、规范入市流程、确定收益分配规则及创新入市途径等，有效降低了改革风险，减少了改革阻力，入市规模一直处于全国领先地位。自2015年启动入市改革，到2017年7月，全县已完成集体经营性建设用地入市131宗，总面积约856亩，成交总价达1.88亿元。可以说，德清县试点改革势如破竹，成效显著，形成了独具浙江特色的集体土地入市格局，为全国其他地区未来的全面改革，提供了有益的经验和启示。

第一节 集体经营性建设用地入市：价值的"释放"与向"造血功能"的转变

一、改革背景

　　在中国特色社会主义市场经济发展的过程中，城镇化、工业化对土地资源的需求越来越旺盛，农村集体建设用地使用权价值逐渐得以凸显。农村集体建设用地有序流转，既是社会发展的需要，也是经济发展的客观要求。

　　我国现行土地管理制度与地方实践出现脱节，现行的农村集体建设用地使用权流转受到严格的限制。《土地管理法》第四十三条规定："任何单位和个人进行建设，需要使用土地的，必须依法申请使用国有土地；但是，兴办乡镇企业和村民建设住宅经依法批准使用本集体经济组织农民集体所有的土地的，或者乡（镇）村公共设施和公益事业建设经依法批准使用农民集体所有的土地的除外。"其中，农村集体经济组织使用乡镇土地利用总体规划确定的建设用地，兴办企业或者与其他单位个人以土地使用权入股、联营等形式共同举办企业的，应当持有相关批准文件进行申请，因破产、兼并等情形可以将土地使用权进行流转，这其实是对第四十三条中的例外情况进行的限制说明。由此可见，农村集体建设用地使用权流转受到严格限制，只有在个别情况下，才可以被动流转[①]。

　　改革开放以来，中国社会经济的快速变化推动着劳动力从农村向城市、从欠发达地区向较发达地区流动，人口的流动自然而然带动着土地、资金、技术等生产要素的流动。建设用地需求的增加，刺激了农村地区的开发建设。在这样的背景下，虽然法律严格限制农村集体建设用地使用权流转，但农地私卜流转仍屡禁不止。尤其在城乡接合地区，已逐渐形成了集体建设用地隐形流转市场。隐形流转的弊端显而易见：一是隐性流转行为削弱了国家在土地资源管理上的调控能力，造成土地资源配置失控，资产流失；二是由于缺乏引导和规范，用地布局往往散乱无序，不利于地方经济持续发展；三是未经合法登记的流转行为程序不明，意味着整个交易过程充满不确定性，且易滋生权力寻租，农民权益受损；四是流转交易缺乏法律认可和保护，用地单位（个人）不敢放开手脚进行长期投资，融资难，影响生产规模和效益，即"有恒产者有恒心，无恒产者无恒心"。

　　20世纪90年代末，这些问题开始得到重视。2000年，经调查研究和征询地方意见，国土资源部选择南京、苏州、湖州、南海等九个市区开展集体建设用地流转试点工作。浙江省湖州市出台相关管理办法，强调试点地区的集体建设用地利用必须符合土地利用规划和用途管制，并对流转范围、流转程序、流转收益分配等事项进行了规定。2003年出台的《中共中央国务院关于做好农业和农村工作的意见》进一步指出："各地要制定鼓励乡镇企业向小城镇集中的政策，通过集体建设用地流转、土地置换、分期缴纳土地出让金等形式，合理解决企业进镇的用地问题，降低企业搬迁的成本。"事实证明，这些措施在规范集体建设用地流转、提高农村土地资源利用效率、增加农民财产收益等方面确有成效。尽管流转试点工作开展了十多年之久，但由于国有土地使用权一级市场的垄断可以带来的"土地财政"效应，地方政府明显缺乏积极性，全国性的流转管理办法迟迟未能确立。同时，由于缺乏系统性规范和法律保障，企业家与资本对集体建设用地使用权的权能受限有着天然的警惕，对使用、受让集体建设用地使用权信心不足。但是，由于土地供应的严格管控，大量小企业主和私人资本虽然有着强烈的土地需求，却难以获得国有土地使用权，私下交易、违规建设、环境不友好型开

---

① 王卫国，王广华. 中国土地权利的法制建设[M]. 北京：中国政法大学出版社，2002.

发仍然时有发生，隐性市场依然存在，集体建设用地入市改革的呼声十分强烈。

党的十八届三中全会明确提出建立城乡统一的建设用地市场的目标，"在符合规划和用途管制前提下，允许农村集体经营性建设用地出让、租赁、入股，实行与国有土地同等入市、同权同价"。2014 年中央一号文件正式提出，要"加快建立农村集体经营性建设用地产权流转和增值收益分配制度"。2015 年初，经全国人大授权，国土资源部在全国范围内选择了包括浙江省德清县在内的 15 个县级行政区（2016 年 9 月扩展到 33 个县级试点），着手开展以集体经营性建设用地入市为内容的改革试点。

中央对本轮集体经营性建设用地入市改革的期望和要求可以归为以下几点：一是建立城乡统一的建设用地市场，允许土地利用总体规划和城乡规划确定为工矿仓储、商服等经营性用途的存量农村集体建设用地，与国有建设用地享有同等权利，在符合规划、用途管制和依法取得的前提下，可以出让、租赁、入股，完善入市交易规则和服务监管制度。二是针对农村集体经营性建设用地权能不完整，不能同等入市、同权同价和交易规则亟待健全等问题，要求完善农村集体经营性建设用地产权制度，赋予农村集体经营性建设用地出让、租赁、入股权能。三是建立兼顾国家、集体、个人的土地增值收益分配机制，合理提高个人收益。土地征收转用与集体经营性建设用地入市取得的土地增值收益在国家和集体之间分享比例大体平衡。

二、如何理解集体经营性建设用地入市？

农村集体经营性建设用地，是指具有生产经营性质的农村建设用地，如过去的乡镇或村办企业用地，这些用地现在一般都处于闲置不用的状态，或者租给个体私营企业进行小规模、低水平的生产经营，粗放、分散、低效利用情况普遍，对农村环境也有较大影响。目前，我国农村这部分集体经营性建设用地，局部地区因受到相应权利上的限制和非农转用上的管制，其价值被"束缚"了[1]。具体表现在三个方面。

一是集体所有的这部分经营性建设用地没有完整的产权，不能自由出让或转让给本集体经济组织以外的人进行非农建设。政府征收入市是唯一合法途径。这种二元土地市场，造成了农村内部、城乡之间生产要素流通不畅，闲置的经营性建设用地资源无法得到及时有效的盘活，在一定程度上降低了农村集体经济组织进行非农产业专业化和规模化的机会。

二是农村集体经营性建设用地和城市建设用地，虽然用地类型一样、区位相

---

① 唐健，王庆日，谭荣. 新型城镇化战略下农村土地政策改革试验[M]. 北京：中国社会科学出版社，2014.

近，但在市场价格和实际收益上，都存在很大差距。因为无法实现受法律保护的市场交易，前者价格远远低于后者。

三是农村集体所有的建设用地使用权不能抵押。这种权能设置，使在集体建设用地上进行生产经营的企业（个人），难以通过土地获取周转资金，限制了微小创业企业在农村的发展。

从 20 世纪末期开始，全国很多地方出现了自发的农村集体建设用地流转现象。为了规范农村集体建设用地隐性市场，提高农村集体建设用地的利用效率，原国土资源部先后安排浙江湖州、安徽芜湖、江苏苏州、广东顺德及河南安阳等地开展集体建设用地流转的试点工作，取得了一定成效，但没有形成制度安排。2012 年前后，国土资源部密集调研，计划出台集体经营性建设用地流转相关指导意见，总结推广农村土地股份制改革经验和做法。众多地方的实践表明，集体存量建设用地具备"待释放"的价值。

从理论上讲，集体经营性建设用地价值来源主要依赖三个因素：土地供求状况、地块区位、土地制度及政策。毫无疑问，土地供求状况影响土地的经济价值，尤其对区位的要求最为显著。地块区位较好，意味着土地作为生产要素投入所具备的经济价值较高。而土地制度及政策创新，则可以令没有区位优势的土地同样具备市场价值。一方面，邻近产业园区或主要交通道路或资源禀赋较优的农村集体经营性建设用地，具有"天生的"市场价值，只是这些价值由于法律管控不能在市场上显化。因此，这部分集体经营性建设用地"待释放"的价值就是土地自身的经济价值。另一方面，位置偏远或者资源禀赋较差的农村，没有或者有较低的经济价值，在挂钩工具、异地调整等政策创新的帮助下，远郊区农民放弃非农建设用途后得到一定补偿，这种补偿可以以市场竞价的方式来实现，或者通过异地调整合作入市获得地块入市的市场收益。因此，对于这部分来讲，"待释放"的价值就是土地权利的价值[①]。

价值"释放"的意义，主要在于能够为村集体和村民带来可观的入市收益，同时伴随着土地要素的流动，吸引和集结包括人才、技术在内的各种生产要素，极大地改善农村面貌。相比通过单一的财政转移支付手段支持农村发展，允许集体经营性建设用地直接入市，是激励农村探索自我发展，使其具备持续"造血"功能的有益实践。相比征地，村集体和农民不再是被动受偿者，而是拥有一定自主发展权的主体，契合本村的发展需求，持续获得社会经济效益；更有利于吸引生产要素（资金、人才、企业资源、技术等）区域聚集，充分发挥良好农村土地资源优势和自然资源禀赋，实现部分农村的率先发展。

---

① 唐健，王庆日，谭荣. 新型城镇化战略下农村土地政策改革试验[M]. 北京：中国社会科学出版社，2014.

三、本轮改革在浙江：特征和优势

基于对中央提出改革期望的解读，以及对入市制度的理解，本书在讲述入市故事时，有三个方面的关切。

第一层面，允许直接入市，预期将带来的是农村建设用地配置效率的提高，同时增值收益分配更加倾向于农民，有利于增加农民的财产性收入。也就是说，入市的绩效是否能够实现农村土地资源利用效率的提升和土地收益分配公平，是改革的首要关切。

第二层面，隐含在收益分配背后但又非常重要的内容——集体经营性建设用地属于农民"共有"资源，对其进行利用和管理，实际上涉及集体行动如何实现的问题。这里既有协商成本，也有制度成本，还有资源利用的外部性成本（如工业的污染对乡村环境的影响等）。此外，是采用就地入市模式还是可以异地调整入市，是以行政村为单位进行单独入市还是允许若干行政村合作入市，抑或是采用辖区内统筹入市模式，由于不同模式涉及不同的利益主体，对应不同地区不同的发展阶段，会产生不同的实施成本。这些成本如何降低，是改革的第二关切。

第三层面，在供给侧结构性改革中，土地要素可以发挥重要作用。入市改革的目的，不只是提高农村土地资源的利用效率，更是实现乡村振兴的途径和工具。也就是说，在统筹城乡发展和新型城镇化战略下，让农村具备自我"造血"的功能，是入市制度改革更为重要的考虑。因此，能否通过农村土地制度改革，增加生产要素的有效供给，推进农村经济结构的调整，是改革的第三关切。

基于上述三个方面的关切，全国的试点选择浙江省，不仅体现了改革需要东部经济发达地区的实践检验，也反映了浙江省本身的经济社会和人文背景对改革的经验积累有着重要的作用。

浙江省土地资源具有"三多三少"的特点：海域多、陆地少，海域面积 26 万平方千米，陆地面积 10 万平方千米，自然资源相对匮乏；山地多、平地少，全省陆域面积中，山地占七成，有"七山一水二分田"之说；人口多、耕地少，2013 年全省常住人口 5 400 多万，人均耕地不足全国人均的 40%[①]。总之，浙江省可利用的土地资源相对有限，全省面临着土地资源结构性短缺和总量供给有限的现实压力。

浙江省作为东部沿海地区的发达省份，其民营经济一直是经济发展的主要动力。"十二五"期间，浙江省民营经济的国税收入（不含海关代征）达 11 898 亿

---

① 参见中华人民共和国自然资源部官网，网址为 http://www.mlr.gov.cn/wszb/2013/jyjybzh/zhibozhaiyao/201306/t20130625_1231887.htm。

元，占全省国税收入的 62%，年均增长 11.2%，分别比国有和外资企业快 2.1 个百分点和 1.1 个百分点[1]。更有意思的是，浙江民营经济以小微企业为主，其中多半是集体经营性建设用地的潜在使用者，由此奠定了农村土地市场化的"土壤"，同时反映出浙江省经济发展面临着特殊的"人、地、钱"关系。

浙江省农村非农经济发展走在全国前列，部分经济发展较好的农村基层组织，自治体制机制较为健全，村集体经济组织市场运行能力较强，为市场供给主体自治奠定了良好的基础。由于经济区位、能人领导等因素的影响，村级集体经济发展不平衡，临近城镇、工业园区或大型市场的农村经济组织觉醒早，实力较强，有的村级集体经济组织年可支配收入达到几百万元甚至上千万元，但更多的农村集体经济组织力量仍然薄弱，一些村的有些集体经济组织甚至没有可支配收入，开展经济活动时面临诸多掣肘。

浙江省集体经营性建设用地入市制度改革，正是在这样的自然、经济、社会条件下进行的，并逐渐形成了独具浙江特色的改革路径。本轮农村土地制度改革试点工作，目前已陆续进入总结提炼阶段。无论是原国土资源部，还是其他部委、有关省市领导在浙江调研时均表示，浙江省的改革工作和经济发展模式在全国最具先进性。因此，深刻理解和剖析浙江在入市改革试点中体现出来的典型经验和做法，有助于明晰我国步入有中国特色社会主义新时代后，深化农村建设用地制度改革的前进方向。

综上所述，本章旨在以浙江省德清县农村集体经营性建设用地入市实践为样本，讲述入市制度改革的浙江故事，力求回答以下问题：第一，浙江省是如何构建集体建设用地市场的，土地利用效率和土地收益分配效果如何，是否回应了中央的改革要求？第二，浙江省集体土地市场建设具备哪些独有的特征和关键条件？第三，浙江省的入市制度改革是否有效促进了农村地区的供给侧结构性改革，为农村发展注入新的活力？

第二节　浙江省集体经营性建设用地入市制度改革的"前世今生"

在浙江，集体经营性建设用地市场化改革并非新鲜事。在入市试点政策没有正式出台前，以湖州市为代表的部分市县，已经开展了近二十年的农村集体建设用地流转工作，为当前集体经营性建设用地入市序幕的正式拉开，打下了良好的

---

[1] 沈加潮，徐航，何静. 民营经济：浙江经济发展的主力军[N]. 中国税务报，2016-08-17.

制度基础，提供了实践经验。德清县作为全国集体经营性建设用地入市制度改革试点，针对县域内集体经营性建设用地的利用现状，着重从"哪些地可以入市""谁来入市""怎样入市""入市收益怎么分"四个方面构建和完善集体建设用地市场，经过三年的探索，在提高农村土地利用效率、农民增收、改善农村经济社会环境等方面成效显著。

一、改革的沃土和现实的制约

20 世纪 90 年代，随着城乡产业结构转型，开放经济的深入发展，资金不断涌入浙江省农村，民营经济得以发展和活跃。1980 年，浙江省温州市颁发了中国第一张个体工商户营业执照，标志着民营经济正式得到国家承认和鼓励。30 多年来，以温州、台州和义乌为代表的浙江省民营经济从小到大、由弱变强，成为浙江省经济发展的强大力量。从企业分布来看，民营企业多集中在乡镇，属于一种草根经济，以块状小微企业为主，经营规模普遍较小，发展资金有限，集体建设用地流转能够满足部分"草根"企业的用地需求。在征地补偿标准和用地成本的巨大反差下，很多地方出现了以出让、转让、出租、抵押和作价（入股）等形式自发进行的集体建设用地流转现象，数量和规模也呈现不断扩大的趋势，村镇集体土地价值迅速提升，使集体建设用地收益大幅度提高。

浙江省集体经营性建设用地市场并不是通过人为制造出来的"空市场"，相反，它具有广泛的群众基础和较充足的市场需求。以小微企业为主的民营经济对土地要素的渴望，产生了集体经营性建设用地流转市场的实际需求。在敢闯敢试、大胆创新的氛围下，浙江省民营经济中所蕴含的民间市场力量，为集体经营性建设用地市场发展提供了源源不断的动力。

但在浙江省早期的集体建设用地流转试点中，流转主体和流转用途受到严格限制。流转主体主要针对改制中的乡镇企业，流转用途限制在工业用地和重大基础设施之间，商贸和房地产开发不被允许。民营经济多样化的用地需求没有得到充分满足，土地私下流转仍然存在。与此同时，受限于法律规定，全国性的集体建设用地流转管理办法没有出台，没有法律支持和保护，取得土地方的权益难以得到有效保护，无法用于抵押融资。在德清县农村调研时发现，租用集体建设用地进行生产的用地单位（个人）不在少数，但大部分都不敢进行长期投资、进行更新改造或购买新设备，不利于企业转型升级。例如，德清县东衡村（有"中国钢琴之乡"的美誉）的小微企业多数为生产"钢琴"的企业，租用原蚕种厂房或村里（村民）的土地建厂生产，基础设施配套差，生产条件不良。此外，由于农村地区缺乏对项目进驻的监管，一些污染型的项目进驻，致使环境遭到破坏。例如，私人租赁土地办畜禽养殖场（如养猪场），管理失序，"异味难闻，垃圾乱倒，废水入河"等现象时有发生。

专栏 3-1

浙江省集体建设用地流转试点："湖州模式"

湖州市作为浙江省经济比较发达的地区，是以上海浦东开发开放为龙头的长江三角洲地区"先行规划、先行发展"的 14 个重点城市之一，是全国最早一批开展集体建设用地流转试点的地区。在此轮试点过程中，湖州市政府先后在南浔区的善琏、双林、旧馆、和孚等镇以及吴兴区织里镇，开展集体建设用地使用权流转试点工作，在流转范畴、流转方式、流转用途、收益分配及使用等方面积累了一些经验，形成了"湖州模式"。

"湖州模式"的初衷是解决乡镇企业土地资产处置问题。乡镇企业是湖州市农村经济发展的重要力量，到 1997 年底，乡镇企业已占全市工业经济的 80% 以上。蓬勃发展的乡镇企业需要大量的非农建设用地。随着乡镇企业改制，这部分土地使用权的处置成为焦点，在一定程度上促进了湖州市集体建设用地流转。1997 年下半年，湖州市土地管理局为配合乡镇企业改制，在轧村镇开展了改制企业以租赁方式取得集体建设用地使用权的试点。1998 年初，湖州市政府出台了《乡镇改制企业土地资产处置若干意见》，逐步在全市推行集体建设用地以租赁方式流转。

在处置转制企业土地资产的基础上，湖州市继续探索村集体存量建设用地的流转途径。这一时期，浙江省的民营经济开始活跃起来，因个体私营企业资金不允裕，使用国有土地成本高，且未改制成功的乡镇企业大多处于关停状态，闲置了大量的建设用地。由此自然而然出现了集体建设用地的私下流转。20 世纪 90 年代末，该市善琏镇私营经济发展迅速，逐渐形成湖笔、纺织、机械三大产业，用地需求激增，集体建设用地私下流转普遍。1999 年初，湖州市国土资源局选择该镇进行试点，流转方式除租赁之外，试行一次转让 30~40 年和作价入股等[①]。

湖州市从处置改制乡镇企业集体土地资产出发，通过明晰产权、规范流转，将集体建设用地引导到有偿、有限期、可流动的土地市场公开运作，逐步形成租赁、转让、抵押、入股联营等多种集体建设用地流转方式，有效解决了当地中小规模的民营企业发展的用地需求，同时增加了村集体和农民的财产收入。

综上可知，浙江省民营经济蓬勃发展，自然对集体经营性建设用地有着刚性需求。早期开展的集体建设用地流转工作，在一定程度上缓解了浙江省民营经济的用地压力。因全国性的集体建设用地流转管理办法没有出台，土地产权得不到有效保障，资本对集体建设用地使用权依然缺乏信任，集体建设用地市场运行并

---

① 张鹏. 农村集体建设用地流转机制与绩效研究——以浙江省湖州市为例[D]. 浙江大学硕士学位论文, 2007.

不稳定。新一轮的农村土地三项制度改革正视上述问题，开展破法改革，必将激发农村集体经营性建设用地市场活力。

二、找准入市改革主攻方向，着力破解系列难题

2014 年 12 月，还在深冬，新一轮农村土地制度改革试点春潮就已涌动。中央全面深化改革领导小组第七次会议让这个春潮更加激荡，会议审议了《关于农村土地征收、集体经营性建设用地入市、宅基地制度改革试点工作的意见》，农村土地制度改革三项试点在全国 33 个试点地区进行。2015 年 2 月 25 日，经全国人大常委会授权，浙江省德清县被列为集体经营性建设用地入市制度改革试点区。试点要求在 2017 年 12 月 31 日前暂停实施《土地管理法》第四十三条和第六十三条以及《城市房地产管理法》第九条中关于集体建设用地使用权不得出让的规定，允许集体经营性建设用地入市，同时要求坚守"土地公有制性质不改变、耕地红线不突破、农民利益不受损"三条底线。集体经营性建设用地入市改革既要守住"三条底线"，又要在建立城乡统一建设用地市场方面迈出坚实步伐，为促进当地经济社会发展、增强广大农民获得感提供动力。为此，必须找准入市改革的主攻方向。德清县围绕"谁来入市、哪些地入市、怎么入市、钱怎么分"四个方面构建了"一办法、两意见、五规定、十范本"的相对完整的政策体系（表 3-1）。

表 3-1　德清县"一办法、两意见、五规定、十范本"的入市政策体系

一办法	《德清县农村集体经营性建设用地入市管理办法（试行）》（德政发〔2015〕30 号）
两意见	《中共德清县委办公室德清县人民政府办公室关于建立农村土地民主管理机制的实施意见》（德委办〔2015〕44 号） 《德清县人民政府办公室关于印发德清县鼓励金融机构开展农村集体经营性建设用地使用权抵押贷款的指导意见的通知》（德政办发〔2015〕137 号）
五规定	《德清县农村集体经营性建设用地入市收益分配管理规定（试行）》 《德清县农村集体经营性建设用地异地调整规定（试行）》 《德清县农村集体经营性建设用地入市土地增值收益调节金征收和使用规定（试行）》 《德清县农村集体经营性建设用地使用权出让规定（试行）》（德政办发〔2015〕138 号） 《德清县农村集体经营性建设用地出让地价管理规定（试行）》
十范本	集体经营性建设用地入市申请书、审核表、决议、核准呈报表、核准书、使用权招标出让公告、出让须知、成交确认书、出让合同、入市实施委托书范本

（一）以入市方式多样化破解"谁来入市"

集体土地入市，谁是入市产权主体？此次农村土地制度改革的目的之一是"还权赋能"，让村集体和农民分享城市化过程中的土地增值收益，让他们真正成为集体土地的主人，激发自主管理、经营集体土地的热情。与城市国有土地入市主体只有代为行使全民所有权的地方政府不同，农村集体经营性建设用地属于

众多的集体经济组织（村民小组、村集体、镇集体等）所有。因用地分布、所在区位、规划用途等存在显著差异，不宜简单规定由各集体经济组织自行入市。因此，解决好"谁来入市"问题成为推进入市进程的前提。

德清县针对镇、村、组三级所有的现实情况，规定乡镇集体经营性建设用地由乡镇资产经营公司、村集体经营性建设用地由村经济合作社作为入市主体〔德清县2013年所有经营性资产已完成量化入股，全县106个村（社区）成立了股份经济合作组织，33万个农民成为股东。这些合作社具备市场主体资格，顺理成章地成为入市主体〕。考虑到组不是一个独立的经济组织，也不是一个法人主体，德清县规定组级所有的集体经营性建设用地入市应当委托村经济合作社实施。

在厘清入市主体资格的基础上，德清县创造性地提出了自主入市、委托入市、合作入市三种方式。自主入市是指由具备入市资格的集体经济组织自行组织入市，如村集体所有的经营性建设用地由村股份经济合作社实施入市，镇集体所有的部分由乡镇资产经营公司等全资下属公司或其代理人实施入市。德清县131宗入市地块中，有近120宗采用自主入市方式。委托入市是指集体经济组织在缺乏自主入市条件下委托其他经济组织代理入市事务，如村民小组需委托村股份经济合作社等代理人实施入市。例如，八字桥村大部分集体土地为组集体所有，但由于村民小组不具有入市主体资格，故在经过村民代表大会讨论后，将组集体所有的12.5亩经营性建设用地以2 500元/亩的年租金流转到八字桥村集体经济合作社，由其代理进行入市操作，最终以租赁的方式成功交易给德清泰鑫金属制品有限公司，进行废旧钢铁回收再利用业务。合作入市则是鼓励偏远欠发达地区的集体经济组织与集中入市区块的集体经济组织合作，探索建立土地股份合作社，整合村集体资源，实现收益共享。例如，东衡村"钢琴小镇众创园"项目的 B区块，由东衡村股份合作社和雁塘村、洛舍村股份经济合作社三方合作，整合集聚的69亩土地，以每亩21.3万元成功入市，成交金额为1 400多万元。

（二）以入市途径合理化破解"哪些地入市"

"哪些地入市"确定集体土地入市的交易客体。德清县从三方面着手：确定入市范围、摸清入市家底、有序规范入市。

（1）确定入市范围。入市范围的确定首先需要正确认识征地和入市的关系，综合考量现阶段德清县乃至整个浙江省的经济发展需要。用地需求或通过征地提供，或通过入市解决，二者范围互有嵌套，如何确定入市范围则是无法回避的首要问题。一方面，现行征地制度不断调整完善，为德清县工业化、城市化和社会各项事业的发展，提供了强有力的土地和资金支撑，合理的征地仍需坚持；另一方面，现行征地存在补偿标准偏低的问题。此外，农村经营性项目用地，特别是零星项目用地，若一律通过征收极易造成国有土地供应点状化、破碎化，国有土地与集体土地相互交叉，容易造成产权边界模糊，不利于产权管理，也影响土地集约节约利用。因此，德清县借鉴湖州市集体建设用地流转试点经验，将集体经营性建设用地入市范围限定在土地利用总体规划确定的城镇建设用地边界外（公益性征地除外），而边界内的集体土地开发将继续走征地后入市的模式。

（2）摸清入市家底。自 2015 年 4 月起，德清县对全县存量集体经营性建设用地开展了普查，摸清了全县 1 881 宗，10 691 亩集体经营性建设用地的底数和分布。在紧守"土地公有制性质不改变、耕地红线不突破、农民利益不受损"三条底线的基础上，德清县探索设计了"四规合一"的规划管控办法，即集体经营性建设用地入市流转，必须同时符合土地利用总体规划、城乡建设规划、产业发展规划和生态保护规划。城镇建设用地边界以外的"哪些集体土地能入市"，"四规合一"说了算，符合规划的可以就地入市，不符合的要进行调整。因此，德清县对这些地块"一村一梳理，一地一梳理"，排定了符合"就地直接入市"条件的地块，共有 1 036 宗，面积 5 819 亩，并对所有地块进行了公示。另有 845宗，4 872 亩土地，由于地块零星、分散或者不符合规划，需要先复垦，再按计划调整到产业集中区后入市。

（3）有序规范入市。德清县在推进集体经营性建设用地过程中，格外重视与农村新业态、新产业发展需求对接，特别设计推出了项目用地预申请制度，以需求定供给，以规模定复垦，实行"先预约、后复垦、再入市"的路径。所谓"项目用地预申请"，就是将农村集体异地调整入市土地信息在公共信息平台发布，公开接受广大业主用地规模预申请，收取预约保证金。集体经济组织根据产业功能定位，对预申请项目进行梳选，在多中选好、在好中选优，以需求定供给，从而确保有复垦、必入市。

（三）以市场监管规范化破解"怎么入市"

农村集体经营性建设用地入市的重要目标，是实现城乡用地"同权同价"。受区位条件、开发强度、规划用途等影响，城乡用地"同权同价"并不意味着权利和价格完全相同，更重要的是体现交易规则和监管制度的平等与统一。

德清县在构建城乡统一的建设用地市场时，围绕"竞争互补、公平高效"设计集体经营性建设用地交易规则和监管制度，着力探索"五统一"规范"怎么入市"。一是实行统一的交易平台：将全县农村集体经营性建设用地和国有土地统一纳入县公共资源交易中心，建立多方协同的入市监管服务机制，对公告、交易、成交公示等环节实行一体化管理。二是实行统一的地价体系：启动编制城乡统一的基准地价体系，开创性地建立了集体经营性建设用地基准地价和租金体系。三是实行统一的交易规则：参考国有建设用地使用权有偿出让的思路，规定集体经营性建设用地按出让、租赁、作价出资（入股）等有偿使用方式入市，使用权出让可采用招拍挂、协议的方式。其中协议出让仅限于在本规定实施前，土地已有使用者且确实难以收回的，集体经济组织在报请所在乡镇人民政府（开发区管委会）同意的基础上，可采用协议出让方式。四是实行统一的登记管理：将集体经营性建设用地纳入不动产统一登记范围，落实使用权的抵押权能与国有土地同等待遇。五是实行统一的监管服务，"申请、审批、交易、颁证"全程服务限时 60 日办结，用地纳入第三方监管体系，引入"第三方机构服务"，培育集体经营性建设用地调查、测绘、评估、交易代理等中介机构。

　　"五统一"制度的落实，不仅实现了规范、透明、高效的集体建设用地市场交易与监管体系，也为落实城乡建设用地"同权同价"奠定了制度基础。依托这套入市规则，德清县逐渐实现了就地入市的常态化。在此基础上，德清县又创新推出异地调整集中入市模式。此举旨在打破区位差异等资源异质性对集体经营性建设用地入市的限制，引导产业集聚和规模发展，释放更大范围内的土地增值收益。因此，德清县结合块状经济区域分布情况及特点，在全县设立了七个异地调整集中入市区块，借此打造"小微企业众创园"。

专栏 3-2

莫干山镇仙潭村：全国首宗农村集体经营性建设用地入市

　　水月清华酒店管理有限公司总经理赵建龙从事酒店行业多年，几年前他瞄准商机，花 100 多万元买下了莫干山镇废弃多年的乡镇企业厂房，谋划建设高端民宿。然而土地买下了，项目推进却卡了壳，"没有土地使用权，既没法改变用途，也不能重建，只好让它继续荒废"。

　　2015 年德清县被确定为农村集体经营性建设用地入市试点，这给他带来了转机。莫干山镇人民政府作为出让方，将这块废弃乡镇企业用地正式出让给赵建龙，用于修建醉清风度假酒店配套旅游设施。

　　投资商先向德清县国土资源局提交农村集体经营性建设用地入市申请，土地行政管理部门进行联合商讨，在四规符合性审查通过后，形成入市决议，开展地块勘测定界和权属调查，委托中介机构对入市地块进行估价公示，结果如表 3-2 所示。

表 3-2　仙潭村地块价格评估

土地位置	土地面积/平方米	土地单价/（元/米²）	评估价格/万元	设定用途	容积率	土地级别	基准价格/（元/米²）
仙潭村	4 040.9	760	307.11	商业	1.0%~1.7%	Ⅲ	570

　　对估价结果无异议，审核用地单位负责人或法人代表的受让资格后，由县国土资源局

委托德清县公共资源交易中心进行交易。在 2015 年 8 月 24 日，该宗地块以总价 307.11 万元（不包括城市市政基础设施配套费、受让方土地收益调节金和印花税）协议出让给赵建龙。地块用途从原来的工业厂房用地调整为商服用地，使用权出让年限为 40 年。

作为受让方的醉清风度假酒店投资商在缴清出让价款和土地出让契税（土地出让价款总额的 3%）后，办理了不动产权证书。凭此权证，赵建龙从中国农业银行德清县支行贷款 150 万元，投入度假酒店的建设，成为全国第一笔集体经营性建设用地抵押贷款。

按《德清县农村集体经营性建设用地入市管理办法（试行）》等规定，县财政部门从土地出让价款中按 32%直接提取土地增值收益调节金，其余部分为镇集体土地入市收益，由乡镇管理使用。

至此，全国集体经营性建设用地入市的"第一宗"交易在德清县完成。这宗地的入市，对勘测定界、权属确认、规划条件、产业定位、地价评估、抵押贷款、民主决策、交易规则等方面，以及涉及的相关文本与程序进行了一次实战测试。

（四）以收益调节差别化破解"钱怎么分"

收益分配合理与否，直接关系到集体经营性建设用地入市制度能否顺利推进。德清县从试点开始，就把"钱怎么分"作为推进入市试点的重中之重，提出了收益均衡分享、差别化调节的思路。

一是厘清国家和集体的收益：德清县首创性地提出了土地增值收益调节金的概念，充分考虑规划用途和区位差异，确定"按类别、有级差"的调节金收取方式，差别化规定调节金比例。对县城规划区内、县城规划区外乡镇规划区内、乡镇规划区外的工业用地分别按 24%、20%、16%收取调节金，商业用地分别按照 48%、40%、32%收取调节金，以此实现不同区位、不同用途土地入市收益的大体平衡。二是分清集体内部的收益：按照三级集体经济组织结构，分别采取实物形态、股权形态、现金形态三种分配模式，差别化落实农民和集体收益分配。其中实物形态，是指属乡镇集体经济组织所有的经营性建设用地，扣除收益调节金后的入市收益归乡镇集体所有，纳入乡镇财政统一管理，主要用于辖区内农村基础设施建设、民生项目等支出。股权形态，是指属村集体经济组织（村股份经济合作社或村经济合作社）所有的经营性建设用地，扣除增值收益调节金后的入市收益作为集体积累，统一列入集体公积公益金进行管理。该收益资金作为村股份经济合作社（或村经济合作社）经营性资产，以股权增值方式追加量化成员股权，再把投资所得收益中不少于 30%的部分按股份分红。现金形态，是指属于村内其他集体经济组织（村民小组）所有的经营性建设用地，其入市收益在扣除国家相应税费、村集体提留以及入市的相关费用后，在农户中分配。

三、改革的面上成果：盘活集体存量，促进农民增收

在"一办法、两意见、五规定、十范本"的规范下，德清县集体经营性建设用地入市改革取得了一系列的成绩。

（一）入市交易规模大，实现用地效率提升

2015 年 8 月 24 日，德清县莫干山镇仙潭村以协议方式出让集体建设用地使用权 1 宗、面积 6.05 亩，成为制度改革三项试点开展以来的首个入市案例。至 2017 年 6 月底，德清县累计完成入市 131 宗，面积 855.55 亩，成交价款 1.88 亿元，居全国 33 个试点县前列。其中，2015 年共计入市 41 宗，面积 372.03 亩；2016 年共计入市 58 宗，面积 316.72 亩；2017 年 1~6 月共计入市 32 宗，面积 166.80 亩。

从用途来看，入市地块主要用于工矿仓储及商服类用地的开发建设，其中 111 宗为工矿仓储用途，占入市地块总面积的 86%；剩余 20 宗用于商服、科研等用途，占总面积的 14%。从入市地块的交易方式来看，主要存在出让与租赁两种方式，其中出让地块 102 宗，占入市地块总面积的 72%；其余 29 宗入市地块采取租赁方式，其面积占比达到 28%（表 3-3）。

表 3-3　德清县集体经营性建设用地已入市地块汇总

年份	宗数	面积/亩	分用途情况						入市方式			
			工矿仓储类用地		商服类用地		其他		出让		租赁	
			宗数	面积/亩	宗数	面积/亩	宗数	面积/亩	宗数	面积/亩	宗数	面积/亩
2015	41	372.03	33	284.08	8	87.95	—	—	30	256.40	11	115.63
2016	58	316.72	50	287	4	23.49	4	6.23	41	200.60	17	116.12
2017	32	166.80	28	161.15	4	5.65	—	—	31	155.27	1	11.53
合计	131	855.55	111	732.23	16	117.09	4	6.23	102	612.27	29	243.28

注：2017 年入市地块数据因调研时间节点而仅统计至当年 6 月

从入市地块价格上看，受自然条件、社会经济及区位条件的影响，131 宗入市地块的土地交易价格在 16.80~74.67 万元/亩波动（仅考虑出让），工矿仓储用地的平均价格为 19.70 万元/亩，商服用地的平均价格为 53.95 万元/亩，明显高于县域 5 万元/亩的统一征地区片综合地价。根据有关研究测算，2011~2015 年德清县征转土地平均每公顷增值 236.33 万元，而 2015~2016 年集体建设用地入市试点平均每公顷增值 358.69 万元，二者差距较大，主要原因是集体建设用地的入市成

本远远低于征转土地成本①。由此可见，农村集体建设用地的价值得到有效"释放"（表3-4）。

表3-4　德清县集体经营性建设用地入市价格表（仅出让）

年份	面积/亩	成交价/万元	工矿仓储类用地			商服类用地			其他		
			面积/亩	成交价/万元	单价/万元	面积/亩	成交价/万元	单价/万元	面积/亩	成交价/万元	单价/万元
2015	256.40	6 001.09	225.68	4 316.44	19.13	30.72	1 684.65	54.84	—	—	—
2016	200.61	4 221.12	189.06	3 783.26	20.01	8.08	338.49	41.89	3.47	99.37	28.64
2017	155.27	3 391.28	149.62	3 016.24	20.16	5.65	375.04	66.38	—	—	—
合计	612.28	13 613.49	564.36	11 115.94	19.70	44.45	2 398.18	53.95	3.47	99.37	28.64

131宗地块的入市成交，说明德清县入市基础好；可观的入市收益，表明集体建设用地存量价值得到有效"释放"。尽管入市平均价格比同期相同用途的国有土地出让价格低（同期国有土地市场均价为工矿仓储用地25万元/亩，商服类用地80万元/亩），但是相较于传统征地，以及农村地区的经济环境（用地区位、产业类型和规模、农村基础设施条件等），这样的改革成绩单已难能可贵。

（二）收益分配兼顾政府和集体，实现农民增收

131宗入市地块的成交总价款为18 895.37万元。其中，政府通过征缴土地增值收益调节金共获得3 591.87万元，约占土地成交总价的19%，其余近81%的收益（15 303.5万元）全部由村集体和村民获得。按用途来看，工矿仓储用地成交均价为19.70万元/亩，扣除土地增值收益调节金后，村集体所得为16.54万元/亩；商服类用地成交均价为53.95万元，扣除土地增值收益调节金后，村集体所得为36.44万元/亩。同期国有土地市场平均价为工矿仓储25万元/亩、商服业80万元/亩，在传统农地征转过程中，农民以土地补偿安置费的形式，参与分享集体土地入市收益，德清县的征地补偿安置标准为5万元/亩②（表3-5），即使算上失地农民的基本生活保障金，失地农民所得仍然只占农地入市增值的小部分。

---

① 邱芳荣，靳相术，赵旭. 土地增值收益如何分配——以浙江省德清县经营性建设用地入市实践为例[J]. 2017，（11）：21-23.

② 征地补偿是5万元/亩。如表3-5所示，征地补偿包括区片综合地价补偿和地上附着物及青苗补偿两部分，此处按征用耕地的2.4+2.1+0.5=5（万元/亩）补偿进行对比。因此是5万元/亩。

表 3-5　德清县土地征收补偿标准

补偿类型	补偿模式			补偿标准/ （万元/亩）
征地补偿	区片综合地价 补偿	耕地、园地、经济林地、坑塘水面、沟渠、农村道路、其他农用地和建设用地	土地补偿费	2.4
			安置补助费	2.1
		除经济林地外的其他林和未利用地		2.3
	地上附着物及青苗补偿			0.5
社会保障	基本生活保障金： 农民参保一次性缴费 24 000 元后，次月起享受基本生活保障待遇，基本生活保障费从征地补偿费中提取			——

对比征转和农地直接入市过程中的土地收益分配，作为集体土地所有者的村集体，通过入市方式能够获得更多的直接收益。对德清县征地和入市中土地增值收益的测算研究显示，村集体在入市试点中分享到的土地增值收益接近征转分配额的 5 倍[①]，入市村集体获得感明显。从农民实际的财富变化看，以 2015 年 9 月 8 日拍卖出让地块的洛舍镇砂村为例，出让之前，该村农民每股股权价值为 5 500 元，地块入市收益返还后，每股价值增加到 8 000 元，增长幅度达到 45%，农民确实得到了较大的实惠。

（三）推动企业转型升级，兼顾经济和生态效益

集体经营性建设用地入市，同时注重引入新产业新业态，有效促进了农村原有产业的发展和转型升级，增强了活力。德清县已入市的 131 宗地块中，有 76 宗受让人为企业、55 宗受让人为个体。受让土地的用途包括酒业、纺织、水产养殖、材料包装、木材生产、钢琴制造、乡村旅游等。入市除了带来直接的土地收益以外，也支撑了有关行业在该地区的发展。通过固定资产投资、相关配套设施建设，吸引更大规模资金、技术及人力要素的投入。例如，莫干山镇借助入市政策，很好地融入地方特色，彰显地方文化底蕴，尤其是农村休闲旅游业的发展，创造了很多就业机会。

入市过程更加注重项目的质量，兼顾了农村经济发展和生态环境保护。改革前，产业项目审查相对薄弱，导致一些污染工业企业进驻，生态环境遭到破坏。改革后，入市政策明确要求国土部门联合发改、经信、环保等部门研究准入标准，对拟进驻企业用途类别以及节能节地程度加以限定，对低产能、高污染型企业责令整改，与生态文明、新型城镇化、产业结构调整等政策衔接，避免对农村地区环境造成二次污染。

从引入市场机制盘活农村建设用地，到兼顾政府、集体和个人分配入市收

[①] 德清县土地制度改革研究课题组. 浙江省德清县土地增值收益核算与分配研究[R]. 项目评审报告，2017.

益，再到以入市制度为杠杆撬动整个农村区域的经济发展可以看出，改革试点是成功的。

四、入市地块及收益的后续使用和监管：隐忧和对策

浙江省在集体经营性建设用地入市试点中，对入市后地块开发利用、收益保值增值等方面进行持续跟踪调查，针对发现的问题，及时调整和完善，为深入改革提供信心和安全保障。

（一）入市地块的监管

德清县入市的建设用地用途主要是工矿仓储用地和商服用地，对此，德清县参照国有建设用地的批后监管程序，着重规范出让合同，强化合同约束。集体经营性建设用地使用权交易双方在签订《德清县农村集体经营性建设用地使用权出让合同》时，明确县国土资源局作为第三方鉴证身份出现。同时，该合同中明确规定入市宗地建设项目开竣工时间，如"受让人不能按期开工，应提前 30 日向出让人提出延建申请，经出让人同意，报县人民政府核准"；"受让人应当按照本合同约定的土地用途、容积率利用土地，不得擅自改变"；"土地闲置满一年不满两年的，应当缴纳土地闲置费。土地闲置满两年且未开工建设的，出让人报经县人民政府核准后有权无偿收回集体经营性建设用地使用权"。

同时，德清县积极开展农村土地民主管理试点工作，将入市涉及的宗地情况、起始地价、合同条款、收益使用等事项，全部纳入全程公开、民主管理和监督范围，并组织开展村内土地巡查，建立巡查台账，及时发现、报告和制止违法用地行为，积极推动"无违建村"的建设，强化公众监督作用。

（二）农村集体建设用地二级市场的构建

现阶段，我国集体经营性建设用地入市改革，主要聚焦于土地一级市场的改革和完善，实现土地供应节奏和结构的优化。作为一级市场的延续，二级市场的建立和运行较为薄弱。浙江在集体建设用地一级市场基础上，积极探索建立集体建设用地二级市场，健全城乡建设用地供给体系。2017 年 1 月，国土资源部印发《关于完善建设用地使用权转让、出租、抵押二级市场的试点方案》（国土资发〔2017〕12 号），德清县等 6 个地区开展了国有和集体土地二级市场试点，探索完善建设用地使用权转让、出租、抵押二级市场。德清县农村集体经营性建设用地入市改革试点已取得阶段性成果，现正聚焦集体建设用地一级市场与入市转让、出租、抵押等制度设计，统筹构建全面交易体系。

（三）入市收益的管理和保值增值

对德清县的调研结果显示，县域内符合入市条件的存量用地约为 10 187 亩（含就地入市与异地调整入市），若工矿仓储类用地与商服类用地按 6∶1 的比例进行出让分配，工矿仓储类用地预计可实现土地出让金17.5亿元（土地均价按 20 万元/亩计算），商服类用地则预计可实现 7.7 亿元（土地均价按 53 万元/亩计算），累计可实现超过 25 亿元的土地入市收益。按照现在的土地增值收益调节金收取比例，预计将有近 20 亿元的入市收益留在农村。目前，德清县已入市的 131 宗入市地块，土地成交额 1.88 亿元中近 1.5 亿元归村集体和农民所有。村集体是否能管好、用好和分好可观的入市收益，成为集体建设用地市场建设中的又一重要问题。

德清县出台的《德清县农村集体经营性建设用地入市收益分配管理规定（试行）》，对不同类型的村集体所获得的入市收益在可以用作什么用途、由谁管理等方面做了初步规定。在此基础上，德清县专门成立县农村集体"三资"管理工作办公室（设在县农业局），负责全县农村集体"三资"管理的指导、协调、监督和检查，并相应地在各乡镇、各行政村建立"三资"管理服务中心和监督小组，土地收益的收支情况要定时接受"三资"管理机构的监督。笔者在德清县调研时发现，出于风险管控的考虑，很多村集体选择购买政府债券等低风险类产品，每年可获得一笔稳定的利息收入。随着农村的发展，也有不少村集体在征得村民同意的情况下，经过多方审核，探索了更多增值投资方式，如投资建设厂房进行租赁经营，实现入市收益的保值增值。

第三节　浙江省集体经营性建设用地入市改革的亮点

浙江省除了为集体经营性建设用地入市制定了一套比较完备、翔实的制度体系外，还在以下几个方面展现了其独有的入市特色。

一、亮点一：成交量高居全国前列

浙江省活跃的民营经济环境，尤其是中小型民营企业，仍然是集体建设用地的强大需求者，自然而然地奠定了集体建设用地市场运转潜力，闲置的集体经营性建设用地直接入市，带动并保持了正常的市场活跃度。

截至 2017 年 6 月底，浙江省德清县累计完成集体经营性建设用地入市交易 131 宗、共 855.55 亩，成交价款 1.88 亿元，共涉及 49 个集体经济组织，覆盖面积达 38%，居全国 33 个试点县前列。这印证了浙江省集体经营性建设用地入市基础好，也反映出浙江省农村经济的活跃。

二、亮点二：城乡市场间是互补关系而非"此消彼长"

德清县在确定入市范围时，主要采取"规划区内外分别对待"的方式。在城市规划区、建制镇规划区范围内，集体建设用地开发继续走征地后入市的模式；在城市规划区外的集体非农建设用地，则保留集体土地所有权，允许直接入市。据统计，德清县已入市的 131 宗案例中，用地者多为小微企业。这反映出浙江省在城乡建设用地统一市场的构建中，更看重国有与集体土地之间的互补而非竞争关系。

实际上，早期的湖州模式就已经区分了城镇建设规划边界范围内外的集体建设用地的入市途径。在圈外，依托乡镇企业转制和民营经济蓬勃发展，认可集体经济组织在不改变土地所有权性质的前提下，用招拍挂或者租赁的方式吸引中小企业，带来土地的进一步升值和巨大的财富效应，这为农民利用土地增加财富留下一定空间。在圈内，地方政府通过征地来满足城市建设用地的需要，配套工业发展的整体环境，吸引更大的投资。依靠这种设计，农村工业化凭借土地资本化得以形成气候，同时也没有排斥地方政府对土地的国有化征收，相反两者达到了相互促进的效果。

三、亮点三：异地调整入市的创新

长期以来，在用地供求矛盾尖锐和后备资源紧缺的浙江省，土地指标优先用于保障重大基础设施、民生工程和"大、好、高"项目，小微企业基本上很难获得土地。推进"大众创业、万众创新"，是经济发展进入新常态后中央实施创新驱动战略、打造发展新引擎的重要举措。在推进供给侧结构性改革的背景下，德清县更加注重土地要素供给的精准发力。德清县结合块状经济区域分布情况及特点，创新推出集体经营性建设用地异地入市改革举措，在全县设立了七个异地调整集中入市区块，打造"小微企业众创园"，鼓励跨区域整合零散资源集中入市，让小微企业与集体经营性建设用地市场共同成长，同时推动多个村集体组织实现"共同富裕"，避免农村集体经营性建设用地入市因规划、区位等原因造成近郊的受益、偏远的吃亏，产生新的社会不公平。

以洛舍镇众创园为例，该园由东衡村股份经济合作社和雁塘村、洛舍村股份经济合作社三方合作，整合集聚 69 亩土地。在改革中，落地于众创园内"中国钢琴小镇"项目的B区块，就实现了以每亩21.3万元的价格成功入市，成交总额为 1 400 多万元。

专栏 3-3

德清县洛舍镇众创园——打造中国的钢琴小镇

20 世纪八九十年代，洛舍镇各村的采矿业十分繁盛，鼎盛时仅东衡村一个村子就有 18 家矿产企业，全村近 60% 的劳动力都参与采矿工作，每年都有红利可分。到 2009 年，镇里所有矿山关闭，进行综合整治，农村经济受到严重影响。在此背景下，处于转型期的农民企业家首先想到的就是钢琴产业。20 世纪 80 年代，洛舍镇迎来了湖州钢琴厂，这也是当时全国第五家钢琴厂。但后来，在四周轰隆隆的矿声之下，钢琴产业逐渐沦为配角。而矿山的关闭可以说重新开启了洛舍镇钢琴产业发展的大门。由于起步较晚，加上钢琴产业进入门槛较低，洛舍钢琴企业大多规模不大，有的企业依靠租用厂房生产，有的租用村里或村民的土地建房生产，设施差，安全隐患多。以博兰钢琴厂为例，该厂成立于 2009 年，现有员工 20 余人，但由于生产工作在原蚕种厂的厂房进行，其厂房设计并不适合钢琴生产，该厂一直希望能有自己的厂房。像博兰钢琴厂这样的小企业，要买地建厂房，从政策、资金上来说，难度都很大。为有效破解像博兰钢琴厂这样的小微企业的用地难题，引导当地钢琴企业规范发展，德清县利用洛舍镇东衡村部分废弃矿山，探索了异地调整集中入市，规划并开工建设钢琴产业众创园项目。

四、亮点四：用地企业参与或全权负责入市地块基础设施的配套

我国《土地储备管理办法》对国有建设用地的供应有明确要求："土地储备机构应组织开展对储备土地必要的前期开发，为政府供应土地提供必要保障。储备土地的前期开发应按照该地块的规划，完成地块内的道路、供水、供电、供气、排水、通讯、围挡等基础设施建设，并进行土地平整，满足必要的'通平'要求。"，即出让方出让的"净地"地块应具备"道路铺设、供水、供电、供气等基础设施建设"的配备。若严格按照国有土地供应的规定，集体经营性建设用地入市过程中，村集体经济组织应该负责完成拟入市地块的前期整理工作。但是，由于农村经济发展较慢，集体土地入市改革也刚刚起步，大多数集体经济组织相对薄弱，投资配套基础设施能力和意愿较低。在德清县集体经营性建设用地入市过程中，入市地块的前期开发工作，包括基本的土地平整、通路、通水、通电等，大部分是由用地企业参与完成或者全权负责的。我们调研了解到，那些真正想要扎根农村发展的企业愿意出资配套地块的基础设施。这在一定程度上，有利于村集体筛选出一批想要踏实做产业的企业（个人），客观上优化了农村整体的投资风气。

第四节　借力东风：助推农村土地供给侧结构性改革

土地作为供给侧生产要素之一，其市场化配置是供给侧结构性改革的重要组成部分，也是提高全要素生产率的基础。浙江省以集体经营性建设用地市场化为契机，吸引优秀人才、社会资本、先进技术下乡，发展经济效益好、附加值高、环境污染少的农副产品加工和轻工业。同时，充分利用省内的自然环境优势，大力发展乡村旅游业，从而促进农村新产业、新业态的成长，助推农村产业结构调整和后发发展。

一、借助"矿改"，盘活集体存量用地

多年来德清县矿业繁盛。按照生态文明建设要求，先后关闭临近高速公路、铁路、国道、省道及重点城镇周边的矿山企业，大部分小型矿区也根据集中开采的要求被陆续关闭，采矿区数量已从20世纪90年代的134个，锐减为2015年的10个，由此产生大量废弃矿地。经过摸底，德清县闲置的闭坑矿区面积超过4.5万亩，整治潜力巨大。2012年9月，德清县成为浙江省首个废弃矿地综合开发利用试点，通过"不占耕地打造产业平台、节约用地建设矿地村庄、增减挂钩实施矿地复垦、连片开发矿地造水田、复绿治理改善生态环境"五个主要途径积极治理废弃闲置的矿坑。尽管取得了一定的治理效果，但是这些矿山整治手段都需要有充足的资金做保障，更需要当地村集体和村民的协助和支持，甚至需要他们切实参与到整治过程中。

社会经济快速发展的德清县对土地资源的需求越来越大，供需矛盾让人们看到利用这些废弃矿地，是破解土地要素制约的有效途径。集体经营性建设用地入市改革，给出了这样一种解决思路。德清县牢牢抓住这次改革契机，将农村建设用地资源拉入市场化配置的轨道，吸引社会资本，拓展利用空间，推动德清县矿改进程，助力当地社会经济的全面和谐发展。

作为集体经营性建设用地的一部分，被闲置的矿地（尤其是符合规划开发条件的部分）顷刻间"变废为宝"，成为村集体手中的资产。德清县洛舍镇的东衡村开矿历史悠久，曾经大部分村民靠矿山发家致富。由于资源枯竭、环境保护等原因，2009年村里矿山全部关闭，闲置了上千亩的闭坑矿地。村集体经济由此遭受损失，村民纷纷转业，但普遍存在用地难，土地规模小、分布不集中等问题。东衡村将符合规划的闭坑矿地填平后，将其以多样化的出让方式（多为租赁）入市

交易，由此产生了可观的土地收益，不仅弥补了矿山平整复垦的成本，也实现了中心村集聚和村内基础设施的完善，同时满足了村内中小型企业的用地需求，激发了农村经济发展活力。三合乡下杨村，同样借助集体经营性建设用地入市政策，盘活了闲置的闭坑矿地，截至2015年年底共完成3宗地块的入市交易，总成交额超过千万元，成功引入投资来发展商服等第三产业，为本村的发展开辟出新的道路。在这样的制度改革背景下，下杨村委托专业的第三方设计单位，对村庄未来的发展路径进行了相关规划，基本将入市地块用途规定为商服用地而不再用于工业，整个村庄的产业发展方向定位于乡村旅游，以促使村庄的发展转型，增强村集体可持续发展的能力。

二、创新入市途径，引导产业集聚

在解决小微企业用地需求的同时，还需要抱团集聚发展，最大限度地发挥集聚效应，提升竞争力。德清县在推进就地入市常态化运行的基础上，积极探索异地调整集中入市多样化途径。探索根据各集体经济组织不同的需求和区位差异，合理布局异地调整集中入市区块。调整入市涉及的复垦区和建设区可以在本集体经济组织范围内，也可以在不同的集体经济组织间进行，充分发挥市场配置资源的基础性作用。目前全县已设立了七个异地调整集中入市区块，打造"小微企业众创园"，旨在让小微企业与集体经营性建设用地市场共同成长。

以集体经营性建设用地入市改革为代表的农村土地制度改革，及相关创新政策的实施，不仅有利于整合零星分散用地，实现区域内的产业集聚，优化生产力布局，而且有助于打破行政界线对各村合作发展的限制，促成农村内部、农村内部与外部之间的良性互动与合作，破解可能存在的历史遗留问题，最大限度地优化土地资源的利用，实现"共同富裕"。

三、助力绿水青山，成就金山银山

浙江是典型的山水江南、鱼米之乡。浙江省作为美丽乡村的首创地，已成为宜居宜业宜游的美丽乡村建设标杆省。落实绿水青山就是金山银山的生态文明理念，也是农村集体经营性建设用地入市改革中必须高度关注的。德清县要求集体经营性建设用地入市必须经过所在乡镇人民政府（开发区管委会）审核同意，由县发展和改革委员会、县经济和信息化委员会负责审核产业政策要求，县住房和城乡建设（规划）局负责审核建设规划要求，县环境保护局负责审核环保准入要求，县国土资源局负责审核土地利用总体规划要求和确认土地所有权，部门联合把控集体经营性建设用地开发用途和项目建设，做到多中选好、好中选优，助力农村新业态新产业和农村产业升级，从源头上保护乡村环境。

电商、休闲农业和乡村旅游等新产业、新业态在浙江农村发展得非常迅猛，为农业的增效、农民的增收、农村的繁荣注入前所未有的新动力。依托集体经营性建设用地入市制度，德清县合理安排农村建设用地功能定位，西部区域重点打造以"洋家乐"为主要特色的环莫干山乡村度假旅游集聚区，进一步扩大德清乡村度假旅游的领先优势；东部区域则是结合美丽乡村建设，积极发展精品民宿、庄园、农家乐、渔家乐等，打造东部水乡乡村旅游集聚区。据了解，已有 426 家民宿在莫干山镇星罗棋布，镇域所辖的劳岭、仙潭、后坞、何村等成为民宿经济的聚集地，提升了德清县乡村旅游的知名度。"农地入市"纵深发展让享誉国内外的浙江省德清县的"洋家乐"产业发展势头更猛，每年为当地村民带来 2 600 多万元租金收入。

第五节　浙江省集体建设用地入市制度改革的政策启示

德清县几年来的试点探索表明，允许集体经营性建设用地入市符合城乡统筹发展要求，试点中出台的入市政策和实施方法，为在全省范围内推进入市改革，积累了丰富的经验和制度基础。作为东部沿海发达省份，浙江省入市的很多操作及成果是基于其活跃的民营经济环境和较强的经济实力的，不一定适合处于不同发展阶段的其他地区。但是，其在入市方向、制度安排上的思考还是有很重要的借鉴意义，能够使即将步入和终将步入该发展阶段的其他地区少走些弯路。

一、培育集体土地市场，差别化统筹管理城乡建设用地市场

积极培育集体土地市场，充分发挥市场配置资源的基础性作用，同时规范集体土地交易行为，积极培育集体土地市场，充分发挥市场配置资源的基础性作用，同时发挥好政府的监管职能，规范集体土地交易行为。政府这只"看得见的手"，负责破除阻碍市场和价值规律充分发挥作用的多重束缚，包括明晰产权、完善产权权能、构建统一的交易平台、实行统一的基准地价体系等，让市场这只"看不见的手"，在政府的监督引导下，在能够发挥作用的领域充分施展拳脚，推动资源配置实现效益最大化和效率最优化，让企业和村集体有更多活力和更大空间去发展经济、创造财富。同时"看得见的手"通过搭建异地调整集中入市平

台和财政转移支付，调节"蛋糕"的分配，避免由于收益分配不均造成政府、集体和个人间的冲突。

同时，必须注重国有和集体建设用地市场的互补关系，进行差别化统筹管理。党的十九大再次强调，我国仍处于社会主义初级阶段。新型工业化、信息化、城镇化、农业现代化同步推进，基础设施互联互通、战略性新兴产业发展对基础设施和生产用地需求仍然很大。因此，无论是入市改革还是征收改革，都要保障经济社会发展的合理用地需求。着眼于国家整体经济发展，谨慎确定集体经营性建设用地入市范围，注重国有和集体建设用地市场间的互补关系，进行差别化统筹管理。一要合理划定入市范围，正确处理集体与国有建设用地市场的关系。省级以上的重大产业园区和基础设施建设对经济区位和用地规模有很高的要求，一般发生在城乡接合部，现阶段仍需通过征地保障用地需求。同时，市场活力还来源于大量的小微企业，集体经营性建设用地可能是更好的选择。针对小微企业发展的集体土地市场，可以作为一种细分的土地市场，既可缓解国有土地市场门槛过高对企业的压力，也有利于更好地实现集体土地资产功能。二要加强入市的规划管控。集体建设用地存量总量较大，需要在入市时序和空间上统筹协调，根据人口变化、劳动力流动、市场供需变化等，统筹国有土地与集体土地供应数量、节奏、时序和空间分布，试行城乡建设用地年度供应计划统一管理，形成城乡之间"合理竞争、差异保障、优势互补"的多层次土地市场。三要结合农村集体土地管理的制度基础和经营环境，探索建立能够覆盖城乡的建设用地基准地价体系，统一城乡土地供应标准，并建立科学的土地评估制度和方法体系，进一步规范农村集体经营性建设用地入市。

二、推进入市主体能力建设，完善基层治理体制

加强农村基层组织建设、保证农村基层组织的有效运转，是入市制度得以顺利推进的组织保证。要按照市场经济的要求，使农民集体成为一个对外具有市场主体资格，能够有效行使所有权；对内治理机制顺畅，能够充分代表大多数成员意愿的合乎法律要求的所有权主体。

鼓励各村（社区）成立股份经济合作社或土地运营公司，实行工商注册登记，独立核算，自负盈亏，成为具有市场运营资格的入市主体。股份经济合作社或土地运营公司的成立过程包括确员定股东，明确集体成员权的取得标准，厘清集体资产享有和分配的对象；确权定资产，对各级各类集体资产清产核资、登记造册、建档立卡，办理不动产权证书；确股定归属，将集体资产在集体经济组织成员中以股份的形式量化，经济组织成员按规定根据持有的股份获得分红；确管定经营，按照"政经分离"的原则，明晰集体资产经营管理主体。

　　鉴于农村集体经济发展并不均衡，对农村集体经济组织入市主体能力的建设和培养，要根据农村的实际情况区别对待。集体经济组织或者村委会组织管理不够健全、机构设置和运行机制不够有效的，在入市的前期，政府宜担任主导角色，通过配备管理人才、强化村委会建设或举办改革管理培训等方式，帮助提高村集体管理村级事务的能力。集体经济组织或者村委会的组织管理比较健全的、机构设置也比较有效的，政府则主要起引导和协调作用。

三、完善农村集体资产管理机制，发挥政府和公众监督作用

　　集体存量建设用地实现入市，将产生可观的收益。管好、用好和分好这部分入市收益，要建立相对完善的村集体资产管理机制。要防止集体决策不当对农民长远利益造成损害，政府应当在尊重地区差异和村民自治的基础上，对集体收益的分配和使用做出适当的指导性和限制性规定。要严格要求镇村集体入市收益一律开通专用账户，专门用于其入市收益的核算管理。村集体内部也要建立一套使用、维护、管理和折旧的制度，确保入市收益安全、保值和增值。要建立民主管理和决策机制，对入市收益再利用的表决程序、公示内容和流程、投资的固定资产的管理和维护（村内基础设施等）进行规范，定期将资金使用情况向集体经济成员公开，并接受乡镇人民政府监督。乡村集体经济组织及其企事业单位每年要对资金、财产清查盘点一次，换届离任时要进行清产核资，根据资产增减状况予以奖罚。

四、鼓励集体经济组织间开展合作，统筹农村土地利用

　　集体经营性建设用地分属于不同的集体经济组织，因规划用途、交通区位，以及政策的不同带来入市收益的差异。相较于单纯的就地入市模式，德清县允许异地调整入市，将经济区位较差的入市地块置换至近郊地区，进行跨村合作入市，甚至是镇域、县域内的统筹入市，可以实现更大范围内农村存量建设用地的价值的"释放"，达到"固化权益、虚化区位"的效果，也是探索打破"小农意识"走共同致富路的有效方法。但是在探索实践过程中，由于异地调整合作入市存在农村发展差别大、组织管理难、协商难度大、收益分配矛盾多、村民意愿统一难等问题，跨村合作入市实现困难，需要进一步探索完善。洛舍镇众创园内的C1区块（30亩），是德清县探索实施的八村合作入市项目，八个村通过"以地作价"的方式联合建设标准厂房获取出租收益，但在实际操作中，项目用地由经济实力较强的东衡村全部提供，其他七个经济薄弱村在地方政府的资助下"以资入股"，八个行政村按股份享租金收益。实践探索出的"异地调整+集体合作"

入市的典范，最终演变为"以资入股"的合作局面，成为地方政府财政支持下的强村带弱村项目，"异地调整+集体合作"的理想范式没有得到实现。

德清县的尝试性探索虽然没达成理想范式，但是也成功地依托集体经营性建设用地异地调整政策，达到了强村带弱村的目标。推进异地调整合作入市平台，与地方特定的发展阶段有很大关系。一般而言，经济发达且发展均衡、产业布局亟待优化的地区，更易达成集体间合作入市的意愿。而对于农村经济发展不均衡的地区，地方政府应当牵头建立村集体间的协商机制，加强意向对接，在建设资金及有关配套政策上均给予支持，促进村集体合作入市，切实增强经济薄弱村的"造血"功能，实现乡村振兴和共同富裕。

五、深化改革，推动多部门形成改革合力

农村土地制度改革是一项系统工程，城乡统一建设用地市场的构建，需要多部门的通力配合。从夯实和推广改革成效看，在省域范围内推进改革，需要各部门形成合力，如在用地企业审查与筛选阶段，国土、发改、建设（规划）、环保等相关部门，明确各自的审查条件，在用地企业和建设项目甄别等方面形成统一的审查标准和工作流程，降低制度成本和阻力。在入市开发利用阶段，相关部门应和村集体共同建立监管组织，统一监督审查标准，实行用地项目开竣工巡查制度，核查出让合同约定条款落实情况，并制定违规用地行为认定标准和处理办法，确保使用权人依法依规开发利用土地。

第四章　浙江农村宅基地制度改革

　　浙江省是我国经济发展水平较高、城市化和工业化速度较快的省份。由于浙江省"七山一水二分田"的自然条件，"浙"里的宅基地利用问题尤为突出，同全国许多地方一样，面临着自然村数量多、居民点布局散乱、人口集聚水平低、宅基地闲置浪费、土地粗放利用等一系列问题。为城镇建设用地寻找空间，一直以来都是浙江省国土工作的重点。农村土地的整理、置换和复垦等手段，使宅基地从零散、闲置状态向集中、高效转变，保障好农民的切身权益，促进城乡土地要素的流动，实现城乡土地利用空间的优化和经济社会稳定发展，无疑是一个"皆大欢喜"的结果。

　　宅基地制度改革的重大关切是要探索保障农民住房权益，实现农民"户有所居"，同时满足城市建设需求的可行路径，实际上是要解决好"地从哪里来"和"钱从哪里来"这两大长期困扰宅基地制度稳定有效运行的问题。但是怎么做？谁来做？深刻理解和剖析宅基地制度改革中的浙江经验和做法，有助于明晰中国步入经济社会发展新时期后深化农村宅基地制度改革的前进方向。

第一节　改革的序曲

　　农村宅基地，一般是指农民家庭经依法批准，用于建造住宅（包括住宅、附属用房和庭院等）的集体所有的土地[1]，其基本特征是"一户一宅、面积法定和无偿分配及使用"。农民的宅基地使用权建立在集体成员权的基础上，带有明显的福利色彩。长期以来，我国社会保障体系无法全面覆盖广大农村，中国的宅基地制度为农民提供了居者有其屋的基本保障，成为维系整个农村社会稳定的基础。

---

　　[1] 陈小君，蒋省三. 宅基地使用权制度：规范解析、实践挑战及其立法回应[J]. 管理世界，2010，（10）：1-2.

随着社会经济的不断发展，现行的宅基地管理制度面临城市化的快速推进、农村人口大规模向城镇迁移等一系列现实。据统计，2016 年底我国城市化率已达 57.4%，浙江省的城市化率已达 67%，城镇建设用地需求旺盛、规模增长迅速，而与此同时，农村宅基地规模没有随着农民转移进城而减少用地规模，而是有增无减，并且存在一户多宅、面积超标、房屋空置、布局零散、利用粗放低效等问题，城乡建设用地规模呈现"两头扩张"的局面，与城市化趋势逆向而行。由于国家实行城乡建设用地规模总量控制制度和新增建设用地年度计划控制制度，规划下达的新增建设指标普遍不足以支撑经济发达地区的建设需求，地方政府在考量经济增长与社会发展的同时，更多地将有限的新增建设用地指标用于城镇地区建设，部分地区农民普遍存在建房难的问题，由此形成了宅基地低效利用与建房困难并存、城镇建设用地供给趋紧的困境。由于政府的管理视角更多地关注城市化、工业化，在农村管理上相对薄弱，"未批先建"、"少批多建"、"违规违建"、权属不明晰等诸多历史遗留问题出现，进一步加剧了宅基地利用与管理的混乱。改革农村宅基地制度，加强农村宅基地管理，优化农村空间布局，建设美丽乡村，已经迫在眉睫。

一、政府层面"自上而下"的政策引导

早在 2000 年，中央鼓励各地进行小城镇建设，通过改造旧城镇，开展迁村并点，引导农民进镇购房或按规划集中建房，腾退闲置宅基地。2004 年国土资源部专门出台了加强农村宅基地管理的文件，要求各地严格遵循"一户一宅"原则，制定激励措施，引导农村村民住宅建设按规划、有计划地逐步向小城镇和中心村集中。由此可以看出，通过农村居民点整理引导村民集中居住，腾退闲置、低效的宅基地，已成为我国农村土地资源利用和管理的一个重要方向。

在中央政策的指导下，2002 年前后，浙江省创造性地引入市场机制，通过构建"折抵、复垦指标有偿调剂"等政策，促进城乡间土地要素流动，满足快速增长的城镇建设用地需求。在此基础上，为推进城乡一体化，2008 年浙江省选取嘉兴市和义乌市作为开展统筹城乡发展综合配套改革试点，试点依托农村土地综合整治项目和城乡建设用地增减挂钩等措施加快推进农村宅基地退出，在控制农村居民点规模、提供城市空间发展用地、改善农村居民生活环境、促进农民增收等方面均取得了一定成效。之后又推进"规范宅基地管理破解农民建房难"专项行动，通过专项扶持、存量盘活、增减挂钩、异地搬迁等多种途径，解决无房户、危房户农民建房问题，群众权益得到进一步维护。此外，浙江省还着力抓好宅基地使用权登记工作，全面推行农村土地民主管理制度，进一步发挥村级集体经济组织和农民在土地管理中的主体作用，持续完善宅基地权益保障和取得方

式，探索建立宅基地有偿使用和有偿退出机制。

党的十八届三中全会提出了新时期宅基地制度改革的基本思路：在保障农户依法取得的宅基地用益物权基础上，改革完善农村宅基地制度，探索农民住房保障新机制，对农民住房财产权做出明确界定，探索宅基地有偿使用制度和自愿有偿退出机制，探索农民住房财产权抵押、担保、转让的有效途径。

为破解农村宅基地利用管理困局，政府层面自上而下部署了一系列改革，城乡建设用地增减挂钩政策应运而生，并结合后来的美丽乡村建设、农村土地综合整治等项目，盘活农村存量建设用地，引导和鼓励农村村民规范建设住宅，在一定程度上改善了居民点多、散、乱的特点，使耕地和基本农田更加集中成片，同时为城镇建设和经济发展"结余"出建设用地指标，为地方经济和城镇建设争取发展空间。由于以往的这些政策的主要目的是在建设用地总量不变的前提下寻找城镇建设用地指标，虽然也强调优化农村用地布局和结构，但是总体上对农村经济的持续发展和农民宅基地用益物权保护关注不够，很多地方对周转指标的关注度太高，造成"农民被上楼"的问题，忽视了农村的长远发展和乡村振兴。2015年，中央在全国选取包括浙江省义乌市在内的 15 个宅基地制度改革试点，慎重稳妥推进农民住房财产权抵押、担保、转让，积极探索农民增加财产性收入渠道。由此可以看出，宅基地改革的内容从原来重点关注退出，转为宅基地有偿分配及使用、有偿退出、赋予宅基地更多权能等多个方面，更加重视农村发展和乡村振兴。

二、浙江农村"自下而上"的内生动力

除"自上而下"的政策引导外，浙江省广大农村"自下而上"的内生动力也是重要力量。在实现"向空间要地"和"由发展权供资"的过程中，浙江省涌现出多种实施模式，包括嘉兴市政府主导型的"两分两换"模式、义乌市市场机制运行的集地券模式、台州市山前村村民自治下的宅基地有偿分配、富阳市八一村村民自组织模式下的宅基地管理等。一个显著的特点是市场化配置资源的趋势愈发明显。我们不禁要问，这些模式实施绩效如何？其背后的选择逻辑是什么？这种"政府搭台、市场唱戏"的特征是否有效改善了浙江省宅基地的利用状况？

浙江广大农村"自下而上"的内生动力中，比较常见的是农户的自发退出，主要表现为农户完全脱离了农村后的举家搬迁，或者出于生活的考虑，搬迁到交通条件较好的区域居住，将原来村里的宅基地卖给本村或者外来的农民。尽管我国宅基地从法律角度不允许买卖，但在现实中，这类通过私下交易单户流转宅基地的情况在浙江很多农村都有一定程度的存在。有的是通过村民自治的方式，实

现本村宅基地的规范利用，有的是很多村庄在进行宅基地整理过程中，通过引入市场机制，进行宅基地区位有偿竞价，实现宅基地的公平分配，实现农村整理上的收支平衡。

不论是政府层面自上而下的制度供给，还是浙江省农村地区"自下而上"的自发治理，其本质都是围绕"地从哪里来"和"钱从哪里来"这两大困扰宅基地制度稳定有效运行的问题。从经济发达的浙江省的改革实践来看，"向空间要地"和"由发展权供资"是其破解农民建房用地、城镇建设用地以及建设资金难题的两大思路。简单来讲，"向空间要地"，一方面是指通过提升农村住房的容积率来满足农民的居住需求，另一方面是在满足耕地占补平衡和建设用地总量不增加的条件下，将农村闲置、低效的建设用地资源置换，用于城镇建设。"由发展权供资"指的是农民以一定价格将宅基地的发展权交易给其他的建设用地使用者，从中获取建房资金。

综上所述，本章旨在以浙江省宅基地利用和管理实践为基础，讲述农村宅基地制度改革的浙江故事，力求能够回答以下问题：第一，农村宅基地制度改革在浙江省关注的是什么问题，是如何解决的？第二，浙江省农村宅基地制度改革在破解上述问题的过程中，主要经历了哪几种模式，其不断演化的原因和选择的逻辑是什么，不同改革模式的绩效又如何？

第二节　浙江省宅基地制度改革的本质

一、向空间要地

浙江省属于东部沿海发达地区，经济发展水平处于全国前列。特殊的区位和发达的民营经济氛围催生出较高的用地需求，但土地用途管制制度使得浙江省建设用地指标日趋紧张。由于历史遗留问题，浙江省农村存在大量违规、闲置的宅基地，农村集体建设用地总体利用效率较低。因此，浙江省土地利用有从平面的、二维的利用模式向立体的、三维的利用模式转变的需求。这种转变，不仅提高了土地利用效率，节约了土地资源，也为不同产业之间的融合提供了可能。浙江省"向空间要地"模式应运而生。从本质上讲，"向空间要地"是指通过提升农村住房的容积率来满足农民的生产生活需求。在浙江省宅基地制度改革实践中，大部分地区都通过"向空间要地"来保障农村基本生活权益。其中，义乌市的宅基地制度改革是秉承"向空间要地"内涵的典型代表，在这一过程中，还探索实践出宅基地制度改革的1.0~4.0模式，表现出显著的改革递进性。

义乌市宅基地制度改革 1.0 模式，是通过建立多层集中的商住混合型建筑（四层半），实现"向空间要地"。具体来说，四层半模式是指按照统一规划，房屋地上部分建四层半，地下一层，业主居住在顶层，其他四层以及地下室均可出租给外来打工人员和创业人员，或自营商业、服务业等。由此可见，四层半是一种双赢模式，一方面满足了农民自身生活的需求，另一方面使农民依靠房屋出租获得了可持续性的财产性收入。不同于传统农村居民点的散乱布局，四层半模式将农民集中安置在某一特定区域，通过合理规划，减少了占地面积，在一定程度上提高了农村土地资源利用效率和土地集约利用程度。

义乌市宅基地制度改革 2.0 模式，是高层建筑+垂直房（高低结合）的宅基地多元化安置模式，进一步提高了宅基地的利用效率。高低结合模式是指通过建造高层建筑和四层半的形式，保障农民生活生产的需要。与四层半模式类似，农民可以将多余的房屋出租出售以获得收入。与四层半模式不同的是，在高低结合模式下，居民可根据自身情况，自主选择置换低层或高层住宅。值得注意的是，相较于四层半模式，高低结合模式无论是在建筑高度方面，还是在占地面积方面，更加凸显了"向空间要地"的内涵。

义乌市宅基地制度改革 3.0 模式呈现"高层发展、异地腾转"的典型特征。该模式是"向空间要地"的极致体现之一，原本凸显"二维"特性的农村宅基地分布与分配格局，向更具"三维"特征的现代化居住社区转变。"高层发展、异地腾转"模式，是指允许位于城镇规划建设用地范围内的村庄或农村集体经济组织，在自主、自愿的基础上，通过统一退出成片、成建制的宅基地，换取集中统建的高层公寓、标准厂房或仓储物流等楼宇物业，实现农民生活、生产双保障，打造现代化农村新社区，推动城乡一体化建设。同时，对退出的宅基地进行异地置换调整，寻求在更具经济效益产出的区域落址，实现统筹发展下的优化配置。腾退宅基地的农民群体被统一安排入住高层公寓后，传统的"平面式"生活起居方式被"立体式"生活节奏所取代。这种转变与取代便是"向空间要地"最为直观的效果。

义乌市宅基地制度改革 4.0 模式是通过集地券重组城乡土地资源，也秉承了"向空间要地"的内涵脉络。所谓集地券，是指义乌市域范围内的农村集体建设用地（包括农村退出的宅基地、废弃的工矿建设用地以及农村散乱、闲置和低效利用的其他建设用地等），复垦为耕地等农用地，经验收合格后折算而成的建设用地指标凭证。这是一种类似于重庆地票的可交易的凭证，是城乡建设用地增减挂钩政策的演变和升华。围绕这一凭证的形成、交易、收益分配、功能权益等环节展开设计的一系列规则和组织形式，则构成了集地券模式。为了保障城市的经济发展，义乌市通过集地券模式，在更大的

"盘子"上重组优化城乡土地资源，指标落地不受耕地占补平衡、新增建设用地计划的约束。

在"向空间要地"的过程中可以看到，从四层半垂直安置模式到高层建筑+垂直房相结合的改造模式，再到全高层建筑集聚模式，宅基地集约节约程度不断提高。"向空间要地"节约了土地资源，提高了土地利用效率，使基础设施更加完善，提升了农民的生产条件和生活品质，农民的"获得感"油然而生。

专栏 4-1

义乌市楼西塘村如何实现"向空间要地"？

楼西塘村位于浙江省金华市义乌市稠城街道。全村地域面积 11.4 万平方米，现有村民 217 户，共计 538 人，外来租住人口超过 1 400 人。村庄地理位置优越，离国际商贸城二期仅 500 米左右，规划中的国际商贸城三期、商贸城医院分别位于该村前后，37 省道贴村而过。楼西塘村的新社区集聚建设采取高低结合的宅基地置换模式，实行多元化安置（即居民可自主选择置换低层或高层住宅），推动农村向新社区集聚，实现农民向市民转变。楼西塘村于 2010 年下半年开启新社区集聚建设，2014 年竣工完成。完成集聚的楼西塘村居民住房占地面积 108 亩，其中高层 38 亩，四层半 70 亩；建筑面积高层 10.4 万平方米，四层半 7 万平方米。

为了提高土地利用效率，义乌市规划部门依据已经批准的城市总体规划、城乡新社区集聚建设专项规划，组织编制集聚小区控制性详细规划。相较于 1.0 模式的四层半住宅而言，2.0 模式高低结合的城乡新社区集聚实现了宅基地改革的空间优化。若全部采用低层（四层半）住宅的形式，楼西塘社区需宅基地用地约 150 亩，而实行多元化安置后整个社区实际占地 108 亩，节余宅基地指标 40 余亩。"多元化"模式的出现实际上是在城市化加速进程中"向空间要地"的一种尝试。集聚后的新社区品位得到了提升，人居环境得到了改善。

二、由发展权供资

从本质上讲，"由发展权供资"是指原土地权利人，将宅基地的发展权让渡给其他主体，以实现土地利用价值上的优化，并通过交易转移一部分收益给原土地权利人。浙江省发达的市场经济为实现"由发展权供资"创造了条件。在浙江省宅基地制度改革实践中，农房抵押、宅基地复垦指标交易、集地券模式和宅基地权益置换指标交易都是"由发展权供资"的典型。

1. 农房抵押

农房抵押较好地诠释了"由发展权供资"的内涵。具体来说，农房抵押前，农民享有农房的发展权，如对房屋进行翻建、改变房屋的用途等。农房抵押后，连同宅基地作为抵押物，在一定时间内，其发展权转移到银行等农房抵押机构。如若到期农民无能力还款或发生其他不可控因素导致贷款无法还清，此时银行可以凭借其拥有的发展权对农房进行处置。从本质上讲，农房抵押的金额是农民对农房及宅基地发展权的让渡，是一种"由发展权供资"的方式。

2. 宅基地复垦指标交易

在义乌市宅基地改革 3.0 模式下，下沿塘村利用节余建设用地指标，实现了宅基地发展权的异地腾转，属于典型的"由发展权供资"。具体而言，将农民成片、成建制退出的宅基地复垦为非建设用地，在扣除居住社区所占用的建设用地指标后，形成实际节余的建设用地指标，并用于市域层面的统筹开发利用，通过发展权空间置换，实现土地利用效率与经济产出收益的提高。

3. 集地券模式

集地券是另一个"由发展权供资"的典型模式。原本低效利用的宅基地被复垦为耕地，原土地权利人让渡的土地发展权，被拿到市场上进行交易，实现资金的市场化供给，并按照收益共享的原则分配给利益相关者。换句话说，集地券模式本质上是土地发展权的转移所获得的补偿，通过市场价格机制确定，转出方获得了大部分的土地增值收益，转入方则获得了权能完善、落地方便的用地指标，最终可以实现县域层面上的城乡土地空间优化。

4. 宅基地权益置换指标交易

宅基地权益置换指标交易也体现了"由发展权供资"的本质。宅基地权益置换指标交易是指对于城乡新社区集聚项目，安置农户可以将宅基地权益面积通过市场化的机制卖给其他农户的行为。从本质上讲，宅基地权益置换指标的交易，其实就是发展权的交易。通过市场交易，指标卖方牺牲部分发展权获得资金，指标买方则获得相应的权益置换指标。

三、以多元化的组织模式保障改革

推进宅基地制度改革是一个系统的工程，需要形成有效的组织模式，更需要很长的周期。浙江省农村宅基地制度改革组织模式，大致可以分为政府主导、市场机制和村民自组织三种，这三种组织模式具有各自的特征和优劣势。政府主导模式是一种自上而下的治理机制，地方政府凭借其公信力或权威推动利益主体参与宅基地改革。但同时政府主导模式也会面临较大的决策失误成本、执行成本、官僚成本、集中式权威的"影响成本"、控制和监督成本。相较于政府主导模式，市场机制具有强激励弱控制的特点。市场参与机制在现实中运行也会产生交易费用。例如，交易对象和价格等市场信息的搜寻、商品数量和质量的度量、交易各方的讨价还价、签订合约再到合约的执行、监督等。村民自组织模式是土地权益人以自组织的形式进行的宅基地改革。与前两种治理结构不同的是，自组织构建了利益分配协商机制。但自组织本身也存在着成本。包括自组织建立的成本、协商成本、执行成本、实施和监督成本。

　　浙江省宅基地制度改革不拘泥或倚重其中一种组织模式。在现实中存在多种组织模式，呈现"百花齐放"的特点，不同的情景适合不同的组织模式。浙江省人多地少的省情，使推动新型城镇化势在必行。将城郊的农民搬迁至新社区集中是一种可行的方案。宅基地退出、宅基地确权发证和城乡新社区集聚的工程量大，融资成本也较大，同时涉及多个部门之间的协同。仅靠市场或村民自组织是无法取得成功的。此时就必须发挥"看得见的手"的作用，即由政府主导负责整个项目的推动。市场机制在浙江省宅基地改革过程中同样发挥了重要作用。具体来说，市场机制对显化宅基地价值起到了至关重要的作用，如宅基地权益置换指标交易，就是买卖双方通过市场释放的价值信号进行配置的过程，一方面增加了农民的权益收入，另一方面也提高了宅基地资源的配置水平。宅基地有偿竞价选位也是通过市场机制确定宅基地使用权人。农房抵押、房屋出租出售、商铺厂房出租和集地券指标交易均是通过市场机制确定的交易价格。在分配新增宅基地和村庄治理方面，村民自组织，特别是村民委员会发挥了重要作用。宅基地民主管理机构作为政府部门的补充，对宅基地管理具有先天的优势，它们更能理解农民的诉求，在乡村熟人社会中可以依靠村委会、"老人会"进行协调与推动。

　　需要特别指出的是，对于具体村庄的宅基地制度改革实践，往往是上述三种治理结构共同发挥作用。以佛堂镇蟠龙花园项目为例，在前期宅基地退出阶段，村委会专门派相关工作人员深入农村做农户思想工作，予以耐心劝说，"老人会"资历较高的农民甚至也参与其中，他们凭借其在村中的威望与心存疑虑的农户交谈。在新社区集聚高层公寓建设过程中，政府发挥了主导作用。从开发商的选取，到高层公寓的选址，均由政府负责实施。新社区集聚小区建设完成之后，市场机制对宅基地权益置换指标交易、房屋出租出售、房屋抵押和商铺厂房出租等，发挥了主要作用。

第三节　浙江省宅基地制度改革的亮点

一、宅基地的准市场化配置——有偿使用费收取与有偿分配机制

浙江省农村人多地少，宅基地指标紧张，农民建房需求大。浙江省对宅基地有偿使用的探索走在了全国前列。充分运用市场"看不见的手"，引导宅基地配置，是浙江省宅基地改革的一个亮点。

（一）通过收取有偿使用费，解决历史遗留问题

宅基地无偿分配的管理模式，在促进农村稳定发展，保障农民"居者有其屋"的方面做出了应有的贡献。然而，随着经济社会的发展，宅基地无偿使用过程中产生的各种弊端也逐渐显露出来。由于宅基地没有使用成本上的约束，农民本着"不占白不占、白占谁不占"的思想，能多占就多占，致使宅基地粗放利用，配置无法达到理论上的帕累托最优。和许多其他省市类似，浙江省过去对农村宅基地的规划和监管也力不从心，积累了一些问题。为还"旧债"，浙江省在义乌市宅基地改革试点中，对违法违规的存量宅基地开展了有偿使用费收取的尝试。

随着义乌市小商品市场的发展壮大，义乌市农民离开田间地头，多以经商办厂为生。由于企业规模小，融资困难，很多农民在宅基地上动起了脑筋，但多数操作属私下行为，难以获得相应认可，在银行抵押获得的额度低甚至无法抵押。探索开展的有偿收取宅基地使用费，为解决该历史遗留问题开辟了一条路径。义乌市对存量宅基地的违法行为进行了分类，分为严重违法和轻微违法两种。对于前者，按规定予以强制拆除；对于后者，则按照 20 年使用权收取有偿使用费。探索的有偿使用费按以下标准计收：超占建筑面积 50 平方米（含）以内的，按楼面基准地价的 40%收取；超过 50 平方米不到 100 平方米（含）的，超出部分按楼面基准地价的 45%收取；超过 100 平方米不到 150 平方米（含）的，超出部分按楼面基准地价的 50%收取；超过 150 平方米以上的，超出部分按楼面基准地价的 55%收取。这个计费标准，对于义乌市的农民来说并不算太高，在他们可以承受的范围之内。重要的是，这种探索，对于完成缴费后的宅基地而言，可以完成登记确权颁证，实现宅基地的抵押权能，显化了宅基地的资产属性。这一配套政策大大激发了义乌市农民的积极性，拓展了他们进行商业活动的融资渠道。

以义乌市北苑街道新后傅村为例，该村在短短几个月就基本完成了超标宅

基地（建筑面积）的有偿使用费收取工作，已收取有偿使用费 524 万元。缴费后的农民获得不动产登记证，可在需要时到银行办理抵押贷款。贷款标准统一为 50 万元/间（36 平方米），比原先无证贷款 20 万元/间要高出很多。根据规定，宅基地有偿使用费归村集体经济组织所有，主要用于村集体经济组织成员的社会保障、村内基础设施建设、农田水利建设、公益事业、增加积累、集体福利、拍卖成本、回购农户退出宅基地等方面。这个办法妥善解决了宅基地的历史遗留问题，规范了宅基地的有偿使用，实现了宅基地配置市场化，提高了农民的宅基地权益。

专栏 4-2

新后傅村稳扎稳打收取有偿使用费

新后傅村位于北苑街道柳青工作片辖区内，占地面积为 90 443.49 平方米。村民在册 284 户，688 人，外来人口 4 800 余人。该村于 2006 年开始旧村改造，全村基本统一建成四层半的户型，2007 年底全部完成改造工作，过程中出现了一些轻微违法违规建设的现象。农村宅基地制度改革实施以来，该村将处理农房历史遗留问题、收取宅基地有偿使用费作为村里的头号工程。

为有序缴纳有偿使用费，降低交易费用，村党支部委员会和村民自治委员会从以下三个方面着手稳步推进：一是做好准备工作，包括厘清村里的人口、旧村改造后的宅基地及房屋建设标准、产权归属、房屋买卖等情况，收集当年的建设许可证和用地审批表并归档。这一步最费时，完成后大大节约了后续的成本。二是实际勘测、核准宅基地和房屋权属边界和规模。对本村集体经济组织成员合法取得的宅基地，按户控制面积内的，颁发不动产权证，不收取宅基地有偿使用费。三是依据《义乌市农村住房历史遗留问题处理细则（试行）》规定，对已完成新农村建设的住房超过规划审批或核定的建筑面积部分，实行分档累计收取有偿使用费，一次性收取 20 年。具体计收标准：超占建筑面积 50 平方米（含）以内的按 692 元/米^{2}收取；超过 50 平方米不到 100 平方米（含）的，超出部分按 790 元/米^{2}收取；超过 100 平方米不到 150 平方米（含）的，超出部分按大约 1 000 元/米^{2}收取。

通过数个月的奋战，新后傅村共处理 232 户，占全村的 80%，超占部分现已收取有偿使用费 524 万元，取得了预期的效果，也得到了村民的支持。

（二）以新农村建设为切入点开展宅基地有偿分配

自 20 世纪末以来，随着浙江省农民生活水平的大幅提高，成家分户、旧房翻新、婚嫁等带来了宅基地建房的巨大刚性需求。在新增宅基地指标远远小于实际需求的情况下，农村出现建房难问题。在人多地少的温州、台州和义乌等地这种情况尤为突出。近年来，浙江省各地通过新农村建设，即旧村改造和空心村整治来化解农民建房难的问题。主要做法是腾退村庄的旧房，在退出旧宅基地的基础上，重新统一规划，建造满足现代化需求、符合人均宅基地面积标准的农村住宅。对于村庄来说，新农村建设规划的宅基地数量，基本可以满足"一户一宅、户有所居"的要求。由于宅基地具有空间异质性，合理分配不同区位的宅基地，是新农村建设的关键。

令人欣喜的是，在新农村建设中，浙江省出现的有偿竞价选位，回答了宅基地在空间分配上的问题。这一现象多发生在义乌、台州等民营经济发达且人多地少的地区。出现有偿竞价的原因主要有两点：一是浙江省藏富于民，当地农民的经济条件普遍较好，在有房可居的强烈诉求下，愿意承担并不算昂贵的宅基地费用。二是村民比较看重宅基地的区位，临街、临湖的宅基地价值更高，在"价高者得"的市场意识熏陶下，农民大多数偏向于采用市场化程度更高的有偿分配方式。例如，台州市黄岩区山前村采用了宅基地竞价拍卖的方式：188 块用于新建房的宅基地以 9 万元的价格起拍（包括配套设施成本 8 万元，指标费 0.5 万元，产权证 0.5 万元以及根据区位等因素产生的溢价）。每块宅基地根据区位的好坏，有着不同的价格，在临湖等区位条件好的宅基地价格可以达到 30 余万元（具体案例详见专栏 4-3）。

在宅基地指标紧张的地区，通过有偿分配的手段，能在一定程度上优化资源配置，提高宅基地利用的效率。制定合理、符合农村实际的有偿标准和有偿方式是宅基地有偿使用制度运行的关键。宅基地价格过低，无法对农民起到真正的经济杠杆作用，不会对宅基地的配置产生根本性影响。但是宅基地价格过高，超过农户可承受的心理范围，则可能损害农民的利益，造成农村社会不稳定的风险。从山前村的案例可以看到，宅基地价格为 9 万~30 万元，基本可以满足不同经济实力的农户选择需求，竞价结果使宅基地的配置更有效率。对于困难户而言，虽然分配的区位较差，但减免部分宅基地费用的措施减轻了其经济负担，实现了户有所居的初衷。

在浙江省的宅基地有偿竞价的实践中，笔者还发现了一个意想不到的结果——宅基地有偿分配还为村庄改善环境提供了有力的资金支持。在新建农居点，农户需要自负宅基地上新建房屋的费用，但不可能主动承担村庄的基础设施建设的费用。而村庄要完善基础设施和改善生态环境，需要一大笔资金投入，单靠政府财政补助的新农村建设项目经费基本上入不敷出。而通过宅基地的有偿分配，村集体能够获得可观的地基款，资金紧张的局面得到明显改善，从而较容易地实现基础设施建设这样的集体行动。

专栏 4-3

黄岩区山前村——竞价分配新增宅基地

台州市黄岩区山前村地处城乡接合部，靠近国道，区位条件比较优越。全村面积约 1 平方千米，总户数 406 户，户籍总人口 1 310 人，外来人口 1 110 人。山前村的房屋大多修建于 20 世纪 80 年代初，现今大多房屋老旧破败，村民存在农房更新改造的强烈需求。2014 年，山前村获批 200 亩建房指标。在制定村庄建设规划并得到审批后，山前村在内部回购 200 亩土地用于农民建房，收地总成本约为 1 500 万元。

全村第一期建房共计 38 户，分配的对象主要是困难户，即居住条件差、生活空间狭小、因宅基地指标紧缺而无法取得相应数量宅基地的农民。为保证公正透明，住房困难户的认定结果还在全村进行了公示；第二期工程则解决了 150 户的建房问题，道路建设、污水处理、绿化、通水通电等基础配套设施成本约为 1 700 万元。第三期工程尚在进行中。第二、三期工程完成后可解决全村 90% 的农户的建房问题。

山前村的宅基地分配采用有偿竞价分配，底价根据 1 700 万元配套设施成本 188 户均摊计算得到，即 9 万元，临湖等区位条件好的宅基地的取得价格达 30 余万元。而第一期的困难户由于分配的区位较差，由集体对其费用进行了适当减免。山前村集体共收得地价款 2 700 万元，加上政府配套经费，基本覆盖了总成本 3 200 万元（其中包括收地成本 1 500 万元和基础配套设施成本 1 700 万元）。

为了保证村庄的整体形象，村里统一设计 3 种房屋建造方案供村民选择。每户需自行出资按照设计方案建房。同时，该村还建立了互相制约的监督机制，即以若干户为一组，选定一个小组负责人，其责任是确保本组农户都按照既定方案建设房屋。若出现农户违反既定方案建设的情况，负责人应承担相应责任。通过滚动式分期改造，村集体和村民严格执行制定的宅基地管理规则，各自承担相应的费用，推动农房改造顺利实施。山前村的村庄面貌发生巨大变化，从简陋矮小的老房子转变成统一美观的现代化新房，实现了"民有所居"。

二、户有所居不是梦——分区域保障农民住房

"耕者有其田，居者有其屋"是我国农村最基本的制度安排和社会保障，是确保农村地区社会稳定、农民安居乐业的基础，实现"户有所居"自然成为当前宅基地制度改革的重要目标之一[①]。随着城市地区社会经济的快速发展，大量建设用地资源被优先用于城镇化与工业化建设，在建设用地总量控制的环境下，能

① 贺雪峰. 农村宅基地改革试点的若干问题[J]. 新建筑，2016，（4）：15-17.

够用于农村地区新增宅基地分配的资源（指标）已日趋缩紧，但新增农业人口或分户人口却并没有减少，"一户一宅"的宅基地管理目标面临着较大的现实"两难"，而且这种紧张局面在东部沿海发达地区更加显著。

在"居者应当有其屋"的历史任务面前，浙江省采取了分区域、分类保障农民基本居住权益的改革思路。将"一户一宅"的具体管理目标转化为"一户一居"，有效兼顾了农村地区新增建设用地资源稀缺的基本特征，确保了农民户有所居，这是浙江省自身资源禀赋与社会经济发展特征共同作用的结果。从具体思路来看，分区域分类保障是指针对辖区内具有不同区位、不同经济社会状况或不同自然资源禀赋的村庄，采取差别化的居住安置方式，以规划、整理、建设小高层公寓等方式对有限的宅基地资源进行优化配置，以此来保障全体农民的基本居住权益。以义乌市为例，其体现"分区域、分类保障"特色的具体改革实践，可细分为城乡新社区集聚建设、"空心村"改造、"异地奔小康"安居工程、集中点安置四类。

1. 城乡新社区集聚建设

城乡新社区集聚建设，主要面向《义乌市域总体规划（2006—2020）》远景规划建设区范围内的村庄。这类村庄通常具有较好的经济区位，农民脱离农业从事第二、三产业的现象普遍，未来发展潜力好，宅基地的市价增值空间较大，农民对宅基地价值的期许也比较高。为统筹推进城乡一体化发展，奠定义乌市未来城市发展的方向，这类村庄主要通过宅基地价值置换方式，实行多村集中联建，采用高层公寓加产业用房、商业用房、商务楼宇、货币补偿等多种形式进行宅基地面积置换，推动农村向社区转变，农民向市民转变。具体而言，一般根据原有宅基地面积按照 1∶3 的比例置换高层公寓，确保"户有所居"，同时按照 1∶2 的比例置换标准厂房，确保财产性收入。

2. "空心村"改造

对于城镇规划范围外的大部分村庄而言，由于区位条件一般，预期的土地增值空间较低，而且村内宅基地用地布局混乱，利用效率低下，因此更适合采取"空心村"改造进行内部挖潜。即按照"零增地"的基本原则，通过拆除村内危旧房、盘活闲置宅基地、畅通村内道路等方式，整合低效利用的"空心村"，加强土地集约节约利用，提高农村居民生活质量。具体操作中，一是由村集体向国土部门申请村庄建设用地总量，按照村集体经济组织成员 100 米^2/人确定总量①；二是总量确定后，开展村庄用地布局规划编制，由村集体自行解决农民宅基地及

---

① 以前农居点人均面积是 109.8 平方米，现在控制总量在人均 100 平方米，目的在于减少农村建设用地数量，提高集约利用效率。

住房分配，节余的建设用地指标，则按集体经营性建设用地入市，形成长期稳定的收入保障。

3. "异地奔小康"安居工程

对于地处山区的农村，由于区位环境较差，生产生活条件都相对滞后，农民迁出意愿普遍较高。为加快推进农民安居致富，适宜采取"异地奔小康"的模式。将偏远地区的山村农民，搬迁至比较集中的镇街，通过建设高层楼房安置，搬迁农民按成本价购得住宅，农民退出的宅基地，则可以获取相应的货币补偿。

4. 集中点安置

义乌市针对农村辖区内的部分危房户、特困户，还制定政策优先安排宅基地退出置换，大部分危房户、特困户农民进入邻近的镇街集中安置点。采用集中安置的方式，其在购买高层住房的过程中，可由政府进行相应的补贴；而配套的优惠政策包括优先选房、租房政府补贴等，确保低收入农民群体同样能够获得稳定的居住权益。

专栏 4-4

义乌市下沿塘村的城乡新社区集聚——"香溪印象"新社区

下沿塘村位于义乌市城市规划圈层内，是稠江街道下辖的一个城中村，有农户 316 户，共 800 多人，村庄建设用地面积 130 亩。2013 年，该村参与城乡新社区集聚建设工程项目（香溪印象），统一退出宅基地并置换集中统建的高层公寓、标准厂房、仓储物流等楼宇物业。在"户有所居"的基础上，实现了"户有所产"，并已基本完成向新社区的整体转变。实施过程中，下沿塘村的宅基地权益置换比例按 1∶5 进行，权益基数的计算分两种类型，农户可根据自身情况任选一种。一般来说，权益基数按人均 35 平方米计算（独生子女和年满 20 岁的子女可以增计），必须是本村农业户籍人口。例如，一户三口之家，因独生可以增加一人，那么权益基数为 4×35 平方米，即 140 平方米，对此可置换 700 平方米的权益面积。还有一种是按原宅基地面积核算，但原则上不能超过 140 平方米。实际上，参加集聚的农户大多数选择的是按人口置换的方式，而选择原宅基地面积置换的是一些原宅基地面积较大，但是家庭农业户籍人口数少的农户。

宅基地权益置换得到的面积，五分之三是高层公寓（土地性质为国有出让），五分之二为产业用房（土地性质为国有出让）。下沿塘村的参与农户被安置到香溪印象小区 9 栋 820 套高层公寓内，人均分配到 1 套公寓房。而产业用地则由政府统一规划，建设产业用房，全村可获得 2 栋 7 层的产业用房。对于产业用房的开发管理，目前村里的想法或决定是交给政府组建的市场集团统一运作，农户通过产业用房的置换面积入股分红，并不参与产业用房经营管理。高层公寓的抽签分配规则分两步：一是选户型，共有 70 平方米、105 平方米、140 平方米、175 平方米 4 种户型；二是抽签定栋定层。目前，公寓小区已经竣工，在 2016 年 6 月完成了第一批农户的抽签入住，第二批农户抽签入住在 12 月开展。农户购买小区公寓房，政府指导价为 2 730 元/米^2，但实际上小区的建安成本是 3 400 元/米^2。农户获得的宅基地置换权益面积可以在产权交易中心交易，获得资金可以用于支付购房款或其他用途。据了解，第一批农户的权益面积交易并不活跃，处于观望状态。根据户型大小，交易价格在 6 000~6 500 元/米^2。随着稳定的预期，不动产证的办理，市场认可这种交易，第二批农户的权益面积交易较为活跃，交易价格在 6 500~8 500 元/米^2。对于普通农户来说，一般会出售一套高层公寓面积来缓解购买安置房的资金压力。农户以指导价购得的公寓房已经开始对外出租，70 平方米户型的年租金为 2 万元。

另外，香溪印象小区还拥有若干商铺，参与新社区集聚的本村农户可以竞价拍卖的方式获得商铺。高层公寓面积置换为商业用房的比例是 1∶0.6，而产业用房面积置换为商业用房的比例是 1∶0.3。目前，已有 30 多户农户报名参加了即将进行的商铺拍卖会。据村支书介绍，整个新社区集聚项目的开展在政府的优惠红利政策下，并没有出现较大的问题，农民参与意愿强烈。

可以看出，发生在浙江省义乌市的四种不同类型的农民住房安置模式，其所适用的范围各有侧重。在城镇规划红线范围内，推行城乡新社区集聚建设，允许农民以合法宅基地置换国有出让土地高层公寓和产业用房；而在城镇规划红线范围外的农村，则开展以控制宅基地总量为前提的"空心村"改造；在自然条件较差的山区村庄，则实施"异地奔小康"工程，引导地处边缘山区、自然承载能力较差的农村农民下山脱贫，用产权置换或货币置换方式，集中安置到建制镇规划红线范围内；而对于辖区内零星分布的特殊困难农户，则采取就近集中安置的方式。这种分区域、分类保障的安置方式，从根本上实现改革"户有所居"的基本目标，兼顾辖区内不同区域、不同社会经济背景的农村发展的多元化需求，为保障农民住房权益、实现农民有序退出宅基地、实现农村建设用地资源高效配置等，提供了多样化的可操作方案。

三、实现宅基地民主管理

编制宅基地选址、布局的规划，并按照规划和其他有关规定建造和使用宅基地，是宅基地管理的重要内容。一直以来，是政府部门主导土地利用总体规划、村庄建设规划的编制，以及宅基地的建造和使用的管理工作。浙江省的改革，是要让村集体这一基层自治组织在规划编制中发挥更大的作用，在宅基地的建造和使用管理中发挥主体作用。经过一系列政策文件的出台，宅基地的自主管理在浙江省的一些地区，已经逐步建立起来。浙江省的宅基地民主管理，并不是通过熟人社会的非正式规则进行的。相反，它是为实现宅基地合法合规利用的集体行动，由浙江的农民运用民间智慧，制定出清晰的村庄内部规则，从而解决宅基地管理的制度供给问题、可信承诺问题和互相监督问题。例如，成功实现民主化管理的富阳市八一村，在实践过程中摸索出宅基地自主管理的规则：一是清晰地界定宅基地的申请资格；二是对宅基地占地面积、农户使用面积和建房高度、最小间距、门前种植蔬菜等有明确规定；三是宅基地自主管理规则的制定和修改决定由村民代表大会做出；四是依托专门机构和村民个体对宅基地建造和使用进行监督；五是根据违规的程度和严重性决定处罚手段；六是村两委和街道城建办在冲突解决中发挥重要作用；七是在宅基地使用监管中实现多层制分权治理。令人惊奇的是，他们自己设计的规则，与研究公共池塘资源的著名学者奥斯特罗姆总结归纳的成功八项原则基本上契合。而正是规则设置的合理性，使八一村能够实现有效的宅基地自主管理。

专栏 4-5

富阳市八一村——政府管理缺失下的宅基地有效管理

八一村位于杭州富阳市春江街道，坐落于富春江南岸，位于城市规划区外，与富阳主城区隔江相望。辖区有 4 个村民小组，全村现有农户 521 户，总人数 1 951 人，外来暂住人口 2 015 人。

由于八一村在城市规划区外，当时政府并没有制定村庄建设规划。以喻正其为首的村两委认为村镇规划在管理村民建房和其他集体土地利用上十分重要，1993 年八一村村干部赴上海塘桥进行考察，在 1994 年以独具前瞻性的慧眼出资 10 余万元，聘请高级规划师设计村镇建设规划。这一规划得到村民代表大会的确认，在八一村内部具有刚性的约束力。

由于浙江省较少安排建设用地指标用于农村居民建房和进行宅基地审批工作，而因婚配、居住需要，村民的刚性建房需求难满足。在没有政府审核和监管的情况下，为使宅基地管理工作更加合法、规范、有序和透明，八一村制定了一系列规定，实际上替代政府完成了宅基地申请资格审核、规划符合情况审查、旧房处置情况监督、建房违规情况管理等多项工作，实现了宅基地的自主治理。

在缺少政府监管的情况下，与其他村庄不同，八一村并未出现私搭乱建、违法用地、面积超标等混乱情况，不仅维持了村民建房的有序和公平，也保持了村庄的美丽。2012 年，全村 538 宗地，其中主房面积 72 897 平方米，户均 135.5 平方米，绝大部分建房在此次宅基地确权登记中得到了政府的事后认可。

四、探索土地发展权转移

农村宅基地制度改革的本质是土地发展权的转移[①]。土地发展权是从土地所有权中分离和派生出来的一种物权，简单来看，是指土地权利人将土地由较低经济收益用途向较高经济收益用途转变的权利。因此，土地发展权转移的内涵包括两个层面：一是土地用途的转变，如由农业用途转变为商业用途；二是土地集约利用程度的变化，如增加容积率。而浙江省在开展农村宅基地制度改革过程中的特色亮点之一，就是有效实现了土地发展权的转移。

1. 宅基地集约利用程度的提高

通过有限的宅基地资源，满足全体农民的基本住房需求，既能实现宅基地集约节约利用，也能实现宅基地资源优化配置改革目标，更能满足农村宅基地利用与管理问题的客观要求。浙江省各地在制度创新过程中，基本达到了提升宅基地集约利用程度的实施效果。2008 年以来，嘉善县所开展的"两分两换"改革以土地节约集约有增量和农民安居乐业有保障为根本目标，通过宅基地换钱、换房、换地方，推进集中居住，实现宅基地集约节约利用。富阳市与黄岩区通过引入有偿择位与经济激励机制，使农民在利用宅基地的过程中形成了尽量少占用土地的意识，原有粗放、低效利用的局面被遏制。而义乌市宅基地改革从 1.0 模式到 4.0 模式的进化，逐步拓展"向空间要地"的深度，是宅基地高效集约利用的典范。

2. 宅基地节余面积的高收益配置

宅基地节余面积的高收益配置，是指将节余的宅基地用于其他具有高收益的土地用途，如工业厂房、商业楼宇等。这是以宅基地集约利用程度的提高为基本前提的，也就是说，只有在保障农民基本居住权益，实现"户有所居"的前设条件下，节余的宅基地资源才有向其他高收益用途转变的可能。义乌市在推动城乡新社区集聚建设的过程中，将城市规划区内的农民迁入高层公寓，在确保农民基本居住权益得到根本保障的前提下，通过"向空间要地"的形式，节余一定量的宅基地面积，并由市政府统一征收后安排入市，用作商业、住宅或工业用途，体现了由较低收益土地用途（宅基地）向较高收益土地用途（商业或居住）转变的过程；义乌市更进一步开创性地提出的集地券及其交易机制，实质是将农村地区零散、低效的宅基地或农村建设用地资源复垦后，汇集用于城市规划区范围内土地的发展，这是更具典型意义的土地发展权转移，原本具有社保性质的低效益宅基地，通过空间置换，实现了向工业、商业等高收益用途的转变。

---

① 汪晖，陶然，史晨. 土地发展权转移的地方试验[J]. 国土资源导刊，2011，8（Z1）：57-60.

专栏 4-6

集地券——以宅基地为标的的土地发展权转移

随着农村宅基地制度改革的深入，义乌市以"城乡增减挂钩"模式所暴露出的问题为导向，借鉴浙江省以往"建设用地折抵复垦指标"的做法，推出城乡建设用地增减挂钩的升级版——集地券模式。集地券是指义乌市域范围内的农村集体建设用地（包括农村退出的宅基地、废弃的工矿建设用地以及农村散乱、闲置和低效利用的其他建设用地等）复垦为耕地等农用地并经验收合格后折算而成的建设用地指标凭证。围绕这一凭证的形成（生产）、交易、收益分配、功能权益等环节展开设计的一系列规则和组织形式，构成了集地券模式。集地券实行台账式登记，将分散、零星的农村建设用地低效利用指标进行集中管理，在建设项目需要时可在全市范围内灵活掌握、统筹使用。集地券可上市交易，也可以按指导价由政府回购，确保农户有保底收益；集地券允许进行银行质押，拓展其金融功能，特别是各镇（街道）形成的集地券，允许镇（街道）自行安排用于农民建房需要，这样既大大增强了村集体、宅基地使用权人复垦形成集地券的积极性，又在很大程度上保障了农民建房的用地需求，有效缓解农民建房用地指标的瓶颈制约。

从本质上看，集地券模式秉承了"向空间要地，由发展权供资"的内涵脉络，也是土地发展权转移的典型。为了保障城市的经济发展，义乌市通过开创集地券模式，在更大的盘子上重组优化城乡土地资源，指标落地不受耕地占补平衡、新增建设用地计划的约束，原本低效利用的宅基地被复垦为耕地，原土地权利人让渡的土地发展权，拿到市场上进行交易，实现资金的市场化供给，并按收益共享的原则分配给利益相关者。换句话说，集地券模式本质上是一种土地发展权转移的形式，这一权利的补偿标准通过市场价格机制确定，转出方获得了大部分的土地增值收益，转入方则获得了权能完善、落地方便的用地指标，最终可以实现县域层面上的城乡土地空间优化。

截至 2016 年底，义乌市已建立集地券后备资源储备库，第一批调查的地块约有 1 000 多亩，其中首批符合试点条件的 33 个地块 249 亩，均已完成规划设计方案论证，并在城西街道和后宅街道颁发了全国首批集地券证书。

五、实现生产要素的再配置

长久以来，我国农村地区作为第一产业的主战场，发展状态相较于城市地区日益呈现出较大的差距，是我国社会发展"不平衡、不充分"的实际表现。因此，从更广的角度来看，当前农村宅基地制度改革不仅仅局限于宅基地有偿使用、退出、用益物权及民主管理等多个方面改革内容的落地，更是在尝试探索以宅基地等集体建设用地为"第一桶金"，来实现农村地区的可持续发展和乡村振兴。诚然，这会涉及其他生产要素重新配置的问题，具体来说，就是如何通过改革当前的宅基地等制度，实现农村地区生产要素的流动，并为农村社会经济发展注入新的活力，这应当是本轮改革的长久之意。浙江省在这一方面已探索出可行的路径。

1. 农村土地资源实现了再配置

在浙江省的宅基地制度改革中，无论是城乡新社区集聚，还是"空心村"改造，抑或是新农村建设，大都以宅基地收回后再统一配置为核心内容，其最终的结果是实现宅基地资源的优化配置。这种优化配置的结果，使所有农民群体能从根本上享有完整的居住权益，解决了农民基本的生计、生存问题，奠定了农村地区长远发展的基础。重新配置后的宅基地资源，也从整体上提升了村庄的生产生活面貌，而这本身就是农村社会经济发展的重要一面。

2. 加速了资金等要素在农村地区的流动

土地是重要的生产要素。在浙江省的改革实践中，各地通过构建多种渠道来显化宅基地的资产属性，引入市场机制来实现宅基地的市场价值，加速资金等要素在农村地区的流动。例如，温州、义乌等地开展的农房及宅基地抵押贷款，为当地农民生产经营和生活消费提供了一定的资金来源，是众多小微作坊式企业得以发展的基础之一；富阳、黄岩等地普遍开展的宅基地有偿选位、有偿竞价，也带动了局部范围内资金要素的流动，为壮大村集体经济组织做出一定贡献；义乌市开展的集地券交易，以及宅基地节余面积的直接入市交易（与集体经营性建设用地入市改革相融通），成为吸引社会资本流动的关键；此外，地方政府以改革为契机而推进的各项工程建设，也是政府财政资源的流入。各方面的资金要素流动，为农村地区发展注入新鲜"血液"。

3. 人力资源逐渐开始聚集

浙江省通过宅基地制度改革，"盈余"的居住空间，为实现人力资源向农村地区的聚集提供了便利。例如，义乌市建设四层半农房，为青岩刘村大量外来电商创业人员提供住房；下沿塘村参与城乡新社区集聚建设工程，农民将多余的住房出租给外来务工人员。重要的是，大量外来人员的流入与定居，促进了村集体的生产方式变化。部分农民开始借此经营商铺、从事小工作坊等事业；同时人口的集聚，也使其他服务产业（如物流、商业等）在农村地区汇集。

4. 企业家开始在农村地区显现

笔者在调研浙江省各地改革实践的过程中，发现村集体内部已经涌现出一批具有领导才能、企业家意识的人才。这些人才在村级事务管理中，扮演着重要的

"领头羊"的角色，是协调村级宅基地利用与管理，促成村集体统一行动的关键人物。他们凭借自身的企业家意识以及创业经验，往往会投身到村集体经济发展的事业中，引领农民发家致富。比较典型的例子是义乌市何斯路村，该村地处经济区位较差的山区，但自然资源禀赋优势明显。在村书记何允辉的带领下，通过盘活全村宅基地及农地资源，建造酒店、湖景区、薰衣草园等，实现了全村经济发展的转型，农民企业家在其中扮演了重要的角色。义乌市楼西塘村通过城乡新社区聚集建设工程获得一定面积的商铺及产业用房，为统筹全村发展，在村支书的带领下，全村实行商铺整体对外出租经营的策略，增强了全村在市场交易中的谈判能力，并形成了商铺的"生态化"经营。

改革在实现宅基地资源优化配置的同时，也加快了各生产要素在农村地区的流动。浙江省改革实践也表明，以宅基地等改革为契机，确实能够在一定程度上实现农村地区生产要素再配置的长远目标，成为浙江省宅基地制度改革的重要亮点。

专栏 4-7

"中国淘宝村"——义乌市青岩刘村

被中国社会科学院、阿里研究中心多次授予"中国淘宝村"称号的青岩刘村，位于义乌市江东街道。依托紧邻义乌市小商品市场的区位优势，该村大力发展淘宝电商事业，树立了立足农村发展第二、三产业的典范。截至 2015 年底，该村拥有网店 3 200 多家，电商从业人员 2 万人，快递 23 家，货运专线 160 多条，日均出单量 10 万单，全年销售额达 40 亿元。2014 年，国务院总理李克强在考察后，更是为"中国淘宝村"的称号点赞。

在青岩刘村辉煌发展的背后，应当注意到，宅基地改革在其中扮演了重要的角色。2006 年，青岩刘村完成了旧村改造，原本零散分布的宅基地及农房被统一收回并拆除重建，再按照统一规划，每家每户建成四层半结构的农房，但大部分农民家庭实际只用到一层半，底层店面和第二层住房一般都大量空余。由于这种农民房相比同期义乌市相同地段城市住房，房租要便宜 20%~30%，青岩刘村地处城乡接合区域，生活成本较低，非常适合对外出租；加之毗邻义乌市小商品市场的区位优势，非常适合缺乏资金、缺乏信息、缺乏途径的草根创业，契合了当时电商创业发展的基本诉求。青岩刘村在满足自身农民基本居住需求的前提下，将农房的第一、二层出租给电商企业或外来电商创业人员，实现农房由单一的居住功能向集住宿、办公、仓储等于一体多功能的转变。随着后续电商业绩的持续增长，发达的电商经济也带动了物流业的蓬勃发展，村庄周边兴建起各类物流企业。与此同时，村庄内第二、三产业的持续发展也解决了大量外来务工人员的生计问题，保障了其基本的财产性收入。

总而言之，从青岩刘村的发展来看，以改革为契机而推进的旧村改造，不仅实现了村庄内部宅基地及农房资源的再配置，也为当时整个村的电商创业营造了良好的物质环境，成为整个发展过程中人口、资金、技术等生产要素大量流动的基础，并由此完成了村庄发展的整体蜕变。

第四节　浙江省宅基地制度改革的经验与启示

一、政策经验

第一，浙江省农村宅基地制度改革，是实现"向空间要地"和"由发展权供资"的过程。以义乌市的宅基地制度改革为例，从义乌市最早四层半农房建设模式到高低结合的建房模式再到高层集聚模式以及集地券的变迁可以看出，"向空间要地"和"由发展权供资"是一个问题的两个方面。"向空间要地"实现了农村宅基地的节约集约利用，而农民节余的土地及用地指标，形成发展权，则可以交易给其他用地者来换取资金，达到"由发展权供资"的效果。最终，解决农村建房和改善生产生活条件的用地和资金难题。

第二，在浙江省宅基地制度改革实践中，政府主导模式、市场参与机制和村民自组织三种治理结构同时发挥作用。虽然政府主导模式、市场参与模式和村民自组织三种治理结构的特征和适用条件各不相同，属于三种互相独立的治理结构，但是通过梳理不同改革试点案例发现，浙江省大部分村庄在进行宅基地改革实践时，往往是上述三种治理结构在不同程度上的组合。在宅基地改革的不同时期，三种治理结构的作用各有侧重。例如，安置房的选址和施工等主要由政府部门推动，前期协调农民退出宅基地则主要依靠村民自组织，宅基地用益物权的实现主要靠市场这只"看不见的手"发挥作用。三种治理结构共同推进宅基地制度改革。

第三，在宅基地有偿选位和有偿竞价中，市场有效发挥了"看不见的手"的作用，在提高土地利用效率的同时，保障了农民取得宅基地的公平性。在户有所居的前提下，浙江省通过实行宅基地有偿竞价选位制度，有效发挥了市场配置资源的特点，极大地提高了宅基地资源配置效率，提升了宅基地的价值。同时，有偿竞价选位制度使宅基地的取得程序更加公平、公正和公开，降低了"暗箱操作"的可能性，减少了潜在的诸如上访之类的矛盾冲突，减少了冲突成本。另外，村集体还可以利用收取的宅基地有偿竞价选位费来发展村集体经济。由此可见，宅基地有偿竞价选位是一种多方共赢的制度设计，具有"一箭多雕"的效果。

第四，浙江省分区域保障农民住房政策，有效解决了农民户有所居的难题，不同模式在适用范围方面各有侧重。浙江省针对不同区位和自然条件的乡村，分别采用城乡新社区集聚、"空心村"改造、"异地奔小康"等安居工程保障农民基本住房权益。不同自然社会经济条件的地区适合不同的安置模式。具体说来，区位较好、经济发展水平较高的乡村适合采用城乡新社区集聚的发展模式，区位和经济发展水平一般的乡村适合进行"空心村"改造，偏远山区、地理情况比较复杂的农村适合"异地奔小康"安居工程。

第五，浙江省宅基地民主管理机构，在宅基地管理工作中发挥了重要作用，村民自组织机构和政府部门相辅相成，相互补充。从浙江省农村宅基地制度改革实践看，政府部门和宅基地民主管理机构各司其职，工作重心各不相同。具体来说，政府部门负责宏观层面的政策设计，而宅基地民主管理机构则负责具体政策的执行，两者相得益彰。在浙江省宅基地制度改革实践中，许多试点地区都成立了村民事务理事会等村民自组织机构，并且凭借村庄的关系网络和熟人社会有效地组织起宅基地的日常管理工作，分担了政府部门的压力，如召开村民代表大会、进行宅基地政策的宣传、调解矛盾纠纷等。

第六，宅基地制度改革的本质，是发展权的转移和生产要素的重新配置。从义乌市宅基地制度改革1.0模式到4.0模式可以看出，土地的集约利用程度越来越高，土地的用途也由原来的居住功能变为商业服务功能，即从收益较低的用途转变成收益较高的用途，土地的发展权发生了转移。另外，浙江省很多案例村通过宅基地制度改革实现了生产要素的重新配置。例如，青岩刘村的电商模式吸引了大量创业精英、外来务工人员和资本集聚于此。何斯路村则是通过将宅基地制度改革和发展旅游产业相结合的方式实现了生产要素的重新配置。

二、政策启示

一是要秉承"向空间要地"和"由发展权供资"的发展理念，以节约土地资源，提高土地利用效率，同时解决"地从哪儿来"和"钱从哪儿来"的问题。目前，相较于城市而言，农村地区新增建设用地指标日趋紧张。因此，在今后的宅基地制度改革实践中，要继续采取纵向三维的发展模式，此模式不仅可以有效解决"地从哪儿来"的问题，而且能在保障农民基本住房权益的同时使土地资源利用效率得到极大提高。另外，"钱从哪儿来"同样是困扰宅基地制度改革的一大难题，"由发展权供资"通过将原土地权利人部分发展权让渡的形式，为此问题的解决提供了可能性。

二是要充分发挥政府、市场和村民自组织的优势，针对宅基地改革的不同时期，分别侧重采用某一种最适合的治理机构以减少整个过程中的交易费用。在宅基地制度改革的过程中，要有效利用政府的强制性和权威性、市场配置资源的高效性和村民自组织的主观能动性，确保宅基地制度改革"又好又快"地推进。各村庄应综合各自的自然社会经济条件，在宅基地改革的不同阶段，根据三种治理结构的特点，选取某一种最适合的治理结构以减少交易成本。

三是要充分发挥市场配置资源的强激励性和高效性的特点，最大限度地实现宅基地的用益物权。无论是宅基地有偿竞价选位，还是房屋出租出售、商铺厂房出租、农房抵押、宅基地权益置换指标交易和集地券，市场机制均在其中发挥了重要作用。要有效利用市场机制的优势实现宅基地的资产属性，以满足农民基本的生产生活需要。但市场机制也有劣势，因此在宅基地制度改革中，政府要起到引导作用，确保形成一个良性竞争的市场环境。

四是要统筹空间和时间，根据各地实际情况选择相应的宅基地权益保障模式，建立多元化的宅基地安置模式和配套政策，保障农民基本生活权益。不同地区的自然资源禀赋和经济发展速度存在差异，因此不能用统一的模式保障农民的住房权益。在宅基地改革之前，一定要对该地区的整体情况进行调查和摸底，做到"心中有数"。在尊重农民意愿的前提下，充分考虑农民的生活习惯和农民的后续生活保障，建立可持续的农民收益机制，避免"被上楼"带来的问题。另外，要充分考虑不同收入水平农民的实际情况，建立"差别化"的宅基地安置模式，给予农民多样化选择的权利。同时应该出台相关的配套政策，给予农民优惠政策，在引导农民参与宅基地制度改革的同时保障农民的基本住房权益。

五是要充分调动村集体民主管理机构对宅基地管理工作的主观能动性，引导农民参与宅基地制度改革。相较于政府部门，村民事务理事会等宅基地民主管理机构具有先天的优势，它们更贴近农民的生活，更了解农民的诉求和思想。因此要发挥村民自组织机构的积极性，在政府的引导下共同参与宅基地管理工作。政府负责宏观层面方针政策的制定，具体的工作由村委会、村民事务理事会等宅基地民主管理机构负责，做到分工明确，有的放矢。另外，农民根深蒂固的观念会影响宅基地制度的落实，村委会等民主管理机构可以不定期宣传宅基地制度改革相关知识，充分发挥政府的引导作用和村集体的主观能动性，引导农民参与宅基地制度改革。应积极推动各行政村、社区成立村土地民主管理组织，依法行使土地民主管理职责。同时制定详细的民主管理职责清单与民主管理决策清单，以指导相关宅基地管理及土地事务管理的推进。可见，在农村宅基地制度改革过程中，应当注重培育和锻炼农民和农村基层自治组织在宅基地分配、退出和收益管理中的民主决策、民主管理和民主监督能力。

第五章 浙江省征地制度改革

第一节 征地改革的背景

一、现行征地制度的现实问题

土地资源由于其不可替代性与稀缺性，往往无法像一般商品一样进行充分的市场竞争。为了避免过高的谈判成本和用地价格，尤其当土地用于公共事业建设时，往往需要政府通过公权力的手段强制性地从其他所有者手中获得土地，并给予一定的补偿。土地征收是国家因公共利益的需要，或实施国家经济政策，或为国家国防安全，基于国家对土地的最高所有权，按照法定的程序，对被征地人给予一定的补偿，并以强制的手段获得土地所有权的行为[①]。围绕土地征收所建立的法律体系、行政执法体系以及征收管理体系，构成了我国土地征收制度的基础。

改革开放以来，伴随着城乡人口快速流动以及城镇化高速发展，城市新增建设用地的需求正在不断增长。根据《中华人民共和国宪法》（以下简称《宪法》）和《土地管理法》，城市市区的土地属于国家所有；农村和城市郊区的土地，除由法律规定属于国家所有外，属于农民集体所有；任何单位或个人进行建设，需要使用土地的，必须依法申请使用国有土地。在这一城乡二元土地管理制度的背景下，农村土地通过土地征收变为国家所有，是农村土地进入市场的唯一合法手段。因此，征地也就成了我国城镇化过程中新增建设用地的唯一合法途径[②]。

在这种土地征收制度安排下，土地一级市场完全被政府所掌控，为中国社会经济发展提供了巨大的制度红利，是过去 40 年间创造经济发展"中国奇迹"的重要原因之一。地方政府一方面按照土地原用途，以农地价格低成本地征购农村

---

① 徐琴，张亚蕾. 论征地权过度使用的防止与中国征地制度改革——国际经验对中国征地制度改革的启示[J]. 中国土地科学，2007，（2）：70-75.

② 周其仁. 农地产权与征地制度——中国城市化面临的重大选择[J]. 经济学（季刊），2004，4（1）：193-210.

土地，为持续、大量的城市土地要素供给提供支持；另一方面按照开发后的土地用途为标准，以建设用地价格出让城市土地，并积极招商引资、鼓励企业入驻，以此作为城镇发展的重要资金来源和吸引企业的重要砝码。2016 年，我国城镇常住人口为 79 298 万人，城镇化率达 57.35%，我国已经基本实现了从农业社会向工业社会的转型，进入了工业化中期和城镇化加速发展阶段[①]。

我国经济的不断发展，尤其是改革开放后市场化程度的不断提高，使征地制度作为一种带有浓厚计划经济色彩的产物，与现实之间的矛盾愈加激烈，已经成为社会冲突的重要诱因。根据中国社会科学院公布的《2011 年中国社会形势分析与预测》，73%的农民上访和纠纷都与土地有关，其中 40%的上访涉及征地纠纷问题[②]。征地问题引发的社会冲突、上访、群体性事件不但损害了政府信用与政府形象，而且进一步影响了政府正常土地管理工作的顺利开展。

此外，现行征地制度也直接导致了我国城市用地的低效利用。政府作为唯一的需求者，在土地的征收数量、规模和再开发用途上也有着很高的自由度，同时征地补偿费用远低于国有建设用地的开发价值，因此地方政府就有很强的激励选择通过农用地征收的方式实现新增建设用地，而非通过城市再开发的方式开发城市存量建设用地。这一制度逻辑的结果，是一些城市盲目地进行"摊大饼"式扩张，城市外围开发区与工业园区占地面积过大、建筑密度偏低、厂房大量闲置；城市内部忽视城市居民的使用需求，过分追求宽马路、大广场。1990~2016 年，我国城市建成区的人口密度从每平方千米 2.5 万人减少至 0.88 万人[③]，土地低效利用的现象愈发凸显。

上述现象表明，尽管目前基于城乡二元体制的征地制度为创造经济增长的奇迹奠定了基础，中国现有的土地征收制度在实际土地管理中仍然存在不合理之处。部分农民的财产权利被侵犯、利益被损害，分享城镇化收益、进行自主城镇化的道路被中断，这些问题都说明我国必须全面开展制度创新，审慎稳妥地推进土地征收制度改革，通过改革创新来激发土地开发潜力、构建土地增值收益的利益共享机制，从而实现新型城镇化城乡协调发展的目标。

二、现实问题背后的征地困境及其原因

作为计划经济时期的产物，土地征收制度在改革开放以后几乎没有经历过市

---

① 数据来自《2016 年国民经济和社会发展统计公报》，网址为 http://www.stats.gov.cn/tjsj/zxfb/201702/t20170228_1467424.html.

② 汝信，陆学艺，李培林. 2011 年中国社会形势分析与预测. 北京：社会科学文献出版社，2010.

③ 数据来自国家统计局，网址为 http://www.stats.gov.cn/windex.html；住房和城乡建设部，网址为 http://www.mohurd.gov.cn/。

场化的洗礼，缺乏整体性的重构与补全。我国土地征收制度造成的现实冲突背后，是在制度设计上存在的诸多缺失和隐忧。

（一）公权力的边界模糊

土地征收的公权力来自公共利益，如果征收不是出于公共事业目的而发起的，那么政府就不具有进行土地征收的法理依据。因此，公共利益是界定征地行为的权力边界以及范围边界的标准。

然而，我国在征地问题上，对公共利益的界定是不清晰、不明确的。尽管2007 年颁布的《中华人民共和国物权法》（以下简称《物权法》）中第四十二条规定："为了公共利益的需要，依照法律规定的权限和程序可以征收集体所有的土地和单位、个人的房屋及其他不动产。"然而对于什么是公共利益，无论是《物权法》还是《宪法》都没有进行进一步的解释。在实践中，由于法律没有界定公共利益的明确范围，政府、学界和公众对公共利益和私人利益在认识和界定上存在明显的不一致性，如政府认为房地产开发属于城市建设范围、工业项目属于产业园区建设组成部分，均属于政府发展经济和社会建设行为，应当界定为公共利益，而学界和公众则认为房地产开发、工业项目大多不属于财政投资项目，更多的是私人资本逐利项目，应当界定为私人利益，而非公共利益。因此，公共利益边界法律规定模糊，给地方决策者提供了很大的自由量裁空间。

另外，从经济社会建设的角度，地方政府有很强的激励征收农用地，从而不断扩大城镇建设用地的范围的冲动。一方面，我国新增建设用地的成本偏低是不争的事实，相对于城市而言，农村的人口密度较低、人均收入较低、建筑密度也较低，征收农用地的成本往往远低于在城市内部征收存量用地的成本，更是低于真实的市场价值[①]。另一方面，大量新增用地可以为地方政府提供更多的操作空间。在工业用地出让方面，许多地方以低廉的土地要素为条件，竞相以低价供地的方式进行招商引资，这些土地大多数都只能通过征地来实现，所以征地对于地方决策者而言是一件非常有利可图的行为：征地面积越大，政府可用于地方发展的筹码就越多。因此，以地方经济发展为由，为执行公权力提供权力来源就是一种自然而然的选择。

国际上界定的公共利益有两种模式：一种是以美国、法国、英国等为代表的概括式，即不对公共利益的内涵与外延进行界定，而是通过具体的行政命令或判例对公共利益的范围进行补充和扩展；另一种是以日本等为代表的列举式，即尽可能地详细列举出符合公共利益的项目类型，以严格规范征收行为并形成一份公共利益目录。而我国目前既没有从立法上形成完整的征地判例和行政条例体系，

---

① 李闽，姜海. 建设用地集约利用的理论与政策研究[J]. 中国土地科学，2008，（2）：55-61.

也没有形成一份完备的土地征收目录，会自然而然地导致土地征收在公共利益界定上无法可依，陷入"公说公有理，婆说婆有理"的困局。

此外，目前我国在土地利用总体规划上，偏向于形式化的审批制度也起到了推波助澜的作用。根据我国土地利用总体规划审批体系，省级以下的土地利用总体规划由省级国土部门进行直接的垂直管理。然而考虑到目前我国的行政区划，全国有322个地级行政区、2 853个县级行政区、40 466个乡级行政区，如此数量庞大的基层组织，导致垂直管理存在高昂的行政成本与信息成本，地方政府没有激励也没有能力对土地征收的目的与动机一一进行明晰。在制度设计上给地方政府留出了"钻空子"的空间，在实际工作中又无法对权力滥用进行行之有效的约束和管制，势必会导致地方征收权力的日益膨胀，自然也无法避免地方政府通过各种途径的"自圆其说"来规避对征收的限制。

土地开发具有一定的正外部性，无论是何种目的的征收，其最后的结果往往会带来周边地区土地的溢价、吸引外来劳动力等影响，对发展经济有着一定的促进作用。但是，以"发展地方经济"作为公共征收的理论来源，仍然是值得推敲的。由于我国经济对土地供应高度依赖的发展模式长期以来没有得到改变，经济发展一直是地方治理中的重头戏，因此，模糊的公共利益边界的制度设计，使地方政府在土地利用管制上有较大的话语权，尽管这一模式违背了土地征收制度的政策初衷，但有效避免了层级制下高昂的交易费用，促进了地方政府因地制宜发展地方经济，因此公共利益的有意模糊也是中央政府在经济发展背景下的无奈选择。

（二）公正补偿的缺失

征地制度的核心在于征地补偿。我国《宪法》第十条规定"国家为了公共利益的需要，可以依照法律规定对土地实行征收或者征用并给予补偿"，第十三条规定"公民的合法的私有财产不受侵犯……国家为了公共利益的需要，可以依照法律规定对公民的私有财产实行征收或者征用并给予补偿"。土地征收补偿普遍被认为是公民财产权的题中之义。因此，公正补偿也构成了国家必须尊重和保护的宪法基本权利。

我国现行的土地征收补偿是基于农用地的农业产值而进行的。《土地管理法》第四十七条规定："征收土地的，按照被征收土地的原用途给予补偿……土地补偿费和安置补助费的总和不得超过土地被征收前三年平均年产值的三十倍。"长期以来，按照农用地用途三十倍进行计算，是政府进行农地征收中衡量、制定征地补偿标准的主要依据。这种政府按原用途采取"产值倍数法"或"区片综合价"的补偿方式，直接阻碍了被征地者享有其土地的增值收益[1]。以

---

[1] 唐健. 征地制度改革的回顾与思考[J]. 中国土地科学，2011，（11）：3-7.

杭州市为例，2017 年上半年，杭州市经营性用地出让价格平均为 1 783.4 万元/亩，即便是考虑到政府进行基础设施建设的成本，以及给予被征地农民的间接社会保障补偿，这个价格也远高于按照农用地价格所定的数十万元每亩的征地补偿[①]。土地出让价格与征地补偿之间的巨大鸿沟，极大地影响了农民的获得感，是征地纠纷出现的重要原因之一。

　　事实上，我国征地过程中的征地补偿，不仅包含对被征收人"特别牺牲"的公正补偿，也包含对土地增值收益的分享[②]，而后者往往是征地补偿中被忽视的。由于我国土地行政中的征收权与规划权互相捆绑，政府在征收农村集体土地为国家所有的同时，实现农地的非农化。这也使土地征收过程与城镇化过程完全同步进行，二者形成了一个统一体。既然我国的土地征收补偿同时也具有进行增值收益分配的功能，那么增值收益的分享就自然而然是需要被纳入考量的，但是这一部分在征收补偿中还十分薄弱。

　　目前我国的征地补偿过低，很大程度上是因为基于农用地的原用途产出视角的征地补偿，只能反映被征收前农村土地的使用价值，即被征地农民的损失。由于没有全国统一的建设用地一级市场，被征地者没有办法依据市场价格获得补偿。在美国等西方国家，土地征收发生时的公正补偿基准，都是土地市场上的市场价格，然而这一价格在我国是不可知的。由于土地增值不仅来源于地方政府公共产品的投入，有的也来源于土地使用者的投入，故土地增值应该一律"涨价归公"的观点，无疑忽视了农民对土地价值的贡献。在中国严格限制农用地非农化的制度环境下，农用地的价值受到制度因素的影响而无法完全显化，只有在发生土地征收后才会充分从市场价格中体现出来。正因为如此，政府和农民也不能充分认识到其土地的价值，这就导致土地征收中政府"低估"农户的损失，造成农户分享土地收益、享受公正补偿的缺失。

　　被征地农民的合法权利需要受到保护，公平分配和分享城市和城郊土地的巨大增值，是实现农民市民化从而实现人口城镇化的关键。当下我国的征地公正补偿制度不严谨，不但是因为地方政府身兼规划与征收两大职责，其谈判能力、议价能力相较于农民集体更强，同时，部分地方政府在实际操作过程中，对农民分享土地增值收益的认知不足，导致被征地农民无法充分参与分享土地增值收益。尽管较低补偿在过去的数十年间形成了土地财政的"制度红利"，但是随着新型城镇化模式的不断推进，合理土地征收补偿在保护农民集体的利益、促进人口市民化过程中将起到越来越重要的作用。

---

　　① 数据来自杭州市国土资源局《杭州市国土资源综合统计简报》（2017 年第 3 期），网址为 http://gtj.hangzhou.gov.cn/art/2017/10/11/art_1363095_13185611.html.

　　② 靳相木，陈箫. 土地征收"公正补偿"内涵及其实现——基于域外经验与本土观的比较[J]. 农业经济问题，2014，（2）：45-53，111.

三、征地改革的内涵：缩小政府权力边界，分享土地增值收益

征地制度所面临的困境，包括顶层设计上的不足而导致的制度性缺陷。在全国 33 个县市区开展的农村土地制度改革试点中，相较于宅基地制度与集体经营性建设用地入市改革，征地制度改革的进展尤为缓慢，面临的困难尤为突出。征地制度之所以难改，一是因为制度上的惯性太强、内容太广，一旦改革势必是牵一发而动全身的大动作；二是因为地方政府的激励不够，让利于民、赋权于民的认识不足。因此要真正改得好、改得顺，既离不开地方政府的努力和决心，也离不开市场和农民的支持，同时也需要社会环境与制度背景的变化，从而共同推动政策突破。

改革开放 40 年来，城市空间扩大了近三倍，市场经济越发繁荣，城乡结构也发生了翻天覆地的变化。经济发展的新形势，对征地制度提出了重塑政府、市场与社会三者关系中的新要求。在新一轮的征地改革中，核心内涵正是缩小政府权力边界，分享土地增值收益，促进政府在征地上进一步放权、限权，进一步解放、释放市场和社会活力。

土地征收制度的改革方向，应该是从制度上规范和约束政府的征收权力，引入市场与社会的力量。例如，缩小征地范围，探索制定土地征收目录，按照公益性用地和非公益性用地对土地开发用途进行区分；如果政府行使征地权，那么前提必须是公益性用地，如用于包括道路、公园在内的公共基础设施，而不应是商住或者工业用地。为了弥补由此带来的土地征收和出让面积的减少，可以通过统筹"三块地"制度深入改革，协同推进农村集体建设用地入市，深化留用地制度改革，让村集体依规成为城镇化过程中的重要力量。通过多方利益主体的合作与有序竞争，构建权力制衡、权责明晰的征地制度，各方主动、积极开展征地制度改革转变，共同成为攻坚克难的坚实力量。

与此同时，要构建新的土地增值收益分配机制。将恰当的增值收益分配给村民集体，有助于提高集体与村民的积极性与参与度；而对于政府而言，分享土地增值收益可以为发展公益用地和基础设施建设提供资本。因此，在我国城镇人口快速增加的背景之下，必须要建立土地增值收益在国家、集体以及农民集体内部的合理分配模式，兼顾土地开发利用的效率。十九大报告中提出，建立健全城乡融合发展体制机制和政策体系，加快推进农业农村现代化。巩固和完善农村基本经营制度，深化农村土地制度改革。土地征收作为城乡土地制度统筹中的关键一环，必须发挥重要的基础性作用，通过建立健全土地增值收益分享机制，实现城乡之间的公平发展。

事实上，征地制度改革，就是要在立足国情与地方背景的前提下，处理好政府、市场和社会三者之间的关系。在新型城镇化的背景下，必须完善和优化政府征收权的权力边界，保障农民与集体的土地权益，在分享土地增值收益的同时必

须提高土地利用效率，形成互利共赢、城乡统筹的，具有中国特色和地方特色的土地征收制度改革模式。

第二节　浙江省征地制度改革的"标准动作"

浙江省长期走在全国经济发展的前列，在经济高速增长的背后，是与日俱增的城市建设用地需求，而源源不断的土地要素供给，大量的农用地转变为城市建设用地，为城市招商引资、扩大就业、保障市民居住等需求提供了重要的基础保障，为浙江省城市发展提供了基础动力。在这一过程中，浙江省率先积极地开展征地制度改革探索，使征地制度又好又快地发挥了基础性作用。

一、提高征地补偿标准

（一）货币补偿动态调整机制的建立

杭州市作为浙江省省会，经济发展水平较高，一直是浙江省农村人口转移和区域人口转移的重要流入城市之一，人多地少，建设用地的供需矛盾十分尖锐。为了避免土地供给不足影响工业化和城镇化进程，杭州市很早就开始积极调整土地征收补偿标准，增加对被征地农民的货币补偿，提高被征地农民的满意程度，降低群体性事件发生的可能性。

杭州市提高征地货币补偿的探索，经历了"两步走"的过程（表 5-1）。第一步，是以区片价为征地补偿确立补偿标准，并允许拆迁安置货币化。21 世纪初，杭州市的征地补偿价格与房屋征收价格长期不变，主要按照土地产值进行计算，如 2002 年，杭州市政府出台的《杭州市区征地综合补偿标准》（杭政函〔2002〕148 号），就依据年产值和征地惯例，分为菜地、园地、水田和林地四类，分别按照不同标准一次性"打包"发放征收补偿，基本保持在平均 15 万元/亩的水平。随着杭州市城市土地价值的不断显现，2009 年 3 月，杭州市政府陆续出台了《杭州市人民政府关于调整杭州市区征地补偿标准的通知》（杭政函〔2009〕59 号）、《杭州市人民政府办公厅关于印发杭州市征收集体所有土地房屋拆迁补偿办法的通知》（杭政办函〔2009〕123 号）等文件，首次重调杭州市征地补偿标准，确定杭州市区内土地征收的区片综合价。根据新规，杭州市征地区片价只包含土地补偿费和安置补助费；对于青苗和地上附着物补偿费，则遵循"有苗（物）补偿、无苗（物）不补"的原则，而非以前的"打包"支付形式。在补偿标准上，杭州市区征地补偿新标准首次设立了城区征地区片，根据各区片经济发展水平与地理区位分为 1~4 个级别；根据安置方式分为开发性安置和货币化安置两种，对撤村建居等实行开发性安置的建设项目，执行开发性安置的补偿标准；其余的征地项目，按照货币化安置的补偿标准。补偿标准除山林地区统一提高了 2 万元/亩外，其余各级、各类土地提高了 3~10 万元/亩不等，且另行补偿的青苗补偿费和地上附着物补偿费尚未计算在内。新标准中的安置补助费也从原来的 3 万元/人提高至 4.5 万元/人。这意味着自 2009 年后批准征地的建设项目，征地补偿标准有较大幅度提高。

表 5-1 杭州市征地补偿标准变化情况一览

2002 年补偿标准		
补偿类别	土地分类	补偿标准
土地补偿费	菜地、园地、水田	根据年产值倍数，约为 15 万元/亩
	林地	9 万元/亩
安置补助费	—	3 万元/人

2009 年补偿标准						
补偿类别	土地分类	安置方式	征地区片和补偿标准			
			一级区片	二级区片	三级区片	四级区片
土地补偿费	各类土地（不含林地）	开发性安置	22 万元/亩	19 万元/亩	16 万元/亩	13 万元/亩
		货币化安置	27 万元/亩	23.5 万元/亩	20 万元/亩	16.5 万元/亩
	林地	—	11 万元/亩			
安置补助费	—	—	4.5 万元/人			

2014 年新补偿标准						
补偿类别	土地分类	安置方式	征地区片和补偿标准			
			一级区片	二级区片	三级区片	四级区片
土地补偿费	各类土地（不含林地）	开发性安置	23 万元/亩	20 万元/亩	17 万元/亩	14 万元/亩
		货币化安置	28 万元/亩	24.5 万元/亩	21 万元/亩	17.5 万元/亩
	林地	—	11 万元/亩			
安置补助费	—	—	4.8 万元/人			

在房屋拆迁补偿上，此轮新规首次允许集体土地住宅拆迁选择货币化安置。杭州市六个城区范围内集体土地住宅房屋拆迁人除选择实物安置外，还可选择货币化安置。其中，货币化安置单价由具有资质的评估机构，根据被拆迁房屋所在地周边普通商品住房价格等因素综合评估确定，人均安置面积根据此前杭州有关政策确定。属非撤村建居地区的，安置面积由房屋合法建筑面积结合家庭常住人口计算，人均最多不超过 40 平方米；属撤村建居地区的，安置面积为人均 40 平方米（按建安价购买）+10 平方米（按成本价购买）。向被拆迁人一次性发放 12 个月的临时过渡费，发放两次搬家补贴费；被拆迁人在领取安置款后 12 个月内在杭州市区内购买住宅，按照新购房屋价格的 2%给予奖励；新购房屋价格高于

货币补偿款的，按照货币化安置补偿款总额的 2% 给予奖励。

在进一步提高征地区片价的基础上又形成了货币补偿的动态调整机制。2010年，浙江省政府出台《浙江省征地补偿和被征地农民基本生活保障办法》（省政府令第 264 号），除了对浙江省内各市、县设置了最低区片补偿标准外，更是建立了征地补偿动态调整机制，要求"市、县征地补偿标准和全省征地补偿最低标准应当每 2~3 年调整一次；确实不需要调整的，也应当重新公布。"自 2009 年杭州市政府公布区片综合价以来，杭州市土地征收一直保持该标准不变，随着杭州市房价、物价的持续上涨，原先的征收补偿价格，尤其是安置补偿，已经逐渐不能满足被征地农民的现实需求。2014 年，杭州市出台了《杭州市人民政府关于调整杭州市区征地补偿标准的通知》（杭政函〔2014〕134 号），根据该通知，所有区片的区片综合价上涨 1 万元/亩，安置补助费从原先的 4.5 万元/人上涨到 4.8 万元/人。尽管补偿标准提升幅度不大（仅提高了 1 万元/亩），但这标志着随着经济发展水平的提高，杭州市已开始尝试建立起以经济发展水平因素为标准的、常态化的动态货币补偿调整机制。

事实上，无论是 2009 年的安置补偿上涨，抑或是 2014 年征地补偿标准的调整，其背后都有着深刻的现实背景。2008 年全球金融危机爆发，中国政府投入 4 万亿元进行基础设施项目建设，并引发了房价快速上涨的浪潮。在这一过程中，杭州市政府推出的征地补偿新政，提出货币化安置代替房产安置的模式，在一定程度上可以降低政府在安置过程中的成本，同时通过提高安置补偿标准的方式保障失地农民的切身利益。而杭州市房价从 2009 年初的 12 367 元/米^2 迅速上涨到 2013 年底的 17 106 元/米^2，涨幅近 40%，导致 2009 年的补偿标准已经无法满足失地农民的需求。这也促使杭州市政府积极响应浙江省政府建立动态调整机制的号召，在 2014 年主动调高市区内的区片补偿价格。

（二）多元化社会保障机制的发展

社会保障一直是被征地农民所切实关注的问题。国家需要从制度层面出发，通过再就业培训、理财指导等方式，引导和帮助农户在失去农地后，得以继续保障生活和就业；更需要提供多元化的社会保障机制，保障农户被征地后在医疗、教育、养老等方面的基本权利，促进和实现失地农民进城落户后的人口城镇化顺利进行。目前，我国尚未建立全国性的失地农民养老保险制度，许多农民对养老保险政策一知半解、认知不足，导致许多失地农民没有参加社会保险，农民失地后的社会保障问题没有得到切实的解决。

浙江省在全省范围内推进了失地农民基本生活保障制度的建设。2003 年 5 月，浙江省劳动和社会保障厅、国土资源厅等五个部门联合制定下发了《关于建立被征地农民基本生活保障制度的指导意见》（浙劳社农〔2003〕79 号）。

2014 年，浙江省政府出台的《浙江省人民政府关于调整完善征地补偿安置政策的通知》（浙政发〔2014〕19 号）强调，各市、县（市、区）政府要"完善被征地农民基本生活保障政策，按照'即征即保、先保后征、人地对应'的要求，根据征收耕地及其他农用地的数量合理确定参保人数"。以杭州市为例，需要社会保障的被征地人员数量，均按照被征收集体经济组织平均每亩耕地上的农业人口数量乘以被征收土地面积计算，但原则上不超过以下标准：一级区片为 2.6 人/亩；二级区片为 2.2 人/亩；三级区片为 1.8 人/亩；四级区片为 1.4 人/亩。

根据相关文件，失地农民社会保障又可分为以下三类：第一类是基本生活保障型。该类型是参照城镇最低生活保障制度设计的，其保障水平一般略高于当地城镇最低生活保障制度标准，设有多个档次，缴费水平与保障待遇挂钩，与当地经济发展和承受能力相适应。第二类是基本养老保险型。该类型在为失地农民提供全面风险保障的基础上，更多地强调了失地农民的养老风险保障，目标是同城镇基本养老保险制度相衔接。例如，浙江省嘉兴市规定参加养老保险的失地农民，按上一年浙江省社会平均工资的 60% 作为缴费基数，农民缴费比例为 24%，根据本人缴费平均工资指数，按月享受养老保险。第三类是双低保障型。考虑到部分失地农民经济实力不足，浙江省政府提出了以"低缴费、低享受"为原则的保险模式。作为一种过渡性的养老保险模式，双低保障型参考了城镇职工养老保险的政策设计，相较于基本养老保险型，其缴费金额更低，同时每月保险收益也相应地有所缩减。这三种保险模式都是个人、集体和政府三方共同提供资金，其中政府出资比例不得低于 30%，许多地方在实践中往往达到了 60% 的水平。

浙江省失地农民基本生活保障制度的建立，对于浙江省的农民而言是一件既有面子又有实惠的大好事。根据 2017 年最新标准，失地农民基本生活保险需一次性缴纳 98 000 元保费，之后每月可获得 1 500 余元收益；失地养老保险需一次性或连续交满 15 年，之后按标准享受相应的退休养老保险，以城镇退休养老保险标准为例，每月可享受 1 700~1 800 元的养老保险金。此外，保险收益还会随着人均收入水平的提高而逐年上调，增幅平均可以达到 5%。对于浙江省的农民而言，儿女出资为父母购买失地农民保险既尽了孝心，也可以让父母持续性地获得财产性收入作为其失地后生活的基本保障，可谓一举两得。浙江省的农民踊跃参保的背后，是以失地农民利益为导向的征地补偿制度设计的结果。

二、规范征地程序

2007 年，国务院第 165 次常务会议通过了《中华人民共和国政府信息公开条例》，其对政府政务公开提出了若干规定。2012 年，浙江省政府结合省情，出台了《浙江省政府信息公开暂行办法》（浙政令〔2012〕302 号），要求各行政机关对涉及公民切身利益的相关政府信息予以主动公开。2015 年，浙江省政府出台了《浙江省人民政府办公厅关于进一步加强土地征收政府信息公开工作的通知》（浙政办〔2015〕22 号），首次在土地征收范畴内，对政府行政信息公开的有关事宜进行了明确规定，强调要把征地信息公开作为政府信息公开的重点之一，严格履行征地报批前"告知、确认、听证"和批后"两公告一登记"程序。该文件针对土地征收流程中的公众参与和公众监督阶段的信息公开机制，进行了全面的规定，明确了地方政府在征地过程中的工作职责，规范了需要公开、公示的征地信息内容。

根据该通知，一方面，地方政府需要按照"谁制作谁公开，谁保存谁公开"的原则，通过网络、报刊、电视等媒体形式广泛建立公开渠道，主动公开征地中的相关政策文件、审批材料，包括市县政府用地报批时的"一书四方案"（建设用地项目呈报说明书、农用地转用方案、补充耕地方案、征收土地方案、供地方案）以及征地批后实施中征地公告、征地补偿、安置方案公告等有关材料。另一方面，浙江省也开始建设征地信息依申请公开查询平台，对于用地报批前征地调查结果、听证笔录、征地补偿登记材料、征地补偿凭证、勘测定界图等相关材料，依申请进行信息公开，结合统计年鉴、档案馆、政府门户网站等多渠道，形成征地信息的申请公开查询机制。

第三节　浙江省征地制度改革的亮点——留用地制度

一、留用地制度概述

在许多经济发展程度较高的地区，地方政府逐渐开始尝试给予农民自主参与土地开发过程、直接分享土地增值收益的权利，用建设用地指标而非单纯的货币形式补偿被征地农民，这就是留用地制度的由来。

留用地是指政府在征收集体所有土地时，以村级集体经济组织为单位，在城乡规划和土地利用规划确定的建设用地范围内，按照一定比例核定用地指标，给予相关优惠扶持政策，专项用于发展村级集体经济的土地。早在 20 世纪 80 年代初期，广州市就已经在个别项目中计留一部分的土地用于征地安置。浙江省也是较早开展留用地安置政策的省份之一，杭州市、温州市都在 20 世纪 90 年代末开始探索出了自己的留用地补偿安置政策体系。浙江省的留用地制度不仅形成了地方特色，也在人多地少的省情条件下，为快速城镇化提供了较为便利的条件，较好地降低了征地矛盾，是浙江省经济高速发展的幕后功臣之一。

政府通过优惠条件提供留用地，其背后隐含了两方面的含义：一部分是对纯货币化征地补偿的增加，在征地补偿偏低的背景下，留用地引入了市场定价的机制，起到了让集体分享土地增值收益的作用；另一部分则表现为对社会保障机制的补充，集体通过留用地开发经营可以获得长期收益，得到新的就业岗位。留用地政策与征地综合补偿标准、被征地人员社会保障、农转居多层公寓建设等政策共同构成了征地制度改革的主要内容，给被征地农民提供了长期稳定的土地收益来源，维护农民切身利益，确保农村社会稳定。

二、杭州市的留用地实践：江干区三叉社区的自主开发

1. 留用地开发的政策背景

三叉社区位于杭州市东部，江干区政府正对面，秋涛北路西侧，东临新塘路，南接庆春东路，北挨凤起东路。社区地处钱江新城核心区块，地理位置十分优越。目前社区的辖区面积是 1.5 平方千米，常住人口 4 568 人，常住户 1 061户，外来人口 4 155 人。作为历史上杭州市的"菜篮子"村，三叉村（社区前身）于 2002 年 5 月 10 日撤村建居，改为三叉社区。根据小区的楼道划分，三叉社区共拥有 11 个居民小组，并通过民主选举产生了 151 名居民代表。在撤村建居的同年，三叉社区通过集体经济股份制改革，将集体资产量化确权给社区居民，以便公开透明地分配集体收益，使居民获得分红。遵照增人不增股、减人不减股的逻辑，三叉社区于 2002 年根据在册农业户口，核定 2 544 位社区居民作为三叉股份经济合作社的自然股东[①]。根据杭州市政策，三叉社区在土地征收后获得了被征农用地面积 10% 的留用地，共 130 亩。按照控制性详细规划，三叉社区在社区内部讨论的基础上，在辖区内优先选择了区位优越、拆迁难度较小、易于开发的地块，并在国土部门的协助下一次性完成拿地工作。凭借杭州市近年来提出的"旅游西进，城市东扩，沿江开发，跨江发展"的城市战略，三叉社区通过自主开发留用地，大力发展特色物业（楼宇）经济，成功做大留用地"蛋糕"。

2. 高效开发留用地：集体经济腾飞

如何充分利用这 130 亩留用地？三叉社区决定采用滚动式开发，不断积累开发资金和开发经验，降低一次性全部开发的风险。三星金座是三叉社区第一个留用地开发项目，采用自筹自建的方式，利用集体的自有资金，于 2003 年正式开工建设。在开发过程中，三叉社区要按手续上交开发地块的土地出让金，并与市

---

① 随着集体资产的不断增长，考虑到社区稳定和分配的公平，三叉社区于 2012 年底对股东的认定进行了二次完善，将原有三叉社区的城镇居民、2002 年前农转非人员、户口迁出者以及 2002 年后嫁到社区的居民进行了股权折价认定，新增股民 1 500 多人，从而实现对三叉社区原住民的股份全覆盖。

场中的房地产开发企业一样，经历商业地块开发的所有程序。唯一的区别是，上交的土地出让金在扣除少量税费后（不超过 2%），将全额返还给三叉社区，用于项目的建设开发。同时，三叉社区通过各种渠道进行招商，最终成功引进乐购超市，为整个项目的招商工作奠定了扎实的基础。自 2007 年项目竣工以来，除了乐购超市，三叉社区还将数层写字楼出租给企业办公，带来了相当可观的租金收益。通过"项目开发、引进商企、促进发展"的模式，三叉社区在三星金座项目中初尝甜头，壮大了集体经济实力。

随后，三叉社区通过项目规划，又相继开发了庆春广场二期·银泰百货、三星银座·欧亚达家居广场、华东家电市场二期·东部数码城、广新大厦、新业大厦五个留用地项目，引进银泰百货、欧亚达家居等知名品牌企业，项目经济效益凸显（表5-2）。包括乐购超市在内的六个留用地项目，总的建筑面积达 27 万平方米，总投资6.25亿元。其中，三星金座等四个项目为自筹自建，遵照社区自己设计、自己管理、自己建造、自己招商的原则进行开发；而广新大厦等两个项目为合作开发，由三叉社区自主寻找合作开发商，通过协商谈判签订合作开发合同，各自履约完成项目开发。目前，三叉社区已经用完全部 130 亩留用地，项目开发已经全面收官。经过将近十年的留用地自主开发，三叉社区从农业和仓储业为主的传统经济，转变为以各类特色楼宇出租为主的现代化物业经济，实现了社区集体经济的腾飞。这些不同业态的特色楼宇，不仅给三叉社区带来了巨大的经济效益，还具有强劲的经济辐射能力，促进了庆春商圈的形成和发展。

表 5-2　三叉社区自主开发留用地项目概况

项目名称	开发方式	项目开发运营情况	集体年租金/万元
三星金座·乐购超市	自筹自建	占地约 36 亩，建筑面积 57 710 平方米，2007 年竣工投入使用。1~4 层出租给乐购超市，5 层以上作为写字楼出租，是江干区第一座税收超亿元的楼宇	1 500
庆春广场二期·银泰百货	自筹自建	占地 26.5 亩，建筑面积 51 264 平方米，2010 年竣工使用。入驻银泰百货，2014 年银泰庆春店项目上交税收 6 330 万元	2 600
三星银座·欧亚达家居广场	自筹自建	占地 40.3 亩，建筑面积 93 723 平方米，2010 年竣工，是江干区首批特色楼宇。欧亚达家居是国内知名的家居连锁商场，目前已成为杭州城东的高档家居采购集中点	5 660
华东家电市场二期·东部数码城	自筹自建	占地 3.4 亩，建筑面积 6 701 平方米，2009 年竣工使用。众多数码品牌入驻，成为城东居民消费数码产品的首选之地	300
广新大厦	合作开发	占地 16.6 亩，建筑面积 44 453 平方米，2011 年竣工投入使用，是集商场、餐饮和办公于一体的综合大楼。2012 年成为江干区首批以传媒企业为平台的特色楼宇。2014 年上交国家税收 3 845 万元	1 500
新业大厦	合作开发	占地 7.1 亩，建筑面积 19 123 平方米，2011 年竣工使用，为商业和办公一体的综合写字楼。2014 年，项目楼宇上交国家税收 348 万元	248

3. 项目收益的分配：皆大欢喜的结果

三叉社区留用地项目开发后产生的收益（包括直接和间接），主要是在地方政府、社区集体以及社区居民个体之间进行分享。政府颁布实施的留用地制度、社区集体早期完成的股份制改革，为各方利益的合理分配提供了坚实的保障，产生了皆大欢喜的结果。

对于政府而言，核定给三叉社区10%的留用地后，能够顺利完成剩下90%农用地的征收，从而实现土地非农化，新增大量的国有建设用地。而这样的话，地方政府就可以通过一级土地市场进行供地，缓解国有建设用地不足的情况，以保证城市的经济发展。另一方面，尽管地方政府并没有从三叉社区开发的留用地项目中获得直接的收益，但是也可以获得稳定可观的税收收益。这种税收效应，不仅体现在三叉社区获得年租上交的所得税，以及入驻楼宇的企业上交的营业税等直接产生的税收，还体现在三叉社区留用地项目带来的更大范围内的由经济产业升级、商圈带动、周边地价上升而间接产生的税收。

对于三叉社区而言，2002年撤村建居时的集体经济资产只有3 000多万元，而经过留用地开发后，三叉社区通过出租自有的楼宇，每年可以获得一大笔可观的租金，极大地增强了集体经济资产实力。2014年，三叉社区的集体租金收益达到了2.5亿元（含税），是2002年的八倍多，增长幅度明显。项目规划好，设计定位准，招商得当，更重要的一点是，留用地项目的区位十分优越，这保障了三叉社区获得高租金和高出租率。而且，通过提供保安、清洁等物业管理，三叉社区还可为社区居民提供500多个就业岗位。虽然目前的物业年租金已基本见顶，不会有更大的明显增幅，但三叉社区已经成功转型，走上了集体经济可持续发展的道路。在许多杭州人眼中，三叉社区已经成了杭州市的"首富村"，其中留用地项目功不可没。

对于三叉社区的"农转非"居民而言，他们可获得的个人收益主要包括集体分红以及社区福利两部分。根据集体分红的相关规章制度，分红的比例标准是集体可分配收益的50%~70%。三叉社区每年通过民主讨论来决定具体的分红比例，而每个居民的个人分红金额则按照人口股和农龄股相结合的方式公平发放。随着留用地的开发，三叉社区的集体分红从2003年的1 008万元，增长到2014年的8 347万元，增长了7倍。而人均分红金额从2003年的4 268元，提高到2014年的23 850元，增长近5倍。集体经济综合实力的腾飞，带来了完善的社区福利。在三叉社区，居民不仅可以享受到养老补贴、医疗报销补贴等保障性质的福利，还能享受到教育补贴、自谋生路补贴等激励性质的福利。由于从集体的留用地项目开发中获得了真切的收益，几乎所有的居民都对社区的分红和福利分配方案相当满意。

三叉社区的留用地项目不是孤例。在杭州市，约 54%的商业综合体与办公楼之下的土地都属于留用地性质，可以说杭州市的发展离不开留用地的功劳。留用地不但为杭州市的城市扩张提供了最为宝贵的建设用地资源，也构成了杭州市土地市场的新力量，激发了用地市场的活力。此外，留用地还使杭州市的征地矛盾相对平和，农民"盼征地"成为杭州市的普遍现象，而留用地本身在政策设计上相较于传统征地模式具有优越性，是促使这些项目案例取得成功的重要原因。

三、留用地政策的成果

1. 引入了市场机制，提高了土地一级市场的活力

土地征收制度最为人诟病的问题之一，就在于政府作为土地非农化的唯一主体，在数和量上均完全垄断了土地的一级市场。而留用地政策最重要的突破就在于，相较于传统的政府垄断的征地模式，其新引入了市场的机制，以集体"私有化"形式，实现了城市土地的价值。由于留用地与城镇建设用地在商业用途开发上的权利是基本平等的，因此，土地一级市场不再是政府的"一言堂"，政府与留用地的所有权人成为共同参与一级市场的主体。通过土地一级市场，原本潜在的集体土地价值被充分挖掘，农民与村集体通过留用地政策实现了市场定价，从而真正享受到了农地非农化中的土地增值收益，也无须再为征地补偿的不公正而抗争。

2. 激活了集体自主开发模式的创造力

留用地政策的另一项成果，就在于其发挥了村集体自主治理的效率优势。由于信息成本、交易成本的存在，传统的层级制或市场制度，可能并不是最好的选择，自主治理在某些情形下可能是更有效率的选择。对于村集体而言，自主开发可以避免过高的谈判成本，并且能更好地、因地制宜地开展项目建设，从而实现较好的开发结果。例如，在许多留用地开发实践中，村干部利用自身威望，往往可以凝结村民共识、获得村民的信任而代表村民进行留用地出让谈判；而与此同时，村民代表大会以及村民之间的人际关系等监督机制的存在，也提高了人们对合作开发的预期，降低了"钉子户"现象出现的可能性。这些反映了自主开发模式对村民合作的促进作用。毫无疑问，留用地政策为村集体调动社会资本提供了一个良好的途径，成为保障被征地农民利益、提高土地利用效率的重要实现手段。

更重要的是，留用地的自主开发模式，实质上更能满足土地所有者的土地使用需求。由于土地的空间属性，土地利用是存在一定程度的外部性的。在传统的

征地模式下，政府更多地出于城市规划以及公共利益的考虑，在留用地开发中，仅仅按照一定比例给予村集体安置留用地指标，而村集体才是项目计划的主要规划设计者。《杭州市人民政府关于印发杭州市区村级留用地管理办法（试行）的通知》（杭政函〔2014〕35 号）中规定："留用地项目可采取自主开发、合作开发、统筹开发、项目置换物业方式开发或留用地货币化处置。"因此，只要符合城市规划，村集体不仅可以决定留用地项目具体的项目位置，也可以任意拆分留用地指标的面积，更可以决定留用地项目的合作方与项目类型，如开发物业、酒店或是商铺。这样高自主权的开发模式更好地保障村集体在土地征收中的话语权，其开发结果可以更好地满足村集体的发展规划与发展需求，提高开发的绩效，保护农民的切身利益。

3. 构建了土地增值收益分配机制

留用地政策之所以能一经推出就得到农民的追捧，最主要的原因还在于利益分配，被征地村集体和农民参与了城市化土地增值收益分配。留用地让农民有了可以自己支配、自己开发的土地（土地集体"私有化"），其土地收益较传统的征地补偿模式有了极大的提升。以三叉社区为例，130 亩留用地如果全部按照征地区片价的补偿方式征收的话，即便所有土地都属于一类区片，按照杭州市最新的征地补偿标准，每亩征地区片价仅为 28 万元，其征收补偿总金额也只有 3 640 万元；而开发留用地后，村集体每年的租金收益就可以达到 2.5 亿元，已经远远超出一般的土地征收所能获得的土地增值收益。更何况，重视土地、安土重迁是中国自古以来的传统观念，土地的价值大于货币补偿已经是农民的共识。因为土地有着更多的保值、增值的能力以及投资的价值，而货币往往只能通过投资政府债券的形式获取少量的报酬。留用地政策给了农民"细水长流"的资本，让农民可以从土地征收中，源源不断地获取可持续的财产性收益，这无疑比单纯一次性的货币补偿诱人。

政府在留用地政策中也分享了部分的土地增值收益。对于以浙江省为代表的东部沿海发达省份，一方面，政府每年的财政收入相对宽裕，使地方政府更有余力"让利"，在制度上更加保障农民的利益；另一方面，在当地快速的土地城镇化与人口城镇化背景下，新增建设用地成为最主要的发展需求，地方政府也有意愿通过"让利"的行为缩短征地周期、提高征地速度。因此，无论是提高征地补偿、多元社会保障机制，抑或是留用地政策，都成为政府"让利"的手段，为城市快速扩张保驾护航。农民获得了可观的土地收益，政府也实现了区域发展的土地目标，分享土地增值收益为两者提供了"双赢"的可能。

第四节　浙江省留用地政策的发展新趋势和潜在逻辑

毋庸置疑，留用地对于农民来说是一个好政策，农民的收益增加了，集体的经营能力提高了，政府也实现了经济发展的目标。然而近年来，不仅杭州市的留用地开始出现落不了地、分布无序、收益很低的现象，浙江省开展了留用地改革的很多其他城市，也逐渐暴露出留用地在开发中的诸多问题。因此，许多地区如余杭、乐清已经开始在留用地政策上出现"转向"的新趋势。

一、余杭的选择：推进政府主导、货币补偿新模式

（一）余杭区留用地政策演变历程

杭州市余杭区共有 341 个村（社区），其中 120 个村（社区）符合村级留用地的申请条件。截至2017年，已办理留用地指标核拨手续的共有89个村，核拨留用地指标供给 1 977 亩，涉及 99 个项目，其中 2012 年以来一共核拨项目 48 个。

余杭区留用地政策自 2006 年起步，发展至今已经积累了较为丰富的经验。2006 年 5 月，余杭区政府下发了《关于推行征收集体土地留用地安置政策的实施意见》（余政发〔2006〕72 号），明确了留用地的面积标准根据村庄大小划分，大、中、小村分别可以划分40亩、30亩、20亩留用地。然而该意见出台以来，由于资金筹措、规划选址及招商引资等多方面因素的限制，村级留用地不但较难落地，而且实践绩效低于预期。2010 年 6 月，余杭区出台了《中共杭州市余杭区委　杭州市余杭区人民政府关于加强我区村级集体经济组织留用地管理的实施意见（试行）》（区委〔2010〕40 号）。该政策在留用地面积标准方面，从原先的每村 20 亩、30 亩和 40 亩提高至每村 40 亩、50 亩和 60 亩，并且以镇（街道）和开发区为单位统一进行选址，打破原先村与村之间的边界，并且鼓励村集体通过与企业合作开发的形式开发村级留用地，并首次提出了允许通过货币化的方式对集体留用地进行补偿。

2012 年，余杭区出台了《关于进一步加强我区村级集体经济组织留用地管理的实施意见》（区委〔2012〕53 号），除了原先的合作开发、自主开发（图 5-1）与货币化安置三种留地模式外，创新性地提出了"土地折货币换房产""房产折额度"两种开发模式。在该文件的指导下，余杭区补充完善了村级留用地的管理模式与具体实施细则，形成了具有余杭区特色的留用地管理制度。

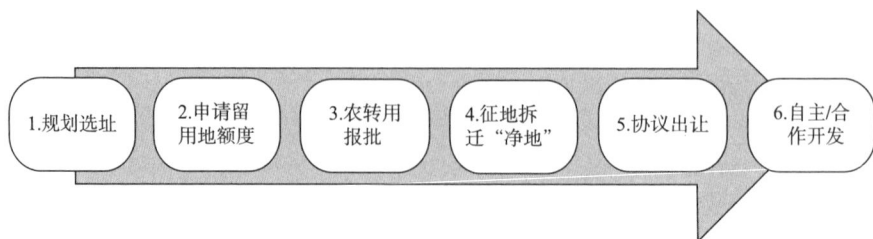

图 5-1　余杭区留地开发的自主/合作开发模式

（二）余杭区的留用地政策新特点：土地折货币换房产

余杭区在《关于进一步加强我区村级集体经济组织留用地管理的实施意见》中推出了两种新的留用地开发利用模式。第一种是房产折额度（图 5-2），即对无地有额度或缺资金的村（社区），对非住宅用房按完全产权以市场价进行评估，得出房产价值，再对房产所处地块按国有出让土地进行评估，扣减地块做地成本和规费后，得出地块亩均土地出让收益，从而计算出可折抵亩数；村集体根据所在镇、街道、开发区的实际情况，向镇街或开发区管委会提出房产折额度的申请，将产权属于所在镇、街道、开发区的非住用房折抵留用地额度。然而房产折额度的模式既没有引起被征地农民的兴趣，也没有很好地实现余杭区政府的政策初衷，于是在推出一段时间后就遭受了"冷遇"。

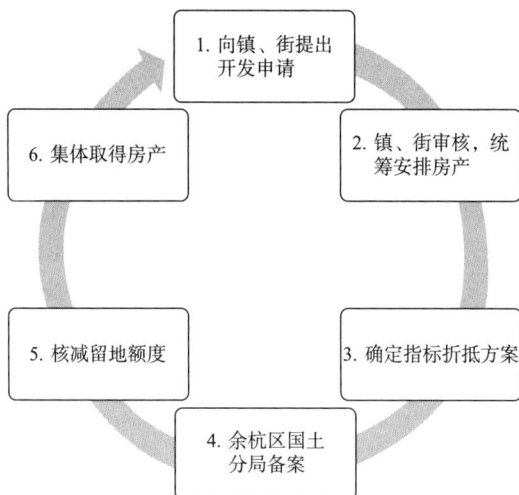

图 5-2　余杭区留地开发的房产折额度模式

另一种留用地新政策——土地折货币换房产模式，迅速成为余杭区政府与村集体共同的选择（图 5-3）。土地折货币换房产是指村集体申请取得留用地后，不再直接开发或招商引资合作进行开发，而是与以镇街为单位的开发区管委会统一谈判，由管委会提供房产，村集体直接享受开发后的增值收益的新模式。管委会则作为镇街范围内留用地管理平台，实质上成为留用地开发的主体。在由余杭区政府设定土地换房产的指导价后，村集体直接与这些平台谈判，确定留用地换房产项目的物业折算面积、项目类型等具体开发要求，并确认开发后村集体所有物业的租金金额。在完成谈判，确定了村集体对于留用地开发的项目要求后，由镇街平台出面开展具体的土地出让工作。土地出让采取招拍挂的模式，出让价格由土地出让价款（即土地基本成本）和物业返还面积构成，前者是土地出让的固定地价，包括基本的做地费用和出让规费，由政府财政统一收取；而后者则是村集体直接收受的物业面积，在开发完成后返还一定比例物业给村集体经营。竞价时，土地出让价款按照全区统一标准不变，竞价者仅对无偿返回集体的建筑面积进行报价。根据规定，用地者开发后返还的房产面积，原则上不低于总建筑面积的20%，以无偿返还村集体房产面积为标的，返还面积最高者为土地竞得人。竞得人除了免费向村集体提供报价内的物业外，还应配套增加相应的公共配套设施（如停车位）。村集体取得商铺等物业后，按照之前的谈判结果，由平台将商铺从集体手中直接返租回去，并将部分收益返还给村集体。

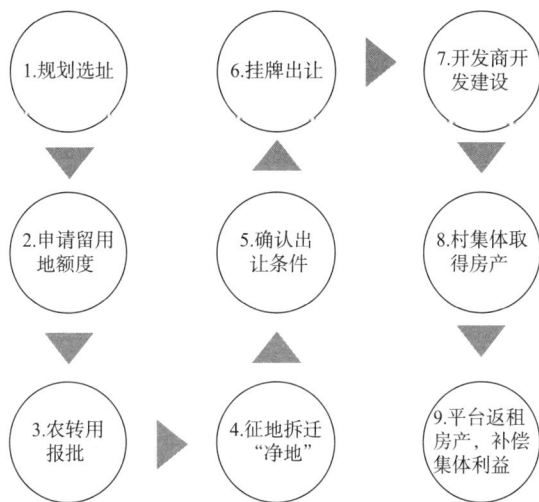

图 5-3　余杭区留地开发的土地折货币换房产模式

　　土地折货币换房产的模式，可将留用地额度直接转化成房产。操作过程中，大部分开发项目都由政府牵头，国有开发公司组织开发，由各个平台运作。村集体基本不需出资金，也不需要参与到土地开发建设的过程中，而是由专业的房地产开发公司代为开发。政府既不提供土地，也不提供现金，就可以通过平台返租的方式，满足在重点发展区域开展项目开发建设的新增建设用地需求。在城北良渚新城与未来科技城等区域，创新型企业较多，政府的用地需求较大，直接开发的成本又偏高，土地折货币换房产已经成为余杭区政府大力提倡的开发新模式。2017 年开始，余杭区政府已经开始对全区重点开发区域范围内的村级留用地统一实行土地折货币换房产的安置新模式。

（三）土地折货币换房产实例：未来科技城

杭州未来科技城是中共中央组织部、国务院国有资产监督管理委员会确定的全国四个未来科技城之一，是第三批国家级海外高层次人才创新创业基地。未来科技城规划面积 113 平方千米，位于杭州市中心西北侧，毗邻杭州西溪国家湿地公园和浙江大学，南接文一西路，区位优越、环境优美、资源丰富、空间广阔，是浙江省"十二五"期间重点打造的杭州城西科创产业集聚区的创新极核。仓前街道位于未来科技城的核心地带，贯通 104 国道和 02 省道，交通十分便捷，是杭州市重要的物资集散地。随着未来科技城的迅速崛起，仓前街道已经成为壮大区域经济、统筹城乡发展的重中之重。

应该如何发挥区位优势，用留用地政策来撬动未来科技城板块的区域发展呢？余杭区很多村的村级留用地规模小、产业层次低、效益相对差，有些村的投资收益甚至还不够还贷款利息。总体而言，大部分村级留用地的使用是"好钢没有用在刀刃上"，不仅浪费了宝贵的土地资源，也没有充分发挥区域发展的土地潜能。随着未来科技城科创一期工程的完工，已经有几十家从事高端产业研发、生产的高新科技企业落户入驻，周边配套日趋成熟，人才和产业集聚效应逐步显现，稀缺的土地要素成了制约当地发展的最大短板。仓前街道很快意识到，要实现城乡发展的"双赢"，就必须依托未来科技城，结合未来科技城的发展潜力和优势与村集体经济组织的土地资源优势，通过优势互补、取长补短，实现"1+1 > 2"的协同发展。

朱庙村是仓前街道的一个小村，全村人口 1 074 人，面积仅有 1.05 平方千米。朱庙村有 40 亩集体经济留用地指标，如果自主开发建设留用地，粗略估算至少需要资金近 5 亿元。而村里可用资金总共也只有 1 500 万元，通过银行借贷等融资手段，最多也只能贷到 1 000 万元左右。巨大的资金缺口、高额的融资开发利息、不可预知的产业风险和较长的投资周期，都会给村级集体经济带来巨大的风险和包袱；而诸如规划、配套等一系列难题，对于朱庙村这类开发能力不足的小村、弱村而言是一项巨大的挑战。2013 年 11 月，经过仓前街道与未来科技城管理委员会的多轮协商谈判，仓前街道代表葛巷村、朱庙村、宋家山村、灵源村、高桥村和永乐村六村，与未来科技城达成一致意见并签署协议。根据协议，六村分别拿出各自村级集体经济留用地指标总共 175 亩，用于置换杭州未来科技城管理委员会科创一期、二期商业办公地产，其中地上面积 82 517.47 平方米、地下面积 28 802 平方米, 两项合计价值为 57 445 万元。地产出让后, 再以租赁形式返租给杭州未来科技城管理委员会, 由未来科技城根据产业定位, 统筹招商安置科创孵化项目和企业。返租价格为地上面积每年 360 元/米^2、地下面积按车位每年 1 200 元/个, 租赁价格每两年环比递增 5%。参与指标置换的 6 个村每年可以收到租金约 3 000 万元, 其中最多的村子有 1 100 万元, 最少的也有 200 余万元。

以朱庙村为例, 村集体不仅仅用 40 亩留用地指标换来了 14 000 平方米的房产, 更是经过村干部讨论、村民代表大会同意后, 决定再额外出资 2 000 万元用于增购 5 000 平方米物业, 开发后的年租金可达 700 余万元。朱庙村选择与未来科技城合作, 通过留用地指标置换房产, 解决了村级留用地规模小、产业层次低、效益差、资金筹措难、投资收益还不够还贷款利息等问题, 为村里找到了风险最小化和收益最大化的平衡点。这种开发模式不但风险系数小、发展潜力大, 同时投资回报也十分可观, 持续性的财产性收入比起一次性的征地安置补偿更加"细水长流", 这也成为朱庙村发展壮大村级集体经济最可行、最有效、最快捷的途径。

土地折货币换房产的留用地开发模式, 使得参与开发的 6 个村新增集体资产共 7 亿元, 每年新增经营性收入 3 000 万元, 这不仅能弥补村集体经费的不足, 还可以为村民提供高标准的社会化服务, 更为集体内部分红和扩大再投资提供了资金基础。而村级集体经济通过指标置换方式进行投入, 取得科创中心物业的所有权, 这种模式也开创了社会资本投资未来科技城的先河。未来科技城运用置换来的土地指标, 可以灵活自由地安排符合产业导向的高新科技项目和企业的落地空间, 为寸土寸金的城市建设用地供给提供了新的路径。余杭区大胆尝新, 积极探索新形势下发展壮大村级集体经济的有效机制和实现形式, 为因地制宜地发展村级集体经济提供了一条新路。

二、乐清的选择: 从留用地模式到直接分享土地出让收益

(一)乐清市留用地政策演变历程

乐清市位于浙江省温州市东北部, 东临台州, 南濒瓯江, 全市面积 1 223.3 平方千米, 截至 2016 年底全市总人口 129.59 万人, 是温州市第二大县级市。乐清市是"温州模式"的发源地之一, 同时也是中国市场经济发育最早、经济发展最具活力的地区之一, 其经济发展水平一直稳居温州市辖县(市)的前列。随着城市区域的扩张, 乐清市人多地少的矛盾越发凸显, 全市耕地保有量为 41 万亩, 人均耕地仅为 0.32 亩。当地大量农民选择进入第二、三产业就业, 人均收入水平也相对较高, 对于征收补偿的期望也与日俱增。因此, 乐清市的征地政策不

但需要慎重考虑到农民较高的征地补偿要求，也需要尽可能满足城市发展所需要的建设用地需求。

从 20 世纪 90 年代中后期开始，温州市各地普遍开展留用地政策，按一定的比例向土地被征用的村返回集体留用地以发展第二、三产业。乐清市也积极参与其中，早在 1991 年开始就已经有部分村庄在征地中开展了安置留用地的尝试。2000 年 10 月，乐清市政府下发《批转〈市土地局关于村集体计划留用地开发使用实施意见〉的通知》（乐政发〔2000〕149 号），标志着留用地政策正式在乐清市确立。该文件规定，安置留用地必须按照征地总量的 10% 兑现用地计划，用于解决村集体生产经营、兴办企业等的用地，并且必须符合城市规划与土地总体规划。对于留用地的开发使用，一是用地村集体生产经营、兴办企业的，必须占留用地总建筑面积的三分之一以上，以划拨的方式供地；二是可以用于旧村改造、解决村民住房困难的，以协议出让的方式供地，必须占留用地总面积的三分之一以上；三是转让用于房地产开发等项目的，必须控制在村集体留用地总建筑面积的三分之一以内，并且由国土资源局组织以公开有偿的方式出让土地使用权。这一政策也被许多人形象地称为"三个三分之一"。对于农民集体而言，如果土地用于第三产业用地开发，则出让金按 70% 的比例返还；如果用于住宅的开发，则按 80% 的比例返还，即综合的出让金返还比例为 76.6%。

为了继续推进留用地政策，在坚持"三个三分之一"的原则不改变的前提下，乐清市又陆续出台了留用地相关的政策法规，对留用地开发的具体操作办法与实施细节进行了修正和完善，在一定程度上放宽了留用地的政策。例如，2002年经过市政府讨论后，对生产经营性公建项目占留用地面积三分之一以上的村集体，允许其将剩余面积用于建设村民住宅或房地产开发，解决了村民住宅紧张的问题。而 2003 年 10 月，乐清市又出台了《乐清市征收农民集体所有土地管理办法》（乐政发〔2003〕56 号），提出了对于由于安置留用地面积过小、城镇规划限制等原因无法落实的安置用地，村集体需要与政府签订承诺协定书，暂缓定位安排，政府承诺在两年内落实定位。同时，乐清市还提出，安置用地原则上必须在被征地村范围内实施，确实无法落实在本村的，由村民代表会议讨论决定，经乡镇人民政府和国土资源局审核，报市政府批准后，可以由国土部门有偿收购留用地指标。

乐清市留用地政策的初衷，是保障失地农民的基本权益。在谈判中，政府也往往会承诺在一年内解决留用地指标的落地问题。但在实际操作中，财政力量不足、土地指标有限等因素，已经导致了部分留用地难以落地的困境。2003 年《乐清市征收农民集体所有土地管理办法》的出台，反映出乐清市政府在留用地政策上开始出现松动，一方面试图通过谈判的方式暂缓留用地的落地，从而安抚留用地迟迟得不到解决的村集体；另一方面也开始为用货币化安置代替留用地安置"松了口子"，试图用加大征地补偿的方式来弥补留用地安置的损失。

到 2004 年为止，乐清全市应落实的安置留用地总面积为 1 647.077 亩，此外还有近 500 亩因相关征地手续或登记因素而未登记在案。然而全市范围内仅有市政府所在地的乐成镇得到了较多的落实，实际留用地面积 203.226 亩，仅占乐成镇应落实面积的 16.6%；而乐清全市实际留地面积也仅有 210.556 亩，即便不考虑登记在外的安置留用地，得到落实的留用地比例也仅有 12.8%[①]。即便是在乐成镇内部，也仅有城市发展边缘区上，或是城市中心区范围内的村落得到了较好的安置留用地实施。随着时间的推移，越来越多的"欠债"不但会给地方政府的土地利用与土地规划带来严重的负担，更会导致农民与集体对政府承诺产生不信任，使土地征收更加步履维艰，这无疑反映出乐清市留用地政策已经逐渐走入积重难返的"死胡同"。

在这一背景下，2007 年，乐清市政府出台了《〈乐清市征收农民集体所有土地管理办法〉的补充通知》（乐政发〔2007〕65 号），彻底取消了土地征收中对村集体的安置用地政策。从 2007 年 7 月 1 日起，全市征收农民集体所有耕地的，不再安排被征地村安置用地，同时建立保持被征地农民生活水平补贴制度，以增加保持被征地农民原有生活水平补贴支出，具体标准按区片综合价（2.5~7 万元/亩）进行补偿。对于 2007 年以前征收的，逐步落实原有的安置留用地指标，同时不再增加新的留用地安排。留用地政策的取消对于被征地农民而言是一个巨大的利空。由于乐清市第二三产业较为发达，人均收入水平较高，因此每亩 2 万~7 万元的征地补偿不能使当地农民满意，导致地方政府征地的步伐大大减缓。乐清市急需一种新的征地补偿模式，既能够大幅度提高被征地农民的补偿额度，又不会像留用地政策一样，指标无法落地导致政府高昂的规划管理成本、激化政府与社会之间的矛盾。在这种背景下，乐清市政府提出了"12%+10"的征地新政策。

（二）乐清市的征地新政策

2011 年，乐清市出台了《乐清市人民政府关于印发乐清市征收农民集体所有土地管理办法的通知》（乐政发〔2011〕37 号），除了传统的土地征收区片补偿价以外，改变了征地补偿费用的构成，新增了一种项目用地的出让金返还补偿。根据该办法，从 2011 年开始，所有被征地农村集体，其土地在征地后用于经营性商住的，在经营性商住用地出让后，由各镇、街道或者功能区管委会在其与市财政的出让收入分成所得中，按土地出让成交款的12%补助给被征地村集体

---

① 陈献峰. 乐清市安置留用地政策的探索和思考[A]//浙江省土地学会，嘉兴市土地学会，浙江省统一征地事务办公室."征地制度改革与集体土地流转"学术研讨会论文集（上册）[C]，2005：11.

经济组织；征地后用于工业、福利性住宅、医疗、教育和机关团体项目的，按每亩不超过 10 万元的标准补助给被征地村集体经济组织，用于村集体购置物业、发展集体经济和提供集体公共服务设施建设。2014 年，乐清市又继续推出《乐清市人民政府关于加强农村征地补偿费用分配使用管理和支持发展村集体经济的通知》（乐政发〔2014〕54 号），进一步将这种集体从商住用地出让中分享土地出让金的 12%，工业、公共事业用地出让中分享 10 万元/亩的增值收益的新模式固定下来，成为乐清市征地的新标准。

相较于原来的留用地政策，村集体分享的土地增值收益在新政策下其实并没有受到太大的损害。如果将留用地政策与新政策做一个简单的比较的话，原来的留用地在扣除土地开发成本和相关规费后，返还给村集体的比例为 76.6%，那么即便是以留用地全额按照 10%的比例落实的情况下，村集体也仅能享受 7.66%的土地出让收益；而在新政策下，村集体在商住用地上可以享受出让成交款的12%，这无疑极大地增加了其土地增值收益分享的比例。当然，上述情况是针对商住用地而言的；对于工业用地而言，尽管 10 万元/亩的补偿价格相对较低，但对于发展集体经济和建设而言也是一笔不小的收入。

除了新政策，乐清市也开始逐步调整征地补偿标准。2014 年 6 月 30 日，乐清市出台《关于调整个别地类征地补偿标准的通知》（乐政发〔2014〕38 号），在《乐清市人民政府关于印发乐清市征收农民集体所有土地管理办法的通知》（乐政发〔2011〕37 号）的基础上对个别地类补偿标准进行了调整，自 2014 年 7 月 1 日起，全市原区片综合价四个等级不变，等级补偿标准不变，保持被征地农民原有生活水平补贴标准不变，将全市征收其他农用地（除林地以外）的征地补偿标准全部调整为参照耕地执行（见表 5-3）。

表 5-3　2014 年乐清市土地征收补偿安置地类调整情况（单位：万元/亩）

区片等级	调整前地类	调整后地类	区片综合补偿标准	保持被征地农民生活水平不降低补贴标准
一级	耕地（包含园地、建设用地）	耕地、除林地以外的其他农用地、建设用地	7	7
	其他土地	林地、未利用地	5.6	5.6
二级	耕地（包含园地、建设用地）	耕地、除林地以外的其他农用地、建设用地	6.3	6.3
	其他土地	林地、未利用地	5.04	5.04
三级	耕地（包含园地、建设用地）	耕地、除林地以外的其他农用地、建设用地	5.5	5.5
	其他土地	林地、未利用地	4.4	4.4
四级	耕地（包含园地、建设用地）	耕地、除林地以外的其他农用地、建设用地	4.8	4.8
	其他土地	林地、未利用地	3.84	3.84

注：2014 年地类调整后，除林地外所有农地与建设用地均按照耕地标准予以补偿

之后，乐清市还出台政策保障失地农民的社会保障以及养老、就业问题。
2014 年 8 月，乐清市政府出台《乐清市人民政府关于进一步完善被征地农民基
本养老保障与企业职工基本养老保险衔接政策的实施意见》（乐政发〔2014〕
46 号），落实被征地农民转保政策，已参加全市被征地农民基本养老保障及被
征地农民生活补助的人员，可以自愿将被征地农民基本养老保障接转为企业职
工养老保险。2016 年 4 月，乐清市出台《乐清市人民政府关于确定征收耕地以
外农用地参保人数标准的通知》（乐政发〔2016〕23 号），重新调整乐清市征
收耕地以外农用地参保人数标准。原征地社会保障制度遵循的是"即征即保"
原则，即只考虑了征收耕地，而没有将征收其他土地纳入其中，征收耕地参保
人数标准为每亩 3 人，市财政按照每亩 9 万元的标准提取被征地农民基本养老
保障资金；而调整后增加了征收耕地外其他农用地的社会保障标准，其中参保
人数标准为每亩 1 人，市财政按照每亩 3 万元的标准提取被征地农民基本养老
保障资金。到 2007 年停止留用地政策为止，全乐清市共有安置留用地总面积约
2 900 亩，而截至 2017 年 8 月，乐清市已基本完成 2 000 亩安置用地的定位、落
地与建设，占安置留用地总面积的 69.0%。

乐清市的土地征收补偿政策经历了数次变迁（表 5-4）。从最初较早开展
留用地安置模式，到直接取消留用地补偿，再到退出新的项目用地补偿机
制，乐清市经历了"放—收—放"的政策波折。这无疑是政府与集体力量
"博弈"的结果。当征地补偿过低时，集体"抗争"造成了政府过大的行政
成本，导致政府开始通过安置留用地等方式安抚农民；而当征地补偿过高
时，政府也开始通过收紧政策来为政府收支平衡提供帮助。到目前为止，项
目用地补偿的模式已经在多方利益主体间达成了平衡，较之留用地模式既降
低了政府的监管和执行成本，也提高了农民的征地补偿，从而在乐清市取得
了较为成功的结果。

表 5-4　乐清市土地征收补偿政策的变迁

时期	重要文件	征地补偿模式
改革开放~2000 年	温州市市区征收农民集体所有土地管理办法	货币补偿
2000~2003 年	乐清市人民政府批转《市土地局关于村集体计划留用地开发使用实施意见》的通知	货币补偿+安置留用地
2003~2007 年	乐清市征收农民集体所有土地管理办法	货币补偿（区片价）+留用地/货币化留用地补偿
2007~2011 年	《乐清市征收农民集体所有土地管理办法》的补充通知	货币补偿（区片价）
2011 年至今	乐清市征收农民集体所有土地管理办法	货币补偿（区片价）+项目用地补偿（12%+10）

三、浙江省留用地政策"转向"背后的隐忧与原因

无论是余杭区调整留用地开发利用，采取与政府合作开发、货币化留用地或折抵物业补偿的方式，抑或是乐清市取消安置留用地、提高货币补偿、返还出让收益的方式，都是在留用地政策上的"转向"。留用地作为中国土地制度体系下的特殊产物，在过去的二十年里的确对征地制度起到了促进和补充的重要作用，然而现今在浙江省却开始受到地方政府的"冷遇"。既然留用地的政策设计有那么多的可取之处，为什么在浙江省的实践中会发生政策上的变动，是农民抑或政府不愿意接受吗？这说明留用地安置政策本身已经逐渐暴露出一些政策设计上的隐忧，同时也说明地方政府在政策取向上发生了某些改变，导致新的替代性政策开始慢慢取代留用地政策，成为政府征地时的首选。

1. 脱离实际的留用地开发不能保障农民收益

留用地政策引入了自主治理机制，通过村集体自主或合作开发的模式，可以因地制宜地发展符合当地需求的产业。然而在实践中，留用地开发程度低、开发质量差的问题也一直存在。许多留用地开发项目因不切实际，还未完成就陷入资金链断裂、开发商撤离的灾难，导致烂尾工程层出不穷；即便是一些已完成的留地项目，由于脱离当地经济发展实际，也根本不能实现较好的商业价值，成为村集体投资不菲、收益微薄的鸡肋。这也正是余杭区与乐清市在留用地政策上开始"转向"的重要原因。由于在实践中，许多留用地并不能实现保障农民权益、稳定农民收益的初衷，也没有起到提高土地利用效率的作用，这就需要重新引入政府进行协调和管理。无论是余杭区的土地折偿币换房产，抑或是乐清市的项目用地补偿，其实都是将原本集体的留用地回归到政府，由政府以"背书"的方式招商引资进行开发管理，并把开发收益中的相应部分返还给村集体。这一过程中，层级制的模式一定程度上保障了空间优化的规划目标，也实现了土地利用效率的提高，更为城市扩张提供了新的建设用地供给。在这种模式下村集体也降低了自主开发的风险，提高了留用地收益。因此，新模式相较于留用地的自主开发模式更具有效率优势。

2. 政府监管难度增大，行政成本高

直观来看，留用地政策的推出，为村集体提高收益创造了条件。然而隐含在留用地政策背后的，是政府的成本问题。由于留用地进入了市场机制，许多开发者转而投入留用地的怀抱，这在数量上降低了国有土地出让的面积。与此同时，政府出让金的缩减，会影响到城市建设中基础设施与公共服务的投入。在具体管理上，由于留用地分布零散、面积不大，政策不完善，监督管理成本很高。

这些直观问题背后的核心问题是留用地政策本身作为一种按比例得到用地指标的制度设计存在一定的缺陷。留用地是从被征收土地中按照一定的比例核定的用地指标,而这些指标没有设定空间属性,在分配留用地配额时,地方政府仅能对留用地开发划定一个较为宽泛的使用范围。当留用地指标开始落地时,这种空间属性就会开始影响周边的土地利用。而政府的规划管理,一时又很难对留用地利用的方式进行干预。缺乏相关的留用地利用规划,导致留用地细碎化、开发项目失序,甚至与地方政府的城市规划和土地利用规划相冲突,出现违法违规使用的现象,易造成土地利用混乱无序,甚至影响到政府后续的规划管理实施。2014年,杭州市就开始尝试开展留用地的规划布点工作,然而这项工作至今都未能完成,这也说明留用地事后规划的困难。

这也就不难理解乐清市取消留用地政策的选择。相对于直接的货币补偿,留用地不但需要政府更高的行政、协调成本,也迫使政府未来的空间规划围着留用地打转。而大量没有得到落实的留用地,更是成了乐清市政府沉重的行政负担。因此,采取"一刀切"的出让金返还的项目用地补偿模式,可以更好地降低政府的行政损耗,提高征地的过程效率。

3. 新型城镇化背景下,政府增值收益分配取向的改变

除了对效率因素的考虑外,留用地政策的出台与取消背后,都有着政府增值收益分配取向的改变。在城镇化的早期阶段,城市扩张速度是最为重要的发展要素。为了追求快速的工业化和城镇化,部分地区出现了过激的征地行为或现象,而浙江省经济发展水平较高,主要采取提高征地补偿的模式,其中就包括留用地政策。在这一阶段,政府为了快速推进城镇化进程,主动地向集体和农民分享了部分土地的增值收益,较为成功地实现了降低冲突、促进土地征收的目标。

步入新型城镇化发展新阶段之后,早期的以农地非农化速度为政府价值导向的政策体系,已经不再适应城市发展的需求。在新型城镇化阶段,土地的城镇化要逐渐向人口的城镇化过渡,地方政府需要逐渐收紧城市扩张的速度,同时在城市内部促进以人为核心的城镇化,并提供更多的公共服务与社会保障。在这一新形势下,留用地政策的"转向",其实也反映了地方政府在新型城镇化背景下的新选择。无论是乐清市的"12%+10"的项目用地补偿,还是余杭区的土地换房产,相较于原先的村集体自主开发的留用地模式,都是转向以政府为主导的模式,在一定程度上缩小了村集体对土地开发的支配权。这种转变的出现,实质上正是因为地方政府从追求发展速度转变为追求发展质量。

第五节　浙江省征地制度改革的经验与启示

一、浙江省征地制度改革的历史脉络

1. 早期阶段：货币化的征地补偿

自《土地管理法》颁布以来，浙江省早期征地一直以货币化方式进行征地补偿。在这一阶段，征地补偿的额度往往根据《土地管理法》所规定的产值倍数法进行衡量。而土地供给主要以划拨的形式提供，土地增值不明显。房地产市场也尚未建立，城市住房都是由单位进行分配。在这一阶段，由于仍处于经济双轨制时期，货币化的征地补偿并不全是土地征收的所有补偿。除了货币以外，该阶段的征地还为被征地农民提供了两项重要的补偿措施：一是征地安置，在土地征收后，由于农民失去了赖以生产生活的土地，由政府出面将失地农民安置到周边的国有企业工作，解决其生计问题；二是户口转换，农民在征地后，可以从农业户口转变为非农户口。而《中华人民共和国劳动保险条例》等相关法律法规规定，非农户口的市民可以享受到从公费医疗、退休养老、伤残救济、丧葬补助到分房、补贴等众多优惠政策，非农户口对于农村居民而言是一个"香饽饽"，农转非成为被征地农民的重要补偿条件之一。

1998 年住房市场化改革，征地的劳动力安置也从安排就业岗位，向劳动力安置费的货币补偿转变，此时征地的矛盾开始凸显。城市经济的快速发展也激化了这一矛盾。浙江省作为市场经济的先发地区，较早地面临到了这一问题和冲突，主动地开展了征地区片补偿价与安置留用地政策的改革。

2. 发展阶段：区片价与留用地制度的兴起

从 20 世纪 90 年代中期开始，浙江省杭州、温州等地区率先开展了留用地与区片补偿价格的制度改革。随后在宁波、台州等地逐渐发展，成为遍及全省的政策改革。这一阶段的主要特征为：一是各地逐渐根据地方情况，出台了征地区片价格的有关规定，使原先以产值倍数计算的征地补偿方式，转变为统一以区片价来进行补偿的方式，这种方式相较于原先的征地办法在金额上有了较大的提高，在一定程度上提高了被征地农民的收益。规范区片价标准的标志性文件，是2010 年浙江省政府出台的《浙江省征地补偿和被征地农民基本生活保障办法》，该办法在全省范围内提出了最低的区片补偿价标准，为全省范围内开展区片价改革提供了重要的政策示范。二是留用地制度的兴起。由于传统征地模式的诸多不足，温州、嘉兴等发达地区征地冲突逐渐尖锐。杭州、温州等地开展了留用地制度改革，普遍按照 10% 的比例标准，进行安置留用地额度的分配，允许被征地村集体自行开发安置留用地。在土地资源日益紧张的背景下，浙江省各地通过留用地政策，使建设用地供给不足始终未成为发展的短板，为浙江省快速的城镇化、工业化提供了相当有利的条件。

这一阶段的发展经验证明，在城镇化发展的早期，政府要增加对失地农民的公正补偿、社会保障，保障农民被征地后的生活水平，让农民可以直接参与到土地增值收益分配中来，真正享受到城镇化带来的便利与实惠。这既有利于城镇化工作的开展，也能让农民成为农地非农化的积极参与者和推动者。

3. 新阶段：发挥政府力量，以多种开发与补偿模式重新取代留用地

进入 21 世纪以来，留用地政策逐步铺开，在取得了喜人成效的同时，也逐渐遇到了许多问题：留用地的开发质量低下、指标难以落地、规划管理难度大等缺点，为城市发展带来了许多负担。这一阶段，随着传统留用地模式的缺陷逐渐显现，浙江省多地政府对留用地制度也开始有所"松动"，开始允许使用货币补偿来替代传统由村集体自行招商引资或合作开发的留用地模式。例如，宁波市海曙区允许政府回购或置换留用地指标；杭州市鼓励留用地指标无法落地的村集体与政府协商后由政府收购留用地指标；余杭区采取土地换房产的方式，由政府作为留用地开发的主导者，直接用货币补偿留用地所有者……这些"松动"的实践中，最为典型与大胆的就是乐清市。乐清市在这一阶段迈的步子最大，直接取消了留用地的分配补偿，而直接采取出让金返还的全新的征地补偿政策和土地增值收益分配机制。

随着新型城镇化成为城市发展的新模式，留用地政策在空间上不利于规划的特征被逐渐放大。浙江省许多地方都希望回购集体的留用地指标，用于城乡统筹、空间优化的规划设计。多种多样的补偿模式与以政府为主导的土地开发模式，一方面实现了城市空间结构和土地利用效率的优化提升，另一方面也降低了村集体和农民的自主开发风险，保障了农民分享土地增值的权利。在既不损害农民利益，又要保障城市开发利用效率的原则下，浙江省正在逐渐探索具有地方特色的留用地改革之路。

这一阶段的发展经验证明，在城镇化的新阶段，优化城镇内部空间布局，保障进城落户农民与城市移民顺利完成市民化，进而实现人口的城镇化，是这一时期最主要的历史任务。因此，必须通过顶层制度设计，统筹城乡发展，配套公共服务供给，确保失地农民在征地后能够实现可持续的收益；同时也要发挥政府的资源管理优势，进一步做好城市规划、推进城市存量用地管理，以政府为主导开展土地项目开发，提高城市内部的土地利用效率。

二、浙江省征地制度改革的经验启示

1. 经济发展水平提升，政府主导的留用地开发模式更具有效率优势

留用地的"浙江模式"，之所以在表现出政策"松动"共性的同时，又展示出各地不同的替代性政策模式的特性，是因为各地独特的社会背景与发展水平。政策的制定必须服从于当地的实际发展情况，因此土地管理的治理结构也受到不同的制度环境的影响。在浙江省表现如下：市场经济较为活跃、人均收入水平较高的地方，不但较早地开展了留用地的政策改革，也较早地开始寻找安置留用地的替代性政策，如温州、杭州和宁波。这无疑说明经济发展水平是影响留用地政策选择的重要因素，而影响产生的机理就在于政策实施的效率与过程的损耗。

对于实施效率来说，市场经济发育更加繁荣，当超过某一个阈值时，反而可能会不利于留用地项目的开发效果。诚然，经济发展水平对土地开发有着一定的促进作用，但当市场过于繁荣时，市场的负面效应就会产生大得多的影响。对于个私市场不太发达的地区而言，大型的垄断企业在当地经济中具有优势地位，因此它们往往会成为留用地开发的主导者、实施者，而这些企业往往具有一定的技术水平或信息优势，因此留用地项目开发的结果一般不会太差。然而当个私市场过于活跃时，大量的中小企业会成为留用地的开发主体与使用主体，企业的良莠不齐容易降低村集体信息甄别的效率，也易导致开发项目半路夭折。这也可能是乐清市作为民营经济十分活跃的地区，留用地开发结果却往往难以令人满意的原因。

从过程损耗来说，个私市场的活跃程度越大，留用地开发的交易费用就越多。新制度经济学理论认为，交易的频率增加会导致交易费用的增加，从而导致过程效率的降低。对于留用地开发而言，越是活跃的市场，其开发过程中需要搜集的信息就越繁杂，开发谈判的周期也越冗长，村集体在招商引资，寻找适合的合作企业或者项目投资方时，其成本就越高。而如果村集体选择通过私下协商的形式规避过程损耗，也有可能出现土地的违法利用，或是因合作方的能力不足而导致项目破产等后果。而对于政府来说就更是如此，活跃的留用地市场不但让政府的规划管理困难重重，复杂的用地情况更是让政府难以进行行政监管。个私市场的过度繁荣反而使留用地制度大大增加了村集体、政府与企业三者的交易费用，使开发绩效低于预期。

留用地制度所引入的市场机制，对提高土地利用效率的确有着正面作用，然而随着市场的逐渐繁荣，反而可能会出现弊大于利的结果。政府主导的层级制管理模式，可以通过规范化的手段来尽可能规避这种负面效应，从而提高留用地开发项目的开发效率，降低开发过程中的损耗。浙江省留用地实践无疑是一个很好的参考案例，即在市场竞争条件下，政府的适时干预有时候会更加有效率。

2. 新型城镇化的发展背景下，重新调整分配土地增值收益更能保障社会公平

留用地政策大幅度提高了农民的收益，取消留用地对于农民而言则意味着征收补偿的减少。即便是乐清市提出了新的项目用地补偿方案，也不足以补偿当地农民留用地的损失。在这种政策转变背后，除了管理者出于效率的考虑以外，地方政府的利益分配观念也出现了变化。不同经济发展水平下，地方政府对于土地增值收益在农民、政府与市场之间的分配有着不同的目标，这也解释了为什么浙江省内的不同地区的征地补偿分配比例会出现各不相同的现象。

政府在分享土地增值收益的时候，遵循的是从收紧向分享，再从分享重新收紧的变化逻辑。正如前文所述，由于城镇化初期，城镇扩张速度是最重要的指标，地方政府会通过不断的政府让利的形式，让农民积极参与到农地非农化的过程中。在这一阶段，政府让利是有"功利性"的，是为了提高征地效率而开展的。然而随着城镇化模式的转变，政府过多的让利已经阻碍了日常的公共服务的提供，政府又开始重新削减额外的征地补偿，收紧留用地政策。在这一阶段，政府回收土地增值收益的前提，是保障被征地农民的基本生活水平，也即意味着不会无限度地降低征地补偿。在保障农民与集体应分享的适当比例的土地增值收益的前提下，部分地回收土地开发权。这种分配取向的变化，是与经济发展水平紧密联系的。

新的分配政策其实隐含了公平的概念。必须承认，被征地农民的合法权利当然是需要受到保护的，但是征地补偿不是要让仅占全体农民 5%的城郊失地农民得到巨大收益，而是要让数量更大的城市居民与农村居民，共同享有城市发展的红利。征地制度改革不能也不应是少部分的城郊农民获得高额的征地补偿，而应通过政府的财政转移支付功能实现社会的共同发展。新型城镇化对农民市民化、人口的城镇化提出了新的要求，这无疑需要地方政府将土地出让收入更多地投入城市建设中，为进城落户农民以及城市移民提供公平公正的安居保障以及社会公共服务，实现城乡均衡发展的新格局。

第六章　耕地保护与占补平衡制度改革

第一节　耕地保护与浙江发展：矛盾与困境

一、耕地保护的集体行动困境

浙江省是经济大省，是经济发展水平较高的省份之一，工业化、城镇化和农业现代化快速推进，城乡建设、产业发展、基础设施等各类建设用地需求强劲。而与此同时，浙江省也是资源小省，截至 2016 年底，全省现有耕地面积 2 962 万亩，人均耕地面积仅 0.54 亩。由于资源禀赋条件，浙江省土地后备资源严重不足，人地矛盾突出，表现出耕地保护与经济发展的"两难"矛盾。事实上，耕地保护在自然数量上的任务仅仅是问题的一个方面。国家提出了继续坚持最严格的耕地保护制度，并对耕地占补平衡提出了更高的质量和生态要求，即要求在耕地占补平衡实现的同时，要"占优补优、占水田补水田"。在政策实施中，浙江省一直面临着耕地保护实施和监管的困境，严格耕地保护政策未能有效控制耕地数量损失、耕地质量下降、粮食产能降低的严重威胁[①]。

1. 耕地保护的公共物品属性

为什么耕地保护政策在实施过程中面临着诸多困境？归根结底是因为耕地保护的非经济产出具有明显的非排他性和非竞争性，承载了诸多公共利益诉求，具有明显的公共物品属性。由于耕地生产的产品是人类生存所必需的，但在现代工业社会中，农产品的价格不能很好地衡量其真实价值（实际上是远低于其真实价值）。耕地保护的目的，并不仅仅是保护耕地本身的经济价值，还包括为保证粮

---

① 王向东，袁胜平，彭威，等. 耕地保护政策的分析与设计——基于公共物品管理视角[J]. 国土资源科技管理，2017，（2）：68-75.

食安全和提供社会保障所做的贡献，以及耕地本身作为生态系统的一部分所具备的生态服务价值[①]，这些非经济价值并没有在农产品的价格中得以体现，而同时这些价值又并不能排除被社会中其他人享用。

确立了耕地保护的基本性质，进而也就明确了耕地保护面临的政策问题，即如何实现耕地这一公共物品的持续供给。耕地保护的公共物品属性决定了在耕地资源配置方面，政府等公共组织发挥重要作用的必要性和可能性；政府通过主动提供耕地保护的政策设计、实施和监管等公共物品，同时承担基本农田建设、农村土地综合整治等成本，来维持一定数量和质量的耕地资源。但是这种公共物品的提供方式，受到集体行动困境的困扰，各利益主体因为能够在耕地的非农转用中获得潜在的高额收益，因此他们并没有动机来保护耕地。这就促使我们思考要实现耕地保护的集体行动这一公共物品在供给方式上可能的转变。

2. 市场激励的引入：耕地保护与经济发展的"两难自解"

由以上的理论分析可知，耕地保护的关键在于破解集体行动的困境。由于耕地保护所具有的"正外部性"，在行为主体自愿的基础上，耕地保护这一公共物品得不到有效提供。但是如果能够通过市场机制，建立耕地保护区和土地开发区的利益调整机制，为耕地保护区提供耕地保护的经济激励机制，也将有可能改变市场利益主体耕地保护的行为。例如，通过对保护耕地进行准市场化的财富转移来改变市场行为中的收益分配，既包括省级政府通过财政转移支付来实现下级政府之间的利益重新分配，进而使下级地方政府能够主动承担耕地保护的任务；也包括各级政府通过财政转移支付来改变个体决策，将耕地保护外部性在市场价格中内部化，促使单个利益主体也能积极地保护耕地。

浙江省在耕地保护的实践中的一些尝试，为这种思路提供了例证。例如，由于工业化、城市化进程明显快于省内其他地区，杭州、宁波等地级市以及金华义乌、东阳和永康，绍兴越城区，温州乐清和瑞安等县（市、区）的建设用地需求快速增长，在经济发展的刺激下，事实上这些区域的政府存在较强的改变耕地用途的冲动。在这样的背景下，耕地占补平衡的指标交易（即允许耕地指标的跨市自由交易），表面上看是政府之间的交易，而实际上正是利用市场激励的方法，通过不同区域政府之间的财富转移来促进耕地保护的集体行动，以实现社会整体的效益。

3. 耕地保护的协同效应

所谓协同效应，简单地说，就是"1+1>2"的效应。如果耕地保护的目标与

[①] 张蔚文，李学文. 外部性作用下的耕地非农化权配置——"浙江模式"的可转让土地发展权真的有效率吗?[J]. 管理世界，2011，（6）：47-62.

其他目标"打包"，相关利益主体可能会因为要满足其他目标而主动实现耕地保护的目标。这种政策设计在浙江的实践中也是存在的，如农村土地综合整治就是很好的例证。浙江省经济社会发展步入"新常态"，整体趋势以及建设生态文明的迫切要求都表明，地方政府的目标不再是单纯的 GDP 增速。更好地实现城乡一体化发展，促进农村民生的改善，经济发展方式向资源节约型和环境友好型的目标转变，都是地方政府的政绩考核中越来越受重视的指标。如果耕地保护的行为对上述所说的问题具有显著的效果，在这种协同效应的激励下，即使耕地保护是一种公共物品，地方政府仍有足够的动力去主动提供这种公共物品。

二、耕地保护的困境之困

（一）数量占补平衡的争议

数量占补平衡一直以来都是中国耕地占补平衡政策的重要方面。《土地管理法》明确提出，国家实行占用耕地补偿制度，要求占用耕地应当与开发复垦耕地相平衡，省、自治区、直辖市人民政府应当保证本行政区域内耕地总量不减少。在"数量占补平衡"目标的驱动下，我国的耕地数量不管是在全国范围内还是在各省级行政区内基本实现了占与补的平衡。从政策执行情况来看，1998 年全国共有 17 个省（区、市）实现了耕地占补平衡；1999 年增加到 24 个；2000 年底增加到 29 个；2001 年和 2002 年全国 31 个省（区、市）总体上全部实现建设占用耕地当年占补平衡[1]。数量占补平衡的政策导向在一定程度上得到了肯定。有学者认为，耕地占补平衡是在我国人多地少、用地需求居高不下、耕地资源又相对不足且急剧减少的形势下，经过有关部门的调查研究和充分论证提出来的一项保护耕地和粮食安全的重要制度[2]。基于数量保护的视角，耕地占补平衡政策自出台以来，不断发展完善，取得了一定的绩效，包括增强了耕地保护的意识，规范了用地秩序，遏制了建设占用耕地过快的势头，有效地补充了耕地面积，耕地基本数量维持，城市化加速期维持我国耕地数量基本稳定具有可行性[3]。

然而，另一些研究也揭示了"数量占补平衡"的政策导向所引起的负面效应。首先，耕地数量的占补平衡并未实现耕地质量的平衡。对耕地动态转换造成

---

① 谭永忠，吴次芳，王庆日，等. "耕地总量动态平衡"政策驱动下中国的耕地变化及其生态环境效应[J]. 自然资源学报，2005，（5）：727-734；孙蕊，孙萍，吴金希，等. 中国耕地占补平衡政策的成效与局限[J]. 中国人口·资源与环境，2014，24（3）：41-46.

② 曹飞. 耕地占补平衡制度：存在问题及改进路径——以河南省为例[J]. 中国土地，2015，（4）：35-36.

③ 谭术魁，张红霞. 基于数量视角的耕地保护政策绩效评价[J]. 中国人口·资源与环境，2010，20（4）：153-158；姜雪洋. 浅淡耕地占补平衡问题[J]. 湖南农机，2011，38（3）：135-136；王成军，吴厚纯，费喜敏. 城市化加速期维持我国耕地数量稳定的可行性分析[J]. 中国农业资源与区划，2015，36（3）：79-85.

的耕地质量等级变化测算以及耕地动态变化对数量与质量平衡的影响评估结果显示，耕地占补平衡仅实现了数量平衡，但因城镇建设扩张占用了优质高等耕地而新增耕地质量等级较低，未达到质量平衡①。一是在"数量占补平衡"的目标导向下，耕地保护制度出现扭曲。非农建设占用的耕地大都是地势好、交通便捷、水利条件较好的优质耕地；而通过开发复垦补充的耕地由于缺乏有效的监督保证措施和规范的管理机制，形成的耕地质量相对较差，导致补充耕地质量达不到与占用耕地质量相当的标准，"占优补劣"现象屡见不鲜，耕地质量平衡的压力凸显②。不少地方特别是沿海地区的政府，在经济利益的驱使下，为了保证平衡，存在直接以非农业建设项目占用基本农田，或以质量差的一般耕地"置换"基本农田，或以山地或荒地充当耕地等种种对抗现象，这也就是"困境之困"现象层出不穷的原因。二是耕地补充过分依赖于土地开发，违背自然规律的过度开发难以避免，可能酝酿着潜在生态安全隐患。耕地总量动态平衡过程中过多地强调确保补充耕地与建设占用耕地的"数量平衡"，而忽视了耕地占补过程的"生态平衡"等多重目标，从根本上缺少对土地生态保护和生态效益等的重视③。补充耕地有土地整治、复垦和开发三种渠道，其中我国土地整治的潜力比重最高，而实际在耕地占补平衡中，补充耕地多来自于土地开发，占补充耕地的63%，土地整治只占20%。究其原因是与整治和复垦比较，土地开发的成本比较低；土地整治所新增耕地面积不多，而质量提升不容易得到认可，难以体现补充的效果④。耕地占补平衡是一道硬杠杠，在耕地后备资源高度紧张的条件下，追求补充耕地数量与占用耕地数量的平衡，通过滩涂围垦、围湖造田、侵占河床等方式补充增加耕地，以牺牲生态环境为代价向滩涂湿地要地，这不单会造成补充耕地的质量偏低，更会使人们过度消耗和开发耕地后备土地资源，可能加剧水土流失、土壤沙化、洪涝灾害等的发生，势必会破坏生态系统结构和功能，造成潜在生态安全隐患。三是耕地总量动态平衡对区域经济和资源禀赋差异问题的忽略。经济的区域集聚化，必然导致集聚区大量的农地非农化，大量的耕地被转化为建设用地，多数经济发达地区耕地占补平衡需求的缺口较大。然而，现行的耕地"占补"平衡

---

① 魏洪斌，吴克宁，赵华甫，等.中国耕地动态变化与占补平衡分析[J].国土资源科技管理，2015，（1）：115-124.

② 张效军，欧名豪，李景刚.我国耕地保护制度变迁及其绩效分析[J].社会科学，2007，（8）：13-20；卢海阳，李明月.再议我国耕地占补平衡制度[J].广东土地科学，2008，（4）：14-17；张丽萍.关于耕地占补平衡制度的现状与思考[J].华北国土资源，2015，（5）：120-121.

③ 黄贤金，濮励杰，尚贵华.耕地总量动态平衡政策存在问题及改革建议[J].中国土地科学，2001，（4）：2-6；孙蕊，孙萍，吴金希，等.中国耕地占补平衡政策的成效与局限[J].中国人口·资源与环境，2014，24（3）：41-46.

④ 陈美球，刘桃菊，吴萍.耕地占补平衡政策落实的现实困境与完善对策[J].中州学刊，2016，（5）：50-53.

制度就像一个套在经济集聚区的"紧箍咒"，钳制了我国区域经济的进一步集聚[①]。而在耕地总量动态平衡的政策设计下，区域经济和资源禀赋的差异被忽略，有违世界经济发展区域经济集聚化的潮流。而事实上，不管是浙江省内部，还是全国其他省份内部以及各个省份之间，不同区域的土地资源禀赋和经济发展水平差异所导致的占补平衡困局普遍存在。

（二）浙江的现实困境：耕地垦造存在难以为继的风险

浙江省耕地后备资源十分匮乏，在国家要求"占优补优、占水田补水田"，加大生态环境保护力度的背景下，建设占用耕地空间受限，补充耕地的潜力空间减少，难度加大。在资源环境约束加剧的情况下，造地成本不断攀升，耕地垦造存在难以为继的风险。

以温州市为例，浙江省开展的耕地后备资源潜力调查（初步）结果显示：温州市 2014 年底的耕地后备资源约有 3.55 万亩，主要为沿海滩涂 2.01 万亩，占总资源的 57%；内陆滩涂 0.65 万亩，占总资源的 18%。通过温州市的耕地后备资源潜力调查，滩涂资源的占比高达 75%，这也预示着未来温州市要实现耕地占补平衡主要的方向就是滩涂垦造耕地。而围垦项目前期研究比较谨慎，需要经过测量勘探、规划设计、论证评审等诸多环节，前期塘坝建设施工难度大，周期也很长，从促淤、圈围、吹填到造地，整个工程施工期至少五年以上。如到 2016 年为止，2004 年以后开工的围垦项目中，还有近 30% 的项目不具备造地条件。为了加快围垦造地进程，一些沿海市、县采用真空预压软基处理技术，虽然极大地缩短了自然淤积沉降时间，但是成本达到 10 万元/亩。据测算，目前部分围垦工程平均投资已达 40 万元/亩，部分区块垦造耕地亩均成本也在 20 万元以上，建设成本高，资金压力大。另外，大规模开发沿海滩涂资源，也会对海洋生态环境造成影响。

三、耕地占补平衡机制：目标优化下的新要求

如此看来，以"数量占补平衡"为目标的耕地保护政策，对补充耕地质量和生态要求造成了很大的生态安全隐患，也备受争议。面对中央提出的更高要求，浙江省在资源环境约束加剧的情况下，耕地占补平衡确实面临着其现实困境，耕地后备资源不足是当前耕地保护在自然供给上无法逾越的障碍。对于耕地保护这一公共物品，在我国现有的制度框架下，由政府来主动提供是必然的选择。但是，由于当前耕地保护形势依然严峻，如何改进耕地保护的效果是制度创新的关键。通过耕地保护的机制创新来改善耕地保护的绩效，即把人为的耕地保护的低

---

① 王世忠，胡文霞，刘卫东. 我国耕地占补平衡制度的研究[J]. 农机化研究，2007，（8）：13-16.

效和失效，降低到最小的程度，以缓解耕地保护的压力。一方面，耕地保护机制创新可以考虑的方向就是能够缓解集体行动的困境，如能够促进地方政府产生积极保护耕地的动机，能够通过经济激励改变农民和企业对保护耕地的态度等，这些都涉及耕地保护机制的调整。另一方面，可以考虑的是通过耕地保护的协同作用，也就是将多个目标"打包"的方式来改变各个利益主体的行为动机，从而达到耕地保护的目的。今天耕地占补平衡政策进入相对成熟的发展阶段，在新形势下呈现出许多新的特征。从浙江省面临的现实情况来看，为了响应国家提出的对耕地保护更高的要求（"占优补优、占水田补水田"），浙江省的耕地占补平衡政策也在着力构建耕地数量、质量、生态"三位一体"保护新格局。这样的政策目标导向，也对各级政府在耕地保护职能上的转变以及具体管理方式上的创新提出了新的要求。

第二节　浙江省耕地占补平衡指标调剂：山海协作

简而言之，耕地占补平衡指标交易就是允许耕地资源相对丰富的地区向资源相对匮乏的地区调剂补充耕地指标。交易双方本着友好协商、自愿互利的原则，商定指标买卖的数量、价款，达成补充耕地指标有偿调剂的协议。在此基础上，双方履行协议所规定的责任与义务，保证耕地占补平衡。

一、浙江省指标交易的制度变迁

2002 年，浙江省委、省政府做出实施山海协作工程的重大战略决策，主要是指浙西南的衢州、丽水等以山区为主的欠发达地区与沿海经济发达地区的杭州、宁波、绍兴、温州等市展开全方位的合作，进行资源产业大转移，促进浙西南地区的经济发展和东部沿海地区的经济转型。

1. 从"速度浙江"到"均衡浙江"

改革开放以来，浙江经济发展速度也一直位居全国前列，然而浙西南山区与高度发达的沿海地区之间贫富差距较大。从 20 世纪 90 年代开始，浙江省开展了各类扶贫工程，但是"输血"的扶贫没能根本解决欠发达地区的落后面貌，而沿海发达地区因受资源（尤其是土地资源）制约，大量的产业资本走向省外、国外。地区失衡之"痛"，成为全省之"痛"[1]。

---

① 马跃明. 青山与蓝海的交响——浙江开展山海协作工程 10 周年综述[J]. 今日浙江，2012，（6）：18-21.

山海协作工程正是在这样的背景下应运而生的。山海协作提出以项目合作为中心，以产业梯度转移和要素合理配置为主线，推进发达地区的产业向欠发达地区梯度转移，组织欠发达地区的人力资源向发达地区流动，动员发达地区支持欠发达地区新农村建设和社会事业发展，实现全省区域协调发展。由此，优化全省产业布局，打造"均衡浙江"的浪潮迅速掀起。

2. 山海协作的主要做法

2002 年 4 月，浙江省发布的《关于实施"山海协作工程"，帮助省内欠发达地区加快发展的意见》拉开了实施山海协作工程的序幕。山海协作工程大致经历了三个层次：第一层次是发达地区（包括省级有关部门）对欠发达地区的无偿援助；第二层次是发达地区与欠发达地区之间的要素流动；第三层次是资源与产业的合作。实现山海协作"均衡浙江"的目标主要有三种手段。

首先，构建高层次的平台体系。这是政府为山海协作工程扩大成效的有效措施，如将山海协作工程融入浙江省内的义博会、西博会、工科会以及长三角地区的一些大型展会。据统计，从 2004 年开始在义博会设立山海协作专区以来，截至 2012 年，已累计组织 1 600 多家欠发达地区企业参展，共实现成交额近 20 亿元，不仅为欠发达地区企业拓展国际国内市场搭建了有效平台，也为低收入群众的增收提供了有效途径。

其次，建立协作园区是山海协作的重要形式。通过共建产业园区的方式，山海协作结对双方加强资源互补，促进共同发展。例如，2012 年诸暨与遂昌签订山海协作协议，共建一个产业园，总规划 15 平方千米，首期开发 5 平方千米，为诸暨优秀企业解决用地紧张问题。通过产业联动的方式，把遂昌的资源、成本、政策优势与诸暨的资本、技术、人才、管理进行有机结合。

最后，是资源产业合作下的指标交易。所谓资源产业合作，即以土地换取资金和产业。以宁波市为例，宁波市作为沿海经济相对发达的地区，自山海协作工程实施以来，签订了几百个合作项目和帮扶项目。2006 年 7 月，宁波与衢州两市政府正式签订了《关于加强资源与产业合作协议书》，拉开了两地战略合作的序幕。根据协议，在"十一五"期间，衢州市为宁波市新增代保基本农田 5 万亩，代建标准农田 10 万亩，调剂土地折抵指标 0.5 万亩，代造耕地 1 万亩；宁波市企业到衢州市投资额达到 100 亿元，同时，在衢州经济开发区内划出 3 平方千米土地，双方合作设立"山海协作示范项目"。

3. 折抵指标调剂的"浙江模式"

自 20 世纪 90 年代末期开始，杭州、温州、宁波等地市不断向省里要求更多的用地指标。在广泛调研的基础上，浙江省陆续出台了以"折抵、复垦指标""待置换用地区"为基本要素的区域内土地发展权转移政策体系；同时通过创造性地引入土地发展权跨区交易的市场机制，建立了以"折抵指标有偿调剂""基本农田易地有偿代保""易地有偿补充耕地"为主要内容的跨区域土地发展权交易政策体系[①]。

（1）"折抵指标有偿调剂"政策。为破解建设用地供给与需求的区域不平衡，浙江省在《浙江省人民政府办公厅关于加强易地垦造耕地管理工作的通知》（浙政办发〔1999〕132 号）中，首次提出允许土地整理折抵指标在全省范围内有偿调剂，使省内欠发达地区可以选择把土地整理后获得的折抵指标出售，以获得预算外财政收入。而省内的发达地区则可以选择向欠发达地区购买折抵指标来满足建设用地需求[②]。各地在使用折抵指标上的边际收益和通过土地整理获得折抵指标的边际成本各不相同，因此存在很大的交易空间。部分地区由于资源优势，造地的成本相对较低，成为重要的指标地。折抵指标有偿调剂收入也因此而成为一些县市重要的财政收入来源，大大推动了资源丰富的欠发达地区的土地整理工作，而发达地区则通过折抵指标交易市场获得了大量的建设用地指标。

（2）"基本农田易地有偿代保"政策。"基本农田易地有偿代保"是为确保浙江省域内基本农田总量不减少，在本县（市、区）范围内的基本农田划区定界中确实无法落实保护任务的，可与其他县级以上人民政府协商，订立"有偿代划和保护基本农田协议"，并向省政府申请跨县或跨市落实基本农田保护任务。

（3）"易地有偿补充耕地"政策。为解决发达地区用地多、补充耕地潜力小，和需实现耕地占补平衡和标准农田建设任务的矛盾，浙江省内的一些地方开始考虑尝试易地有偿补充耕地的做法，并出台相应法规界定适用范围、实施措施和管理政策等[③]。

浙江省对跨区域土地发展权交易的一系列改革探索，是在建设用地供给与需求、基本农田保护、耕地补充潜力明显区域不平衡的情况下，通过引入市场机制、创新政策，在耕地保护与经济发展之间实现的一种平衡，形成的一种诱致性制度变迁。但是，浙江省的耕地保护和占补平衡政策创新还是聚焦于数量平衡，"上山下海"的基本农田以及"占优补劣"的现象依然存在[④]。

① 汪晖，陶然. 论土地发展权转移与交易的"浙江模式"——制度起源、操作模式及其重要含义[J]. 管理世界，2009，（8）：39-52；张蔚文，李学文. 外部性作用下的耕地非农化权配置——"浙江模式"的可转让土地发展权真的有效率吗?[J]. 管理世界，2011，（6）：47-62.

② 施建刚，魏铭材. 计划管理下的土地整理折抵指标有偿调剂研究——以浙江省为例[J]. 农村经济，2011，（4）：40-43.

③ 汪晖，陶然. 论土地发展权转移与交易的"浙江模式"——制度起源、操作模式及其重要含义[J]. 管理世界，2009，（8）：39-52；施建刚，魏铭材. 计划管理下的土地整理折抵指标有偿调剂研究——以浙江省为例[J]. 农村经济，2011，（4）：40-43.

④ 汪晖，陶然. 论土地发展权转移与交易的"浙江模式"——制度起源、操作模式及其重要含义[J]. 管理世界，2009，（8）：39-52.

4. "由分到统"的转变：省级统筹指标调剂

根据浙江省有关补充耕地指标有偿调剂的政策，指标买入方和卖出方的国土资源管理部门进行自愿协商，确定指标交易的数量、单价和总价，达成补充耕地指标调剂的协议后，双方向省国土资源厅提出指标调剂的申请，经批准后，买入方在规定期限内交纳交易款项，卖出方则在规定期限内依据协议规定向买入方交付相应数量的补充耕地指标并提供挂钩项目清单，指标调剂的数据就会被纳入买卖双方当年的耕地保有量考核。通过一系列的正式制度安排，浙江省建立了一个相对完整的跨市补充耕地调剂平台。为了规范指标调剂行为，增强指标市场透明度，防止指标价格高起高落，2014 年浙江省人民政府办公厅在《浙江省人民政府办公厅关于进一步加强耕地占补平衡管理的通知》（浙政办发〔2014〕25号）中明确指出"取消跨市自行交易调剂补充耕地指标，建立省级补充耕地指标调剂平台，实行省统一平台、统一定价、统一调剂"。这样，补充耕地不足的地区，需要向省厅申请调剂补充耕地指标；未完成上级下达的垦造耕地任务，且耕地后备资源较多、当地补充耕地指标尚有余额的，不得申请调入指标。与此同时，该文件也强调按照"山海协作工程"要求，支持区域间开展多种形式的资源产业合作，优先调剂土地资源与产业合作双方补充耕地指标，促进欠发达地区招商引资和经济社会发展。至此，浙江省耕地占补平衡指标交易的市场化行为出现了"由分到统"的转折。

二、制度与效率：指标交易下的效率探讨

1. 理论辨析

纵观浙江省土地利用市场上出现的各类指标交易现象，无论是早期"浙江模式"下的"折抵指标有偿调剂""基本农田易地有偿代保""易地有偿补充耕地"，还是"山海协作"下产业资源合作的"指标交易"，以及"增减挂钩政策"下的"指标交易"，都是建设占用耕地权利在区域空间上的部分转移，其在本质上都是土地发展权（transferable development rights，TDR）的交易，对此，学界已基本取得了共识[①]。有学者认为运用这种机制能解决建设用地利用和跨区域配置中的突出矛盾，以及区域间效率与公正问题[②]。不可否认的是，市场方式由于能自动搜集和交换信息，从而能在一定程度上纠正信息不完全所导致的计划指标所带来的低效率分配问题。从理论上分析，这样的制度安排应该能够提升土

---

① 谭峻，戴银萍，高伟. 浙江省基本农田易地有偿代保制度个案分析[J]. 管理世界，2004，（3）：105-111；屠帆，卫龙宝，张佳. 易地代保和土地开发权转移比较[J]. 中国土地科学，2008，22（2）：29-35.

② 屠帆，卫龙宝，张佳. 易地代保和土地开发权转移比较[J]. 中国土地科学，2008，22（2）：29-35.

地利用效率。有学者已经得出结论，在边际收益拉平效应的作用下，耕地占补平衡指标交易的市场化确实有利于提高浙江省的土地利用效率，优化耕地占用指标资源的配置，浙江省的实践也表明指标交易发挥了市场机制的作用，取得了一些成效。

2. 指标交易的成效

浙江省的实践表明，耕地占补平衡指标的有偿调剂有效发挥了市场配置资源的作用，调动了各利益主体的积极性，既有利于实现耕地数量与质量平衡的既定目标，还能够控制补充耕地过程中可能出现的生态环境等问题，产生了"皆大欢喜"的效果。就此而言，耕地占补平衡指标的有偿调剂，不失为一种在现有约束条件下提升耕地占补平衡政策绩效的良策，具有重要的借鉴价值。

一是政府通过搭建耕地占补平衡指标有偿调剂的平台，让各地可以因地制宜，依据自身的比较优势选择购买或者出售补充耕地指标，有助于保质保量地补充耕地并控制耕地占补平衡的副作用。近年来，浙江省陆续出台《关于加强和改进垦造耕地工作的通知》《关于进一步加强耕地占补平衡管理的通知》《关于做好耕地占补平衡指标调剂工作的通知》等一系列政策文件，构建了耕地占补平衡指标交易平台。基于此平台，后备耕地资源丰富、开发条件好且成本相对较低的地方成为补充耕地指标的供给方。后备耕地资源匮乏、开发难度大但建设用地需求比较旺盛的地方成为补充耕地指标的需求方。借助指标的市场化交易，补充耕地指标的需求方，就可以减轻对土地开发等传统补充耕地手段的过度依赖，避免这些手段在生态环境方面产生的副作用。换言之，补充耕地指标供给方的资源现状等现实条件相对更适宜开展土地开发工程以增加耕地。因此，这些地方有条件也有可能保质保量地补充耕地，并且把与土地开发相伴而生的生态环境负面效应控制在合理区间。

二是耕地占补平衡的指标交易发挥了市场的经济激励作用，调动了各级政府落实耕地占补平衡政策的积极性。从本质上看，耕地占补平衡所保障的国家粮食安全和经济社会可持续发展都是一种公共物品。因此，热衷于发展地方经济的地方政府会选择"搭便车"，相互推卸耕地占补平衡的责任，寄希望于由其他地方来承担这种公共物品的供给成本，导致耕地占补平衡的低质量。补充耕地指标交易的出现，显化了耕地占补平衡的经济价值，内部化了耕地保护的外部效应，明确了公共物品供给的私人利益所在。换言之，指标交易体现了"占用者付费"和"保护者受益"的原则。例如，宁波、杭州、嘉善等地通过有偿购买指标以货币形式承担了占用耕地的各种成本，衢州、安吉等地通过出售指标获得了保护耕地所产生的收益，将逐渐形成耕地保护的经济激励和约束机制，有利于内部化耕地保护和占用所引致的外部效应。故各地自然有动力以更加积极的姿态参与耕地占补平衡。这有利于减少耕地占补平衡中屡见不鲜、屡禁不止的"占优补劣""占近补远"等机会主义行为，提高新增耕地的质量。

三是耕地占补平衡的指标交易能促进社会财富在不同区域之间的转移，有利于缩小区域发展差距，产生积极的经济社会效应。从浙江的情况看，补充耕地指标的供给方经济发展相对滞后，补偿耕地指标的需求方多属于经济发展水平比较高、速度比较快的地区。通过补充耕地指标的有偿调剂，供给方将获得可观的经济收益。以嘉善县与安吉县的补充耕地指标交易为例，补充耕地指标的单价达每亩23万元，作为供给方的安吉县由此获得了高达23 000万元的指标交易收入。安吉县可以把由指标市场化交易而得的经济收益，用于加快地方发展以及保障和改善民生。这在一定程度上弥补了土地开发整理复垦可能导致的负面影响。

3. 指标交易的隐忧

既然成效如此显著，为什么浙江省政府却在 2014 年收住了耕地占补平衡指标自主交易的口子，建立省级统筹调剂平台呢？应当看到的是，补充耕地指标交易依旧是一种达成现阶段侧重于耕地的农业生产功能或经济价值、以保护耕地和保障国家粮食安全为核心的耕地占补平衡目标的政策手段。因此，这种手段也难免存在着一些局限性。

一是指标交易可能延缓发达地区的产业升级，弱化欠发达地区的发展后劲。短期来看，通过山海合作工程下的资源与产业的合作，即以土地换取资金和产业，发达地区得到了最稀缺的建设用地指标，欠发达地区得到了形成内生发展力量的资金和产业，双方积极推动，各得其所。长期来看，却存在两个问题，一是延缓了发达地区的产业升级和梯度转移，二是弱化了欠发达地区的发展后劲。

按照发展经济学的理论，发达地区产业不断升级和梯度转移，是受土地价格、劳动力价格、资源供求和运输成本等因素的影响。而在这些因素中，土地无疑是最为核心的因素之一。由于土地的不可转移性，随着产业的发展，需要用地的企业越来越多；围绕产业的发展，劳动力集中，居民越来越多，居住需要的土地也越来越多，于是不断增长的土地需求与固定的土地供给导致土地价格不断上涨。效益低的产业无法生存，被效益高的产业取代，从而推动产业升级和梯度转移[1]。

而在土地指标可以买卖的特殊制度安排下，因不可移动性而固定的土地供给，变成了能够不断增长的建设用地供给，因此建设用地的价格上涨速度减缓，产业升级和转移的进程被延缓。由于本该转移出来的产业被延缓，能够转移出来

① 朱汉清. 浙江的区域协调发展道路——论山海协调发展的行动逻辑与路径[J]. 西安邮电大学学报，2008，13（2）：99-102.

的产业没有强大的带动效应，因此对欠发达地区经济发展的推动作用打了折扣。同时，在现有土地政策下，欠发达地区让渡了建设用地指标，为发达地区代保代造，土地用途被固定在农业上，将会导致整个土地使用结构中用于工业化和城市化的比重更加落后于发达地区，限制了未来的发展空间。

二是可能出现开发过度集聚（hot-spot）的现象。既然只需要保证特定区域内耕地总量整体的动态平衡，那么在指标交易的模式下，就可能出现某些子区域（即补充耕地指标的买入方）建设用地规模扩张，耕地数量锐减的土地利用结构失调现象，也即开发过度集聚。当开发过度集中于某些区域时，这些子区域的环境资源承载能力容易被超载，生态环境也同样会遭到破坏，不利于当地经济社会的可持续发展。另外，该手段还容易引发地方政府为增加经济收入而争相"卖指标"的冲动，一些地方可能会盲目过量地开垦耕地，超越当地自然和经济社会条件可承受的阈值，或者采取"以次充好"等机会主义措施，降低了新增耕地质量，产生片面追求补充耕地指标交易收益、过度新增耕地或忽视新增耕地质量的现象。前文提到的"困境之困"正是这样的例证，有悖于耕地占补平衡的本意。

三是存在补充耕地指标难以落实的风险。在政策实施初期，在确保耕地占补平衡的规则下，浙江省的耕地占补平衡指标调剂制度确实有很强的实践意义。但是，在经过十多年的大规模调剂之后，一个刻不容缓的现实摆在面前：浙江省内耕地后备资源的空间已经日渐缩小，省内调剂市场开始趋向萎缩。

以宁波市鄞州区为例。该区 2011 年能分配到的指标大概是 2 400 亩，但是该区的城市建设用地大概需要 10 000 多亩，除一些重大工程的分配指标外，还需要自我解决指标 5 000 多亩。而鄞州区的后备资源也十分有限，2010~2011 年，整个鄞州区只能落实新造耕地 700 亩，相对于 5 000 多亩的缺口，只是杯水车薪。为了完成占补平衡，作为山海协作的"好兄弟"，以前鄞州区多到丽水市景宁县购买指标。但是现在的情况是，景宁县的森林覆盖率达 83.01%，是国家级生态示范县，对造地工程很慎重，景宁县新造土地的折抵指标只够自己使用，这就导致之前签过的指标调剂意向合同，存在无法履行的风险。可见，实行耕地占补平衡指标调剂的省级统筹，也是为了实现政府"看得见的手"和市场"看不见的手"的有效配合。一方面，发挥市场在资源配置中的决定性作用，建立跨市补充耕地调剂平台，允许耕地资源相对丰富的地区，向资源相对匮乏的地区调剂补充耕地指标，实现资源与资金互补，缓解耕地占补平衡压力。另一方面，更好地发挥政府的作用，各个主体在市场机制的引导下追求利润最大化，不可避免地会出现市场失灵的问题。建立补充耕地省级统筹调剂制度，对确因补充耕地能力不足，无法落实省以上交通、能源、水利等基础设施建设项目耕地占补平衡的，由省里按一定比例给予省统筹补充耕地指标，从而不断丰富耕地占补平衡的实现形式，带动耕地占补平衡的理念创新，着力提升其政策绩效。

三、制度与分配：指标交易下的要素分配

值得注意的是，即使是在政府取消耕地占补平衡指标跨市自行交易的时候，指标依然会向山海协作的双方倾斜。在这样的形势下，日益稀缺的耕地指标往往成为欠发达地区在山海协作中重要的合作筹码。耕地占补平衡的指标调剂，也带动了人力、资金、技术等各种生产要素的流动。

1. 指标交易下"土地财政的转移支付"

在浙江省内的指标调剂市场中，衢州造地条件优越，是省内重要的指标输出地，在浙江省的耕地占补平衡指标调剂市场内有着举足轻重的地位。2010年，衢州指标调剂共达 25 714 亩，涉及调剂资金共 18.32 亿元，包括浙江杭州、宁波、温州、嘉兴、台州和绍兴等经济发达地区的县市，都有向衢州借调指标的记录。资料显示，仅杭州和宁波两市，到衢州调剂折抵指标分别为 1 万亩和 5 203 亩，占衢州指标调剂总额的50%以上，交易金额近8亿元，存在量大价优的情况。

2. 合作园建设下的产业梯次转移

2006 年，"宁波—衢州"山海协作示范项目在衢州经济开发区举行奠基仪式，宁波在衢州经济开发区建设的 3 平方千米的"山海协作示范项目"，也是宁波山海协作设立的首个异地工业园。两市共建使之成为宁波产业转移的示范基地、衢州产业的培育基地和两市"山海协作工程"的重要平台，项目总投入约 9 亿元。这种梯次的产业转移加快了衢州发展的速度，同时作为拥有中国第三大港的北仑港优势的宁波市，将衢州作为其外向型经济发展的腹地，为宁波市整个产业的升级提供了支撑，而且宁波市利用转移企业总部留在宁波市的总部经济优势大大提升了整个产业的布局结构。在此过程中，宁波市提供"三通一平"的配套资金，并且监督管理配套资金的使用，为产业园内分阶段的企业入驻提供良好的基础环境。

3. 劳动力转移

实施山海协作工程为欠发达地区剩余劳动力就业提供了广阔舞台。近年来，欠发达地区引进的一大批山海协作企业，提供了大量的就业岗位，吸纳了大量劳动力。2007 年底衢州市山海协作项目的从业人员达到 5.1 万人，当年报酬 7.1 亿元，占城镇单位从业人员报酬增量的 30.2%，实现了欠发达地区低收入群众的就业增收。在与宁波的山海协作中，丽水还率先在全省建立了首家"山海协作"劳务培训基地，已建立数控、机电、旅游、烹饪、服装、纺织、汽车维修等实训中心，年培训能力达 5 000 人次，既有效地缓解了宁波市的"民工荒"问题，也为

协作地区劳动力转移提供了条件。

总的看来，山海协作工程从一开始就遵循市场经济发展规律，以耕地占补平衡的指标交易为纽带，完成了产业梯度转移和要素合理优化配置，其意义在于运用市场化运作方式，以"政府搭台，企业唱戏"的方式探索了一条地区间合作互惠、协调发展的新路子。

第三节　浙江省耕地生态保护组合拳：保护与占补平衡目标重塑

浙江省在耕地保护和占补平衡政策上，进行了一系列的探索和创新。这些是中央对耕地占补平衡要求的再提高，是在加大生态环境保护力度的背景下，在耕地保护与经济发展之间实现一种平衡的尝试，也是对耕地占补平衡政策目标的重塑。所谓目标重塑，是指在原来仅仅关注耕地数量占补平衡的基础上，构建起耕地数量、质量、生态"三位一体"的保护新格局，以期实现"保护耕地、保障发展和保护生态"的综合目标。

一、财政支持的耕地保护补偿激励

所谓激励机制创新，是指浙江省耕地保护补偿机制试点改变原来耕地保护"大锅吃饭"的情况，按照"谁保护，谁受益"的原则，对耕地保护进行经济补偿，通过经济手段来激发和调动村级组织和农民保护耕地的积极性。

（一）主要内容

2009 年，浙江省在海宁、临海等九个国家级、省级基本农田保护示范县各选择一个乡镇开展耕地保护补偿机制试点，2013 年试点扩大到上述九个示范县全域，2014 年嘉兴市所有县（市、区）被纳入试点范围。在多年试点工作积累的工作经验、试点做法、取得成效的基础上，浙江省在全国率先全面建立耕地保护补偿机制，激励性耕地保护制度拉开了全省耕地保护工作的新局面。

（1）补偿范围。补偿范围包括土地利用总体规划确定的永久基本农田和其他一般耕地。同时明确，下列六种类型的耕地不纳入补偿范围：一是已作为畜牧（水产）养殖使用的耕地；二是发展林果业的耕地；三是成片粮田用于设施农业用地的耕地（不包括简易大棚设施蔬菜用地）；四是被征（占）用进行非农业建设等已改变土地用途的耕地；五是长年抛荒的耕地；六是耕地占补平衡中补充耕地的质量达不到耕种条件的耕地。

（2）补偿对象。补偿对象主要是承担耕地保护任务和责任的农村村级集体经济组织和农户。

（3）补偿标准。省级财政每年给予每亩30元的耕地保护补助资金；各市、县（市、区）结合各地实际，统筹地方财力和资金，确定具体补偿标准，最低档补偿标准不得低于省补助标准。也就是说，省、市、县综合补偿标准不得低于每亩60元。

（4）补偿资金使用范围。补偿资金主要用于农田基础设施修缮、地力培育、耕地保护管理等，在确保完成耕地保护任务，并符合资金使用管理规定的前提下，也可用于发展农村公益事业、建设农村公共服务设施等。

（5）补偿资金发放方式。县级国土资源、农业部门会同财政等部门，根据乡镇政府（街道办事处）和村级集体经济组织逐级审核上报的承包耕地等情况，确定耕地保护补偿资金分配方案，其中补贴给农户的资金，通过"一卡通"等方式，直接发放给农户；以奖代补资金由乡镇财政按有关规定拨付给农村村级集体经济组织。

（6）补偿资金来源。各市、县（市、区）主要从土地出让收入、新增建设用地土地有偿使用费、土地指标调剂收入以及其他财政资金中统筹安排耕地保护补偿资金。省财政补贴给农户的资金，主要从中央下达给浙江省的农业支持保护补贴资金中统筹安排；补助给农村村级集体经济组织的保护耕地以奖代补资金，从省分成新增建设用地土地有偿使用费、中央分成新增建设用地土地有偿使用费、省级耕地开垦费、省级农业土地开发资金以及其他财政资金中筹集。

此外，耕地保护补偿资金的发放，要向永久基本农田示范区倾斜，要与耕地保护责任落实、土地卫片执法检查结果、农业"两区"管护等挂钩，更好地发挥耕地保护补偿机制的综合效益。

（二）取之于土用之于土：耕地保护补偿嘉兴"新范式"

2012年嘉兴市委、市政府就明确提出"各县（市、区）政府要建立健全耕地和基本农田保护补偿机制"，2013年起全面实施耕地保护补偿激励政策，补偿标准、补偿金额逐年提高，对耕地保护起到了推动作用，在全省具有一定的示范借鉴意义。

嘉兴市明确补偿范围为土地利用总体规划确定的基本农田面积。补偿标准2013年为每亩不低于50元（其中海宁市为100元/亩），要求每三年至少调整一次，调整标准不低于前三年当地全社会职工平均工资增幅。2014年，嘉兴市政府53号文件又明确提出，对已建成的高标准农田和粮食生产功能区实行差别化补偿，补偿标准不低于100元/亩。为扶持薄弱村经济组织，没有违法用地的薄弱村补助标准再提高 30 元/亩。2015 年，薄弱村补助标准提高至 200 元/亩。每一次政策的出台调整，嘉兴市国土部门都会督促各县（市、区）要及时调整完善政策，并将政策调整完善情况纳入工作考核，确保县（市、区）的政策能及时出台完善。南湖区的补偿标准从 2013 年的一般耕地 50 元/亩，基本农田 60 元/亩，连续三年进行调整，2016 年一般耕地补偿标准达到 120 元/亩，基本农田补偿标准达到 140 元/亩，实现了"小步快跑"。

嘉兴市各县（市、区）采取了基本农田保护补偿与违法用地相挂钩政策。凡公示结束后被发现或被举报查实的，按县级文件规定标准，扣发当年度村级集体经济组织或农户的补偿资金。例如，海宁市规定：发生违法用地行为但自行整改到位的，扣减耕地保护补偿资金留村部分的 20%；发生违法用地行为且未自行整改到位的，减半发放留村部分的耕地保护补偿资金；连续两年发生违法用地行为且未整改到位的，连续三年扣减留村部分 50% 的耕地保护补偿资金；连续三年没有违法用地的，则奖励给村班子 3 万~5 万元。2015 年，海宁市有 29 个行政村拿到了基本农田保护补偿奖励 96 万元，165 个行政村中 160 个村全额享受基本农田保护补偿。基本农田保护补偿资金的使用，由村级土地民主管理小组讨论决定，主要用于农业基础配套设施建设的专项支出，要求村级集体经济组织于每年 12 月底在村务公开栏进行公示，接受群众监督，推行阳光操作。

把基本农田保护补偿政策落实情况纳入各级政府耕地保护目标责任制考核的主要内容（占比 10%），主要包括政策的执行完善情况、补偿资金的同步预算、补偿到位率、补偿进度、到村达户情况等。耕地保护执行情况在市级政府对县级政府工作目标责任制考核中实行"一票否决制"，提高了各级领导对此项工作的重视程度。

嘉兴市的耕地保护补偿政策实施成效明显：一是违法用地得到明显扼制，拆违成本明显下降。三年来，通过实行耕地保护补偿与违法用地相挂钩的政策，"无违建"村数量大大增加，违法用地比例明显下降。据统计，全市违法用地占新增建设用地中耕地的初始比例从 2012 年度的 23.93% 下降到 2013 年度的 11.16%，再下降到 2014 年度的 8.02% 和 2015 年度的 4.28%。对违法用地的有效管控，也大大降低了拆违成本。二是增强了农村集体经济组织的经济实力。通过基本农田保护补偿政策，全市每年有近亿元资金用于壮大村级集体经济组织，一般村每年可增加收入 20 多万元，其中，海宁市周王庙镇荆山村 2014 年补偿资金达到 81.5 万元。补偿资金也部分解决了经济薄弱村的脱贫致富问题，促进了村级经济绿色发展。三是增加了耕地保护建设资金来源，推进了高标准农田建设。从 2012 年建立耕保共管责任机制，到 2013 年全面实施基本农田保护补偿激励政策以来，全市补偿资金总额逐年提高。2013 年全市实际补偿 1.11 亿元，补偿到位率为 69.72%；2014 年实际补偿 1.37 亿元，补偿到位率为 61.92%；

2015 年实际补偿 2.5 亿元。基本农田保护补偿政策的实施，解决了村级经济组织农田水利建设配套资金来源问题，同时大大加快了高标准农田建设。2013 年以来，嘉兴已经建成了相对集中连片的万亩高标准农田 9 个，千亩高标准农田 18 个，并将结合农村土地整治加速推进千万亩高标准农田建设，促进现代农业规模化经营发展。

（三）耕地保护补偿机制的评述

耕地保护补偿机制是一个系统性的工程。从浙江省的实践看，明确政府与市场关系来构建耕地保护补偿机制，相关配套措施也是围绕着这一思路展开的。耕地保护所产生的生态社会效益，具有消费的非排他性和非竞争性，是一种具有"正外部性"的公共物品。外部性与公共物品正是经济学家用来证明政府干预合理性的两个典型市场失灵类型。在市场失灵的情况下，政府通过一系列财政转移支付手段调整区际利益，是主体功能规划下，避免耕地保护区和土地开发区的效益与成本分离，可能引发"公地悲剧"的有效措施。杭州市耕地保护补偿机制正是在这种思路的指导下，对耕地保护的社会价值和生态价值进行补偿，具体表现在以下几个方面。

首先，以保障粮食安全为政策导向。浙江省为突出耕地保护对粮食安全的重要意义，发挥政策导向作用，省级政府在分配补助资金时，将粮食生产功能区面积作为重要因素，分配权重占 60%。同时要求各试点县在制定补偿方案时实行差别补助标准，补偿政策向种植早稻等粮食作物的基本农田倾斜，引导和促进粮食生产。案例中的嘉兴市，就在文件中明确提出对已建成的高标准农田和粮食生产功能区实行差别化补偿，补偿标准不低于 100 元/亩。

其次，着力体现农民社会保障功能。耕地保护补偿直接增加了农村集体经济组织和农民收入。试点政策对耕地保护责任主体给予补偿，直接增加了农村集体经济组织和农民收入。据统计，到 2014 年度全省累计拨付耕地保护补偿资金 2.01 亿元，2016 年全省建立保护补偿机制后，仅省级财政就安排资金超过 6 亿元。在嘉兴市的案例中，政策也是向薄弱的集体经济组织倾斜的。

最后，体现耕地的生态环境和休闲游憩功能。一方面浙江的耕地保护补偿实行面上补偿和重点补偿相结合的方法，补偿重点区域结合高标准农田建设、千万亩标准农田质量提升工程、粮食生产功能区和现代农业园区建设等确定，可通过发展都市观光农业、城郊休闲农业、乡村特色农庄等来实现耕地的休闲游憩功能；另一方面规定补偿资金主要用于农田基础设施修缮、地力培育、耕地保护管理等，如可通过推动农田生态修复等措施提高耕地生态健康水平。

（四）潜在的问题

财政支持的耕地保护补偿机制，是在耕地保护目标重塑后的一种激励机制创新。政府通过补贴的方式主动提供耕地保护的非市场机制，以提高农民和集体在保护耕地上的积极性。嘉兴市耕地保护补偿的"新范式"在产生积极影响的同时，也面临一些问题，存在一些困难，需要进一步研究、探索。

首先，耕地保护补偿资金多依赖于土地收益，难以形成持久稳定的资金流。稳定的资金来源是确保耕地保护补偿机制持续健康运行的关键。目前，上述耕地保护补偿机制所需资金，大多来自各种土地收益和部分财政补贴。依靠土地收益来补偿资金来源面临以下两个问题：一方面是资金来源难以持久。随着征地范围逐步缩小，土地收益将逐渐减少，且土地收益会随宏观经济变化发生波动，难以支持补偿资金的持续稳定发放。另一方面是影响土地整治和基本农田建设资金投入。从目前的情况看，四项经费（新增建设用地土地有偿使用费、用于农业开发的土地出让金、耕地开垦费、土地复垦费）用于土地整治和基本农田建设尚存在一定缺口，再从中抽出部分作为补偿资金，难免会影响土地整治和基本农田建设的直接投入。

其次，耕地保护补偿面临"补少不起作用，补多没有财力"的困境。耕地保护补偿实质上是对耕地使用限制的补偿。补偿的具体标准根据正常市场条件下的耕地转为最佳利用方向（可定义为建设用地）的土地价值，与原正常市场条件下农业用途价值的差额测算确定，我们可以将此差额当作耕地保护的机会成本。从耕地保护补偿单项政策看，目前实行的补偿标准，远未达到耕地保护主体的机会成本，尤其是对农户发挥的激励作用有限。同时从目前的财力状况来看，难以实现补偿标准与耕地保护主体的机会成本相当。

最后，补偿与规划用途管制挂钩，对规划的科学性提出更高要求。总体来看，各地对补偿范围和补偿标准，基本上是按土地利用总体规划划定的一般耕地和基本农田进行设置的，基本农田的补偿标准高于一般耕地，体现了对基本农田保护补偿的倾斜。这种由规划不同引起的收益分配不均，极易引起农民的不解和不满。由此可见，补偿机制建设在提高农民保护耕地积极性的同时，也带来了如何公平合理分配利益的问题，对规划的科学性提出了更高的要求。

二、永久基本农田划定："杭州样板"

所谓永久基本农田划定，是指按照数量增加、质量提高、形态优化的要求，在现有基本农田划定成果基础上，按照城镇由大到小，空间由近及远，耕地质量和地力等级由高到低的顺序，将连片度高的优质耕地划入永久基本农田，实行严格保护。在本轮原国土资源部、原农业部共同部署的永久基本农田划定工作中，浙江省共划定永久基本农田2399万亩，划定永久基本农田示范区1000万亩，实现了优质耕地应划尽划的要求，永久基本农田实现了质量有提升、布局更优化的目标。

本书选取杭州市为案例进行分析。杭州市拥有人口1000万人左右，而耕地仅有332万亩。在城市建设日新月异的今天，杭州在全国的城市周边永久基本农田划定工作中却一马当先，迈出了"杭州速度"，城市周边永久基本农田划定成果被原国土资源部和原农业部评价为可复制、可推广的"杭州样板"，在杭州召开了全国永久基本农田划定现场会，其经验受到了广泛关注。

1. 杭州的主要做法

永久基本农田划定的"杭州样板"主要包括以下几个方面：一是把耕地保护融入经济建设与城市发展中。杭州在划定永久基本农田的过程中，注重契合每个地区的生产生活特点。例如，东部发展区突出"现代农业与智能制造相融相依"，西部科创区突出"田园风光与创新创业相辅相成"，南部钱江两岸突出"水田湿地与水源保护相因相生"，北部良渚区突出"农耕文明与历史文化相生相依"。这些基本农田链接起杭州城市周边山川河流森林湖畔，形成城市发展的天然生态边界和绿色空间。被划定了8342亩永久基本农田的余杭街道永安村，就是一个典型的例子。这里毗邻城西科创大走廊，自古以来是鱼米之乡。划定永久基本农田的举措把城西科创大走廊打造成先生态、再生活、后生产的"三生融合"的创新创业天堂。二是推进"田长制"试点工作。杭州市建立"田长负责、网格化管理"的管理模式，确保每一块基本农田都有一个实实在在的"管事人"。目前已在一些区县推行网格化管理，以基本农田片区为基准，划分了网格责任区，使耕保网格责任区再细化、职责任务再量化、人员力量配置逐步合理化。对具体的基本农田保护责任片区，实行"田长制"，"田长"一般由村党支部书记担任，负责巡查、发现、制止、报告和基层耕地保护宣传；"田长"责任落实情况将与年度耕地保护补偿资金分配挂钩。三是建立永久基本农田保护建设和补偿机制，体现在三个方面：①编制永久基本农田专项整治规划，结合杭州市六条生态带建设，在永久基本农田范围内开展有针对性的土地专项整治，通过项目带动，提高耕地质量、优化耕地布局和村镇用地布局，实现保护优质耕地和保障农民权益多赢目标。②以划定的永久基本农田为重点，全面推行永久基本农田保护补偿机制。让承担保护责任的农村集体经济组织和农户获取相应的资金奖励，奖励资金与其耕地保护绩效完成情况挂钩。③出台基本农田保护区配套用地政策，保障当地群众建房、公共配套等合理用地需求。此外，杭州还将全面开展永久基本农田土壤地质调查，以调查结果为依据，引导优化城市周边耕地种植结构调整和土壤保育涵养。

2. "杭州样板"的实际效果

目前，杭州市已经完成永久基本农田划定的任务，具体表现在：一是从数量来看，全市共有 254.57 万亩永久基本农田、20.57 万个图斑（其中城市周边 24.51 万亩，2.8 万个图斑），全部确定了坐落、面积、地类、质量等信息。二是从质量上来看，杭州将城镇周边和交通沿线易占用的优质耕地以及已建成的高标准农田、粮食生产功能区等优先划为永久基本农田。划定后水田占比达到 87.89%，耕地质量等别呈"高等上升、低等下降"趋势。三是从形态上来看，划定的永久基本农田落地后，与杭州不同区域特色相融合，因地制宜，基本农田链接起杭州城市周边山川河流森林湖畔，形成大然生态边界和绿色空间，让城市发展更为宜居、宜业。

3. "杭州样板"的简要评述

作为一种公共物品，永久基本农田划定的"杭州样板"机制创新，其实遵循了本章开篇所提到的逻辑。通过补偿机制的创新把耕地保护与经济激励紧密联系起来，让承担保护责任的农村集体经济组织和农户获取相应的资金奖励，以此来激发承担保护任务的农村集体经济组织及农民的积极性和主动性。以杭州市余杭区为例，从 2011 年起，余杭区实施耕地保护有偿制度，对集体经济组织和农户进行补偿，主要用于农田基础设施修复、地力培育等，累计拨付补偿资金达9 796 万元。此外，为了保证耕地质量，杭州市的耕地保护补偿机制还实行"绩效导向"，一方面将奖励资金与其耕地保护绩效完成情况挂钩，耕地保护补偿基金向永久基本农田及其示范区、农业两区等优质耕地处的农村集体经济组织和农户倾斜；另一方面还将奖励资金与"田长"责任落实情况、"无违建村创建"挂钩，奖优罚劣，通过这样的机制来约束和激励村干部的行为。

前文已经提到实现集体行动的另一条路径是实现耕地保护的"协同效用"，这在永久基本农田划定的"杭州样板"的实践中也得到了很好的印证。杭州市将耕地保护的目标与城乡统筹发展、控制城市无序蔓延扩张、生态文明建设、产业转型等目标打包。例如，"耕地有偿保护"就是使资金从城市向农村流动，以财政转移支付方式使农民分享工业化和城市化的收益；而永久基本农田划定与打造都市农业的结合则不仅带动了产业的转型升级，更是将城市的资金、资本引入农村的有效措施。正因为此，杭州才能因地制宜，探索形成独具杭州特色的"优化生态、集约用地、多规融合、都市农业、农耕传承"五个保良田模式。

当然，绿色城市背后，一是产业转型的支撑。2014 年 7 月，信息经济被确立为杭州市的"一号工程"后，发挥了经济增长主引擎作用。2016 年初，杭州市迈入"万亿元 GDP 俱乐部"。2017 年上半年，信息经济增加值占地区生产总值的 24.8%。与此同时，杭州市服务业增加值占 GDP 比重去年首次超过六成，超过发达国家 60% 的标准线，达到了 62.1%。二是政府的主导作用。杭州市的耕地补偿基金筹集主要来自各区、县（市）的土地出让收入、新增建设用地土地有偿使用费等，而这些本质上都是政府在土地出让收入上的"让利"。

三、耕地占补平衡新方式："旱地改水田"

1. 主要内容

"旱地改水田"也是浙江省为了落实中央提出的建设项目耕地占补平衡"占优补优、占水田补水田"的要求，遏制全省水田面积减少趋势而提出的一个耕地质量提升示范工程。为鼓励地方政府实施"旱改水"工程，浙江省出台了一系列政策支持，具体包括"旱改水"示范项目：一是允许用于耕地占补平衡。即"旱改水"示范项目经县级验收、市级复核、省级抽查确认和备案管理后，增加的水田面积允许按照"补改结合"方式，用于建设项目耕地占补平衡，落实"占水田补水田"；二是允许纳入高标准农田建设任务。即"旱改水"示范项目实施后的水田质量，达到高标准农田建设标准的，允许按建设类标准认定为高标准农田；三是允许纳入标准农田储备面积。即"旱改水"示范项目实施后的水田质量，符合浙江省标准农田建设标准，通过农业部门质量等级评定的，允许认定为标准农田，纳入储备面积，用于建设项目标准农田占补平衡。

同样值得注意的是，省国土资源厅对"旱地改水田"项目的实施条件也提出了较为具体的要求。建设区域方面，"旱地改水田"项目原则上应当在地形平坦、区块规整、坡度 15 度以下（低丘缓坡区可放宽到 25 度以下）、有水源保证、方便农业机械耕作的区域内组织实施；建设规模方面，"旱地改水田"项目可以结合标准农田建设、高标准农田建设同步实施，建设规模原则上应不低于 50 亩且集中连片，项目新增水田面积不低于 60%。周边已有集中连片水田 30 亩以上且排灌设施较为完善的区域，对实施的"旱地改水田"项目建设规模原则上不做要求；地类认定方面，"旱地改水田"项目实施前地类为第二次土地调查认定的旱地，通过土地整治新增的旱地也可纳入实施范围；群众意愿方面，"旱地改水田"项目的实施应充分尊重农村集体经济组织和群众的意愿，项目须经村经济合作社社员（代表）大会或者村民（代表）会议三分之二以上成员同意。

2. 衢江区富里试验区

衢州衢江区"富里农村综合改革试验区"东起廿里镇富里村，南靠江山江，西至京台高速衢州南互通连接线，北邻柯城区华墅乡、航埠镇，总面积为 18 492 亩，包括 2 个镇的 6 个行政村，近 7 000 名农民。富里区块的裸地、旱地、园地等土地地力条件差，不适宜农作物生长，长期处于荒芜或低效状态。衢江的两个规模较大的现代农业园区近两年发展很快，带动了大量农民发家致富。富里一带的农民对于土地整理开发、增加经济效益的愿望比较强烈。在这样的背景下，衢江区开始谋划富里"万亩水田"垦造项目。衢江区"富里农村综合改造试验区——万亩水田垦造及智慧生态农业培育工程"，是 2016 年省重点项目，项目总投资 30 亿元，主要包括水田垦造、生态修复、新农村建设、农业和旅游设施配套等工程。按照近期、中期、远期推进试验区建设。近期（2016~2017 年）主要实施万亩水田垦造项目，通过实施田间道路、土地平整、农田水利、田间防护林等工程，垦造标准水田 9 526.67 亩，项目建设模式采用集设计、采购、施工为一体（engineering procurement construction，EPC）的工程总承包模式，于 2018 年 3 月，顺利通过项目区级验收。

　　3. 案例分析

　　衢江区试点"万亩水田"垦造项目，规模较大且成片，将原来荒废的黄土丘陵垦造为水田后，提升了耕地质量，实现了规模效应，亩租金可以由原来的 100 元上升到七八百元；该项目规划建设"智慧小镇"，计划推广智慧农业，打造集智慧循环农业开发、农业观光休闲旅游为一体的现代农业创新区，可以带动就业和当地的产业发展。整体来看，衢江区的"旱地改水田"项目在一定程度上实现了社会、经济和生态的综合效益。

　　浙江的"旱地改水田"质量提升示范项目，由于被允许用于耕地占补平衡和纳入高标准农田建设任务，即使这样的工程存在较高的成本，但地方政府仍具有一定的积极性。政策的"捆绑"和衔接，解决了地方政府激励不足的问题。其背后更为重要的逻辑是，"旱地改水田"项目其实是在土地整治项目、高标准农田建设、占补平衡政策基础上的"一揽子"工程。它最大的特征是以土地整治为途径，以占补平衡为目标，在实现耕地保护的同时，带动农村的产业发展，壮大村集体经济组织的收益，实现多个目标，以此来解决农民和村集体经济组织激励不足的问题。

第四节　反思：耕地占补平衡政策的前因后果

一、制度的起源：价值与目标

1. 价值体系

　　一方面人多地少，特别是人均耕地面积少是我国基本的土地国情。而在工业化和城镇化的浪潮下，大量的耕地被开发为建设用地，以此来满足经济社会发展的需要，似乎已经成为一个难以逆转的趋势。我国的耕地资源现状、人口数量与未来新增建设用地需求、耕地保护始终面临着相当严峻的形势。另一方面耕地所具有的农业生产功能，是保障国家粮食安全的物质基础。耕地还是农田生态系统的重要组成部分，是多种生物生存和成长的空间载体。耕地资源的减少和破坏势必会引起生态系统失衡。近几十年来，大范围、高强度的土地开发，削弱了耕地的农业生产能力，加剧了人地矛盾，使经济社会发展面临不可持续的威胁。由此可见，保障国家粮食安全，促进经济社会的可持续发展，是耕地占补平衡背后蕴含的价值观。

2. 政策目标

"十分珍惜和合理利用每一寸土地，切实保护耕地"是我国的基本国策。自耕地占补平衡政策实行伊始，保护耕地就是其核心目标。围绕着保护耕地这个中心，耕地占补平衡政策的目标又可以具体化为耕地占一补一、保持耕地总量动态平衡、保证补充耕地质量不断提高等。显然，上述政策目标关注的重点，都是耕地资源的经济价值。实施耕地占补平衡的预期效果则是通过实现耕地数量与质量的动态平衡，来确保耕地的农业生产能力不降低，进而为国家粮食安全提供强有力的保障。然而耕地在保护生物多样性、维护生态系统平衡等方面的非经济价值却往往被忽视，也尚未被明确纳入耕地占补平衡的政策目标集合之中。就此而言，现行的政策目标大体上回应了"民以食为天"的民生诉求，是实现经济社会可持续发展的题中之义，满足了耕地占补平衡价值体系中最基础层次的需要。

3. 价值与目标的失调

保障国家粮食安全，促进经济社会的可持续发展是耕地占补平衡的价值追求。粮食安全是个体和群体的基本生存需求。它既关系到个体的生存发展，也事关社会稳定和国家安全。通过耕地占补平衡来保护耕地或者说保护土地的农业生产能力，就是保障国家粮食安全。不过，与粮食安全不同，经济社会可持续发展的价值内涵更为丰富。可持续发展是既能满足当代人的需求，又不对后代人满足其需求的能力构成危害的发展。既要达到发展经济的目的，又要保护好人类赖以生存的淡水、海洋、土地和森林等自然资源和环境，使子孙后代能够永续发展和安居乐业。因此，耕地占补平衡还应当具有维护生态系统平衡、促进人地和谐等价值含义。

当前我国耕地占补平衡的政策目标，还仅仅局限于保护耕地，确保耕地总量的动态平衡。正如《土地管理法》所要求的，非农建设经批准占用耕地的，应当按照"占多少，垦多少"的原则，开垦与所占用耕地的数量和质量相当的耕地，省、自治区、直辖市人民政府应当保证本行政区域内耕地总量不减少。这些政策目标，体现了保障国家粮食安全的耕地占补平衡价值含义，也能够反映经济社会可持续发展的基本要求。但是它却没有跳出唯耕地的经济价值和农业生产功能论的"圈子"，具有单一性和片面性。很明显，这种一维的、层次低的目标，并不能完整地诠释耕地占补平衡的价值内涵。

二、制度的建立：激励与市场

1. 有偏的手段与"收之东隅、失之桑榆"

在单一的耕地占补平衡目标驱动下，土地开发因其能够在短时间内，以相对较低的成本补充足量的耕地，成为各地保证耕地占补平衡的最常见手段。笔者通过调研了解到，通过土地开发新增耕地占比高，土地开发成本相对较低，项目周期短，见效快，明显低于农村土地综合整治，以及补允耕地指标有偿调剂的新增耕地亩均成本。在项目实施过程中，政府主导作用的有效发挥和市场激励机制的引入，调动了参与者的积极性，进一步提高了土地开发效率。

土地开发实际上是一种有偏的耕地占补平衡手段，其政策结果也不尽如人意。一方面土地开发所新增的耕地类型大多为旱地，依靠土地开发新增的耕地，难以达到"占水田、补水田"的耕地质量平衡目标。另一方面土地开发将大量林地、园地等生态服务价值高的边际土地转变为耕地，不可避免地会造成一定的生态损失。由于浙江多山地丘陵的自然条件，林地、园地等大都位于山坡地带，坡地开垦也很可能会产生水土流失等副作用。从表面上看，土地开发作为一种政策手段有助于实现耕地数量动态平衡的目标，但它却未必能满足耕地质量平衡的预期，很可能带来水土流失、生态破坏等负面效应。

综上所述，片面注重耕地的农业生产功能，忽视其生态功能和社会效应的耕地占补平衡目标，会诱致有偏的政策手段，进而造成诸如只能保证耕地数量平衡，却难以保证耕地质量平衡；虽然实现了耕地总量动态平衡，却导致生态和社会等负面效应的"收之东隅、失之桑榆"的政策结果。

2. 纠偏的尝试及结果：政府与市场的关系

面对有偏的手段导致的"收之东隅、失之桑榆"的结果，浙江省开始尝试创新耕地占补平衡的实现方式，以耕地占补平衡的指标交易来保证全省耕地总量动态平衡。耕地占补平衡的指标交易扩大了各个地方的"选择集"，让各地可以因地制宜，依据自身的比较优势，选择购买或者出售补充耕地指标。

耕地占补平衡指标交易的手段，发挥了市场的经济激励作用。从本质上看，耕地占补平衡所保障的国家粮食安全和经济社会可持续发展都是一种公共物品，热衷于发展经济的地方政府会选择"搭便车"，相互推卸耕地占补平衡的责任，寄希望于由他人承担这种公共物品的供给成本，导致耕地占补平衡的低质量和负效应。补充耕地指标交易的出现，显化了耕地占补平衡的经济价值，内部化了耕地保护的外部效应，明确了公共物品供给的私人利益所在。因此各地自然有动力以更加积极的姿态参与耕地占补平衡。这些有利于减少耕地占补平衡中屡见不鲜、屡禁不止的"占优补劣""占近补远"等机会主义行为，提高新增耕地的质量。

耕地占补平衡的指标交易，还能促进社会财富在不同区域之间的转移，有利于缩小区域发展差距，产生正面和积极的社会效应。从浙江省的情况看，补充耕地指标的供给方经济发展相对滞后，而补偿耕地指标的需求方多属于经济发展水平比较高、速度比较快的地区。通过补充耕地指标的有偿调剂，供给方将获得可观的经济收益。供给方就可以把由指标市场化交易而得的经济收益，用于加快地方发展以及保障和改善民生，在一定程度上弥补土地开发整理复垦可能导致的负面影响。由此可见，耕地占补平衡的指标交易不仅有利于确保新增耕地的质量，推动实现耕地数量和质量的双平衡，还有利于控制因土地开发、农村土地综合整治等补充耕地手段运用不当而产生的生态、社会副作用。这在一定程度上纠正了"收之东隅、失之桑榆"的耕地占补平衡偏差。

补充耕地指标交易，依旧是一种达成现阶段侧重于耕地的农业生产功能或经济价值、以保护耕地和保障国家粮食安全为核心的耕地占补平衡的政策手段。这种手段也存在一定的局限性。既然只需要保证特定区域内耕地总量整体的动态平衡，那么在指标交易的模式下就可能出现某些子区域（即补充耕地指标的买入方）建设用地规模扩张，耕地数量锐减的土地利用结构失调现象，也即开发的过度集聚。这些子区域的生态环境也同样会遭到破坏，不利于当地经济社会的可持续发展。另外，该手段还容易引发地方政府为增加经济收入而争相"卖指标"的冲动，产生片面追求补充耕地指标交易收益、过度新增耕地或忽视新增耕地质量的现象。

正因为如此，可以看到的是，在经过十多年的规模较大的耕地占补平衡指标交易之后，浙江省在耕地占补平衡政策的指标调剂方面"收住了脚步"，2014年对跨市指标自由调剂的取消和补充耕地省级统筹制度的建立是转折。

三、制度的创新：含义与出路

浙江省土地资源禀赋、经济社会发展步入"新常态"的整体趋势以及建设生态文明的迫切要求都表明，应当突破单纯地关注耕地数量或产能平衡的局限，探索建立以生态平衡为核心的耕地占补新机制。而在实践过程中，为降低开发土地对生态环境的影响，避免地域差异和不确定性，政府倾向于偏向通过层级制的管理来提升治理效率。但是单一的制度存在激励不足、控制过强等问题，为此需要根据治理的需求来优化治理结构设计。总体而言，通过耕地占补平衡的制度创新达到生态占补平衡的标准时需要注意以下几个方面：第一，更加注重土地的生态价值。我国的耕地占补平衡更多地注重数量补偿，近些年来不断强调质量的补偿，但是仍更偏向于耕地自身所具有的经济属性，对耕地的生态价值仍重视不足。注重补偿的生态功能平衡，要求我们在对耕地的占用进行补充时，应当更加关注土地的生态价值及其差异性，通过生态占补的机制设计减弱开发时间对生态造成的影响，避免不同类型的土地生态系统空间异质性对补偿效果的影响，最大化地重建和恢复补充耕地区域原有的生态地貌。

第二，生态价值指标化与可交易的市场机制。国外有国家将"指标"引入了补偿机制，开发者必须在实施项目前评估对生态价值的破坏，然后购买相应的指标数量来进行补偿，只有补偿成功后才可以实施项目。这种提前预支补偿的行为，在土地开发过程中将更好地实现对生态的保护。同时提前预支的行为也将激励开发者们在接下来的开发过程中尽量避免或者减轻对环境造成的影响以减少补偿的成本。相比完全破坏原有生态而另行选址构建相似的土地系统的情况，这样的做法可以使开发过程中对生态系统的扰动程度更轻，同时通过对一块土地的整理复垦或者新建土地生态系统来增加它所具有的生态价值，不仅不会破坏土地原本具有的生态效果，还能挖掘土地生态系统的潜力。将增值部分指标化用于交易，也可以人大激励社会机构和私人进行土地整理复垦。

这种政策在一定程度上类似于现行的建设用地与耕地的指标挂钩的思路，将责任与权利进行了捆绑。其创新和优势在于将生态价值的保护与土地开发进行了关联，只有在保证生态价值补偿平衡的前提下才允许土地开发，这样能够反向推动社会各部门与开发商对土地生态系统的保护，实现生态功能的平衡而非表层意义上对生态地域面积数量上的平衡。

第三，将政府控制、市场激励与公众监督相结合。合理的制度设计与治理结构运行的成功依赖于政府严格的评价标准、严厉的政策和法规的实施、可靠的市场机制和公众的积极参与相结合。无论是属于市场制的个人自行补偿制度还是属于层级制的层级管理制度，治理方式的单一会导致它们在控制、激励等效果方面欠佳，而政府控制与市场配置相结合能够比较好地实现政策目标。公众的积极参与能够增加社会对制度的认可度，排除制度在推行过程中的阻力，减少交易费用，提高治理的效率。生态价值作为一种公共物品或者准公共物品决定了土地生态系统服务市场不是完全意义上的市场。政府在市场的建立、规则的制定等方面都起着至关重要的作用，市场的管理与运作离不开政府的有效管理和强力的执行保障。对不同的治理结构需要进行不同的制度设计，但是没有哪个方案是万能的，生态平衡目标下的耕地占补平衡制度的设计和创新也应该是因地制宜的。

第五节　耕地保护与占补平衡制度改革的经验与启示

耕地保护是一种公共物品，面临集体行动的困境。浙江省为了破解耕地占补平衡政策实施的诸多困境，进行了一系列的政策创新。为了落实国家提出的耕地占补平衡更高要求，重塑了耕地占补平衡政策的目标。本章在梳理浙江省相关政策的基础上，分析了浙江省破解耕地保护集体行动的困境实现路径，探讨如何通过具体的政策来重塑耕地占补平衡目标，在此基础上，又讨论了如何创新耕地补偿机制来实现这些目标。

一、主要经验

第一，实现耕地保护集体行动的一个重要路径，是通过经济激励手段改变各行为主体的行为动机。浙江省依托补充耕地指标的市场化交易来实现耕地占补平衡，通过市场机制实现了耕地保护的经济激励。该手段发挥了市场配置资源的作用，调动了各利益主体的积极性，既有利于实现耕地数量动态平衡，还能够控制补充耕地过程中可能出现的机会主义行为。因此，耕地占补平衡的指标交易（补充耕地指标的有偿调剂），不失为一种在现有约束条件下提升耕地占补平衡政策绩效的良策，具有重要的借鉴价值。

第二，浙江省经过十多年规模较大的耕地占补平衡指标交易之后，在耕地占补平衡政策的指标调剂方面"收住了脚步"，建立补充耕地省级统筹制度，开始统筹与调剂并行。应该注意到，在一元化的耕地占补平衡目标引导下，市场机制经济激励作用和新增耕地质量验收尚缺乏严格规范标准，一些地方可能会盲目过量地开垦耕地，超越了当地自然和经济社会条件可承受的阈值；或者采取"以次充好"等行为，降低新增耕地质量。这些既无助于提升政策绩效，也有悖于耕地占补平衡的本意。也正因为此，浙江省耕地占补平衡指标交易的市场化行为才出现了"由分到统"的转折。

第三，浙江省为了顺应国家提出的耕地占补平衡更高要求，通过一系列耕地质量提升工程，如永久基本农田的划定、"旱地改水田"、农村土地综合整治等，重塑了耕地占补平衡政策的目标，即构建耕地数量、质量、生态"三位一体"保护格局，以期实现经济、社会、生态的综合效益。尽管如此，现有的耕地保护制度安排更偏向于耕地自身所具有的经济属性，对耕地的生态价值仍重视不足。

第四，目标重塑下的政策实施过程中，同样面临着各个主体激励不足的问题。为破解集体行动困局，一方面浙江通过将耕地保护目标与生态文明建设、城乡统筹、产业转型等目标"捆绑"，通过耕地保护的"协同效应"来解决行动主体激励不足的问题；另一方面耕地补偿机制从试点到率先在全国全面建立的尝试，是以政府财政转移的方式直接促进耕地保护，这也说明在耕地保护这样的公共物品供给上，政府的主动投入是有效解决集体行动困境的途径之一。当然，这些措施或许可以实现耕地数量与质量的占补平衡，但也存在着明显的经济社会风险。

二、政策启示

第一，制定多元化耕地占补平衡的政策目标，增强价值与目标之间的协调性。事实证明，单一的、低层次的耕地占补平衡目标会引发失当的政策手段与欠佳的政策结果。因此，耕地占补平衡的目标不能局限于保护耕地和保障粮食安全等基本层面。它应当延伸至更高层次和更宽领域，即在确保耕地数量与质量占补平衡的同时，要综合考虑土地的生产性功能、生态服务价值以及社会功能，必须注重生态系统的整体平衡并兼顾补充耕地行为的社会效应。防止以偏概全地设定政策目标，确保耕地占补平衡的目标能更加全面地表达其背后的价值内涵，为具体的政策实践提供正确的方向指引。可以预期，目标与价值的协调一致和高度契合对当前耕地占补平衡的矛盾与问题会有治本之效。

第二，通过实现耕地保护的协同效应，形成地方政府在耕地保护政策实施上的激励，是当前耕地保护补偿机制政策创新的可行选择。地方政府的动机是促进耕地保护补偿机制创新的主要动力，目标"捆绑"有利于形成关联博弈的效果，推动地方政府主动实现政策创新，永久农田划定的"杭州样板"很好地证明了这种思路的有效性。在具体政策设计上，杭州市将永久农田划定与城乡统筹、产业转型、生态文明建设、避免城市无序蔓延等目标结合在一起，形成了有效的激励机制，促使地方政府对政策的设计和实施。

第三，充分发挥市场机制作用，不断健全耕地占补平衡的指标交易新模式，合理界定政府与市场之间的适宜边界。健全耕地占补平衡的指标交易模式，就是要充分发挥市场的竞争机制激励各行为主体，积极利用各自的比较优势从而实现资源优化配置的作用，达到一举三得的效果，即耕地后备资源缺乏的地区，能够完成耕地占补平衡的任务；社会财富能够跨区流动以缩小区域发展差距；补充耕地可能引起的生态和社会副作用能够得到有效控制或者弥补。应当因地制宜，科学合理地确定指标交易的范围，避免出现开发过度集聚的现象。各级地方政府要强化补充耕地项目的监管力度，健全各种监管机制，尤其是要对项目立项、实施、验收等关键环节严格把关，坚决防止和制止没有资源条件的地方为逐利而强行开发整理土地或者"以次充好"补充耕地等机会主义行为。

第四，更新土地管理理念，实现耕地保护与占补平衡应更加重视生态效应。现有的耕地保护制度安排更偏向于耕地自身所具有的经济属性，对耕地的生态价值仍重视不足。耕地作为"自然—经济—社会"复合生态系统，其生态服务功能应该受到重视。土地利用方式的变化，直接影响生态系统所提供服务的种类和强度，从而造成生态系统服务价值的损益，而现实情况是，由于耕地生态质量提升程度难以衡量，所以也就更加难以在政策实施过程中得到合理的补偿。国外有将"生态指标"引入补偿机制的做法，即开发者须在实施前评估对生态价值的破坏，然后购买相应的"生态指标"数量来进行补偿，只有补偿成功后才可以实施项目。同时，通过土地开发增值的"生态指标"又可以用于交易。这种在耕地保护生态占补平衡方面责任与权利的捆绑，或许可以为人们提供一种很好的思路。可以说，随着对人地关系认识和实践的不断深化，未来我国的土地管理，将既关注耕地或者说土地资源的经济价值，也注重其景观生态等非经济价值。这种管理理念的新陈代谢，反过来会使耕地保护与占补平衡向重视生态转变，从源头上防范前文所述的各类生态和社会负效应，促进经济社会的可持续发展。

第七章　浙江故事背后的土地资源治理逻辑

浙江故事讲述了政府、集体和农民等不同利益主体如何竞争和合作，实现土地、劳动力、资本要素等在空间、时间、规模和协同度上的优化。浙江故事体现出经济发达地区主动创新土地基础性制度，积极寻找实现生产要素优化的治理模式，同时在实践中探索相关利益主体收益分配的公正观和价值观，在经济发展过程中努力践行"绿水青山就是金山银山"的生态观。浙江故事之所以引人入胜，不仅仅是因为其获得的绩效，更是在于其背后的治理逻辑。这个逻辑，是经济发达地区的逻辑，未来可能会成为其他地区的逻辑，其经验和教训都值得关注。

第一节　土地资源治理的基本逻辑

治理作为经济社会系统运行规则和组织模式，是指在特定制度环境下，建立起来的一种不同利益主体之间的决策和互动机制，理论上包含三个层面的含义：利益相关方的价值取向是什么，建立了何种正式制度，以及如何实施这些正式制度。在既定的治理体系下，利益相关方共同对被治理的对象（如自然资源）进行决策与互动，产生一定的治理绩效，如资源利用收益及其分配。

在土地资源治理中，也需要考虑这三个层次的内涵。人们希望通过土地资源治理取得什么样的结果，即人们的价值取向是什么；人们为此设计了什么具体的正式制度，如土地产权规则、规划规则或市场规则等；人们在这些规则下，为了实现土地资源的价值取向，设计了什么实施的模式和手段，如如何实现或者组织土地资源的利用过程。这给出了土地资源治理的基本逻辑，即治理的背后体现了利益相关者对土地资源治理的价值取向，是追求效率，还是保障公平，抑或是保护资源本身的生态系统的可持续等；在相应的价值取向下，治理需要体现在制度的选择与设计上。制度不是具体土地治理的组织过程，还需要具体的组织模式和程序来实现。

第二节　浙江故事土地资源治理的特征

在浙江省的改革故事中，从价值引领到基础性制度建设，从土地效率的提升到收益分配的公正，从公权力与私权利的辩证关系到多元化的治理结构，从以市场化配置为主和发挥好政府作用，到让民众有话语权和选择权，都是农村土地制度改革过程中显现出的具有浙江特色的治理绩效。

一、以社会公正、发展效率和保障秩序为价值引领

1. 社会公正

农村土地制度改革的社会公正，主要体现在以下几个方面：一是不同利益主体之间的公正，即土地制度改革如何平衡不同群体之间的权益，是社会公正的重要方面。二是不同地区之间的公正，这包括城乡之间的公正，如何规避区位影响、平衡经济发达地区和欠发达地区的收益，也包括由政府规划（公权力）引起的地区之间的公正问题，如何平衡建设用地和农用地之间的收益，如何平衡不同产业结构引起的区域不公等。三是不同制度安排下的分配公正。改革的核心是收益格局的打破和重构，土地制度改革中如何平衡入市和征收的收益也是社会公正的重要方面。浙江省的改革，一直以来秉承着严守土地公有制性质不改变，农民利益不受损的底线，致力于平衡好国家、集体、个人三者利益，不以牺牲农民的土地权益作为新型城镇化、城乡统筹发展的条件。这反映了改革的价值取向：首要条件就是致力于实现社会公正，既满足经济发展的诉求，又保障所有利益相关者的基本权益。

2. 发展效率

将"蛋糕"做大，才能够为"分蛋糕"提供坚实的基础。农村土地制度改革的目标理应是促进发展，同时保障发展的效率。这不仅能让土地要素的生产效率得以实现，更能促进不同生产要素之间的优化组合，推进规模效率的提高。这就要求在改革过程中要能够"跳出土地看土地"，使土地制度改革的战略与国家改革的顶层设计相符合。浙江省的改革，充分体现了土地要素与推动新型城镇化、农业现代化之间的关联，无论是义乌市进行的全域范围基于农村宅基地要素优化的土地资源空间优化，还是德清县在集体经营性建设用地入市改革中推动的农村

产业融合做法，抑或是浙江省各地推行的留用地政策，都体现了浙江省的改革是瞄准了通过改革推动发展的逻辑。

3. 保障秩序

土地不是一种无差别的普通商品，它具有显著的区位性、专用性等特征。因此，单纯的市场配置容易造成垄断或利益上的分配不均，需要政府对市场秩序的控制和对生态安全的保障。坚持总体秩序观、安全观是推进农村土地制度改革必须遵循的原则。具体包括：一是要坚持粮食安全和生态安全底线，保障国家生态安全，严控建设用地扩张。在集体经营性建设用地入市范围、入市途径，以及宅基地取得方式、流转范围上，需要审慎对待，严防失控。二是要考虑土地的资源和资产两个方面的属性。农村土地制度改革既要彰显土地的资产属性，适应市场经济的发展，体现自由、权利、平等和效率原则；又要注重土地的资源属性，重视土地所承载的社会公益功能，体现公序良俗。为此，必须要在政府干预、村民自治和市场配置之间寻求平衡，以保障资源和生态系统的安全、保障土地市场总体的秩序、保障国家公权力的有效实施等。浙江省的改革，既注重市场在资源配置中所起的决定性作用，同时发挥农民集体自主治理的作用，也注重政府对秩序的控制。例如，在义乌市宅基地制度改革中，政府对远郊、中郊、近郊等不同区位的村庄采取差异化的治理模式。同时，政府统筹所有节约的集地券使用和管理。杭州和温州等地的留用地政策更加明显，早期的留用地政策确实显著提高了征地补偿水平，但逐渐也显现出对城市国有土地市场秩序的冲击，对政府土地利用总体规划实施的影响。政府及时调整政策，如通过置换物业，甚至在一定前提下取消留用地政策的方式对秩序进行了保障。

二、注重平衡公权力与私权利关系

公权力是国家权力或公共权力的总括，主要是指国家机关及其公务人员基于公共利益而享有或行使的职务上的权力。私权利是指以满足个人需要为目的的个人权利，具有私人性质，它涵盖了一切不为法律明文禁止的个人行为。在一些情形下，公权力会影响到私权利，如当私权利危害到了公共利益时，公权力出面对私权利进行干涉是具有正当性的。公权力通过强制的手段解决各种纠纷，对侵害他人利益者进行处罚，进而维持社会公正，实现社会正义。这要求公权力只能在一定的范围内行使，必须做到依法行政、接受监督，法无授权不得行，法有授权必须为，以保持公权力与私权利之间的平衡，抑制公权力被滥用，防止冲突的发生。

浙江省的改革，既做到了重视公权力，又很好地平衡了公权力与私权利之间的关系。因为在土地这种特殊的商品上，私权利常常会影响甚至损害他人利益以及公共利益。在浙江省的改革过程中，对土地征收范围以及集体经营性建设用地入市范围的制度设计，就体现了如何协调好公权力与私权利的关系。城镇规划区范围内的土地开发还需延用土地征收制度，否则会给发展带来很大的代价。而集体经营性建设用地入市的范围要以保护耕地、保护生态为导向，必须在国家干预、村民自治和市场配置之间寻求平衡，综合考量。在操作层面上，存量的集体经营性建设用地毫无疑问是可以入市的，这样有利于盘活存量土地，显化土地的价值。但对从宅基地等其他用地中调整出的地能不能入市、规划增量的建设用地能不能入市，目前尚未达成一致，仍存在争议，需要谨慎处理甚至搁置。义乌市的具体做法是，拟采用农村建设用地总量控制的原则，处理新增集体经营性建设用地入市的问题，这不失为平衡公权力与私权利之间关系的一种有效手段。

三、致力于解决好不同利益主体间的分配

农村土地制度改革的利益分配复杂。浙江省的改革做到了化繁为简，将焦点聚焦在城市与农村、不同村集体和村集体内部这三个层次的分配关系上。首先是城乡之间的利益分配。城乡土地空间优化产生的土地增值收益分配，是第一层次的分配。无论是义乌市的集地券实践，还是耕地保护补偿基金机制设想，其目的都是通过城乡要素的平等交换，解决城乡之间的分配公平问题，具有一定的可复制和可推广性。其次是村庄集体之间的利益分配。从村庄尺度看，不同的农村，不同的集体，因为区位、土地资源等自然社会经济的禀赋差异，很可能出现制度改革的红利在村庄之间分配不均的问题。为实现这一层次的利益合理分配，浙江给出的思路是运用一定的制度设计来"去区位化"，如德清县入市试点进行的异地调整模式，或者义乌市宅基地改革试点正在探索的托管模式，就是这方面的有益探索。最后是村庄集体内部的利益分配。从农民角度而言，村集体和村民之间的利益如何共享，村民之间的利益怎么分配，关系到农民的改革"获得感"。义乌市改革关注宅基地有偿选位、德清县关注村集体资产股份化改造等，找到了效率和公平兼顾的机制，对土地制度改革来说是十分重要的。

四、因地制宜地建立多元化治理实施模式

改革经常提及要避免"一刀切"的操作方式，其实质是尊重外部因素与内部特征的差异性，以及交互作用造成的具体治理对象多样化的本质要求。为遵循这一客观规律，需建立多元化的治理实施模式，有效避免"一刀切"所带来的不利局面，因地制宜实现改革在各个地区的"落地"。同时允许多元化的实践操作，

本身也为各地区进行改革探索创造了可操作空间。这些实践有利于试点地区结合自身资源禀赋与外部社会经济条件，因势导利进行改革，进而激发试点地区的主动性和创新性。

浙江省的改革，能够体现因地制宜地建立多元化治理实施模式的要求。例如，德清县根据集体经营性建设用地地块特征，差别化地设计了就地入市、异地调整入市和合作入市等不同的入市方式，同时也允许政府主导、集体自治等模式来组织入市过程。义乌根据宅基地的区位特征，分别设计了城市更新、城乡新社区集聚、农村更新、异地扶贫搬迁四种模式，差别化对待不同区位的宅基地的空间优化配置。同时也通过四层半、高低结合、全高层集聚、集地券四种不同模式来解决"人往哪里去、钱从哪里来、空间在哪里"的要素配置问题。

五、以市场化配置为主，更好地发挥政府作用

党的十八届三中全会在《中共中央关于全面深化改革若干重大问题的决定》中指出，使市场在资源配置中起决定性作用和更好地发挥政府作用。市场配置资源的决定性作用，主要是通过市场价格来实现的。土地制度改革仍需重视价格的作用，进一步缩减政府定价范围、扩大市场定价范围，凡是能由市场形成价格的都交给市场，政府不进行不当干预。而政府的作用在于促进和保障放开竞争性环节，促进节约集约发展，完善价格调节管理制度，发挥价格调节生产和供给的作用，同时控制价格异常变动，稳定社会预期。修改和完善不适应形势需要的涉及价格的法律法规，加大对违法行为的处罚力度，规范价格秩序。

作为经济发展先行地区，浙江省的改革展现了市场的作用。例如，德清县的集体经营性建设用地入市本身就是市场化的体现。义乌市的宅基地制度改革，为了实现"向空间要地""向发展权要钱"，开展了从四层半向高低结合、城乡新社区集聚、集地券等不同模式的演进。这个演进的过程，也是扩大市场供需双方的范围，赋予交易客体更多的权能的过程。杭州市的留用地政策中，改革的本质不仅是政府让利，更是体现了通过集体自主或合作开发，让市场去决定"留用地"的价值。比起政府"定价"——确定征地补偿和安置标准，留用地政策实际上更好地反映了市场定价的结果。

当然，政府在这些市场化的过程中，也做到了对市场秩序的规范和保障，如在德清县集体经营性建设用地入市中，政府通过登记确权、规划管控、调节金收取等方式，控制着市场秩序；在义乌市宅基地用益物权实现过程中，政府通过统筹指标方式，做到了对市场的激励，有效控制了市场秩序。

六、让农民有话语权和选择权

制度改革涉及利益的再分配。即使在保障民众利益不受损的底线基础上，制度改革也不能以民众的名义来强推政府的意愿。在制度改革中，要能够让民众有表达意愿的渠道，有冲突解决的机制，有不同的选择项。农村土地制度改革有利于推动土地节约集约利用等效率目标的实现，但这个过程中也可能因为农民个体资源禀赋、社会资本等差异，导致政策本身在最初就是不公正的。因此，需要设计相关利益主体在村庄利益冲突时有相互沟通、协商的机会，尤其是要让在权力结构和社会话语权上相对处于劣势地位的农民有表达观点、有选择权，有影响决策的机会。

无论是征地制度改革中对规范征地程序的重视——要求做到公示、公证和公众参与，还是集体经营性建设用地入市中以集体经济组织作为入市主体，抑或是宅基地制度改革中推行村民自治，都为增强农民的话语权和选择权提供了制度保障。尤其是留用地制度中允许村集体在不同开发模式下的自主选择，入市改革中允许村集体根据实际条件采取就地、异地和合作模式，以及宅基地制度改革中允许农民自我选择是否参与农村更新、异地搬迁、新社区集聚，更允许农民可以采取置换、货币化或市场化等方式来选择不同的安置补偿模式。这些都为保障农民的基本权益提供了制度基础，也体现了农民话语权和选择权的提高。

第三节　浙江故事治理逻辑的体制机制基础

浙江省农村土地制度改革中的治理逻辑离不开土地管理的体制和机制作用。这其中涉及国家与地方关系及其激励机制，这是浙江省治理逻辑的基础。考察土地治理中的国家和地方关系，不能忽视经济社会管理整体框架下国家和地方关系。

一、分权化的土地经济管理

我国土地管理模式是一种以"分权的土地经济管理和集权的土地行政约束"为特征的治理结构。这种治理结构在公有产权下完成了对土地利用的管理，实现了土地经济收益的市场配置效果和土地作为要素投入促进经济增长的作用。这种分权和集权结合的土地管理治理结构，可以用于解释浙江故事的体制机制基础。分权的土地经济管理，意味着地方政府在实现土地经济收益上的自主权。而集权的土地行政约束，意味着上级政府在激励地方政府能动性的同时，也建立了一种约束机制。这种土地的集权和分权管理特征，使地方政府会尽可能地实现土地经济收益，又不会明显地背离上级政府的其他目标。

为了解释这种治理结构，本节通过两个方面来解释激励的来源：一个是土地本身经济收益，即人们常说的地方政府的土地财政；另一个是地方政府以土地为手段进行要素市场整合，满足地域间竞争的要求，即人们常说的"跳出土地看土地"。

1. 土地财政的"激励"：土地市场

1994 年税制改革的影响是深远的，对缓解国民经济的市场扭曲起到了很大的作用[1]。同时，税制改革也使增值税和土地租赁收入成为地方政府的主要收入来源，这实际上改变了地方政府在区域经济竞争中的行为。一个被广泛关注的独特的现象，即土地财政出现了[2]。土地财政，一般可以理解为地方政府通过出让辖区国有建设用地的使用权，获得土地价款来满足在土地开发、城市建设等方面支出的需要。

根据原国土资源部历年的《中国国土资源公报》中的数据，从 1987 年底实施土地有偿使用制度至 2016 年底，土地出让收入已达 28.96 万亿元。根据国家统计局公布的统计数据计算，全国同期地方财政收入为 50.08 万亿元，可见土地有偿使用制度出台至今，土地出让收入已占地方财政收入的 57.8%。《国有土地使用权出让收支管理办法》规定，土地出让收入全部缴入地方国库，全额纳入地方政府基金预算管理。很明显，土地出让金为地方政府在基础设施和经商环境的竞争中提供了必要的财力支撑。

土地财政是地方政府以市场配置为手段，显化国有土地市场价值提供的"激励"。土地公有产权作为一种基础制度框架，可以应对现阶段实践的需要。当然，如果跳出当期的经济目标，这种治理结构也存在一些副作用，如地方政府经济决策的短视、忽视土地非经济收益等。

2. 经济社会发展的"激励"：要素市场的竞争

如果跳出土地管理来看，地方政府还面临着一种循环的挑战。为了在区域经济发展的竞争中"获胜"，地方政府需要改善基础设施和投资环境，而这可通过"卖地"获得更多的资金支持。而土地"卖"得如何，又取决于地方经济发展的程度，即对外来投资的吸引程度。

---

[1] 吴敬琏. 当代中国经济改革[M]. 上海：上海远东出版社，2003.

[2] Cao G, Feng C, Tao R. Local "land finance" in China's urban expansion：challenges and solutions[J]. China & World Economy, 2008, 16（2）：19-30; Tao R, Su F, Liu M, et al. Land leasing and local public finance in China's Regional Development：evidence from prefecture-level cities[J]. Urban Studies, 2012, 47（10）：2217-2236.

区位、规模、形状等方面具有的明显异质性，影响着土地的承载、经济和社会功能。企业生产和经营在很多情况下仍然依赖于土地要素的投入，土地价格低、区位好、适宜的规划用途等有利条件，有的能够明显地提升企业产品在市场中的竞争优势。地方政府通过整合或者借助土地要素的优势，来吸引外来投资，对拉动地方经济有着非常重要的作用。

二、集权化的土地行政约束

允许地方政府在土地经济管理上的能动性同时又不至于脱离中央政府的管控，与当前中国土地管理的治理结构是分不开的。从央地关系中的权利分配看，这个治理结构主要包括分权化的城乡"双轨制"土地市场和集权化的土地行政约束（如土地规划计划审批制度）。前者赋予了地方政府控制土地市场和参与土地市场的权利（即实现土地财政和要素市场的竞争的权利），后者为中央政府控制地方政府的土地管理行为提供了手段。

为地方政府垄断土地一级市场、干预土地增值收益分配提供制度支撑的城乡"双轨制"土地市场，将土地经济的经营权赋予了地方政府。城市用地者只能使用国有土地进行生产建设，这实际上剥夺了集体土地自由进入城市土地市场的权利；同时只有通过地方政府征收的方式才能够转变集体所有土地为国有，进而供应城市新增建设用地，这进一步赋予了地方政府干预土地增值收益分配的权力。尤其在城市土地一级市场上，地方政府对土地供应在数量、区位、手段等方面的控制，使其掌握了一种新的经济调控手段[1]。地方政府可以通过供应数量来调节土地价格，可以通过划拨、协议、"招拍挂"等不同的手段来调整不同利益主体间的土地收益分配[2]。以上制度设计构成土地经济分权化经营的主要内容。

当然，不可否认的是，这种偏重土地经济收益的分权化治理结构，往往伴随着一些负面的作用，如由地方过度竞争造成的土地低效配置、城市无序蔓延、生态环境破坏、开放空间减少、威胁粮食安全等。为了规避这些风险，中央政府通过设计集权化的行政约束，尤其是审批式的土地规划和土地利用计划，来约束分权化的地方政府的土地经营。这种集权式的约束除了直接的行政命令外，还包含三大类土地指标体系，即规划期内的建设用地总量、耕地保有量，及这些总量指标分解后的年度用地计划指标[3]。各种总量指标在规划期内限制地方供应总规

---

① 甘藏春. 土地宏观调控创新理论与实践[M]. 北京：中国财政经济出版社，2009.

② Tan R，Qu F，Heerink N，et al. Rural to urban land conversion in China—how large is the over-conversion and what are its welfare implications?[J]. China Economic Review，2011，22（4）：474-484.

③ Tan R，Beckmann V. Diversity of practical quota systems for farmland preservation：a multi-country comparison and analysis[J]. Environment & Planning C：Government & Policy，2010，28（2）：211-224.

模，而年度计划指标则在供应速度上约束着地方政府。如果地方政府的决策与中央政府的目标出现了明显的分歧，中央政府可以通过减少、停止年度计划指标的方式进行纠正或者惩罚[①]。这使地方政府在实现自己目标的同时不得不顾及中央政府的目标。

之所以能够产生上述激励与约束的效果，主要在于分权的土地经济和集权的管制约束，也就是说，正是分权化的土地市场和集权化的土地指标约束这两种机制的相互作用，形成了地方政府之间在实现土地经济效益上的竞争局面，这可以用于解释中国土地治理逻辑的体制机制基础。

至此，隐藏在公有产权背后的集权与分权相互依存的体制基础逐渐被刻画出来了：中央通过分权的方式让地方政府代以行使土地经济权利，然后通过集权的方式约束地方政府的土地经济决策。分权化的土地经济管理与地方政府经济发展总体目标相吻合，起到激励的作用；而集权化的约束机制又为中央政府保留了协调经济与非经济目标的手段。而在机制上，地方政府在实现土地经济效益时会出现差异化的策略：对于工业用地，会尽可能地采取"让利"来换取外来的工业投资；对于经营性用地，则会尽可能通过竞价来获得土地的垄断利润。

第四节　浙江故事的逻辑起点

中国的土地制度改革发轫于国有土地一级市场，即对国有土地使用权实行有偿使用制度。经过多年的发展完善，目前我国土地市场已经形成了包含征收方式下的土地所有权从集体向国有的转移（征收"市场"）、城市国有土地一级市场和二级市场等主要的土地市场体系。这几个市场相互联系但又相互独立，构成了我国土地市场体系的核心治理结构[②]。

一、全国性的从增量发展模式向存量挖潜模式的转变

三十多年来的土地要素投入不仅为宏观经济发展、城市化和工业化进程奠定了坚实的生产要素基础，同时也为微观层面的地方基础设施投入、城乡环境提升提供了资本积累。这种要素投入背后体现的是增量发展的模式，即政府通过征收农村土地用于城市发展。这种模式具有历史阶段性的正面作用。

---

① 谭荣，曲福田. 土地非农化的治理效率[M]. 北京：科学出版社，2015.

② Tan R，Qu F，Heerink N，et al. Rural to urban land conversion in China—how large is the over-conversion and what are its welfare implications?[J]. China Economic Review，2011，22（4）：474-484.

　　然而，随着经济社会发展进入"新常态"，土地经济目标实现背后的矛盾逐渐显现，尤其是以新增建设用地供应为主的增量模式，造成了经济低效、粮食安全、环境退化、社会安全和经济社会连锁反应五大类的风险。

　　经济低效指的是对土地要素投入和增长质量的担忧。不仅现有研究已经揭示了增量土地供应存在过度的现象[①]，从国家发展和改革委员会等三部委于 2007 年公布的工作总结报告中也可以看出，全国开发区面积从 3.86 万平方千米压缩至9 949 平方千米，数量由 6 866 个核减至 1 568 个[②]。这些都反映了前一段时期经济高速增长的质量问题——资源的代价被忽视了。

　　粮食安全的背后是对耕地保护的隐忧。守住耕地红线和基本农田红线依然是新阶段耕地保护工作的核心内容。这说明中央政府没有改变在耕地保护上的国策。反观当前耕地保护的形势，无论是数量方面还是质量方面都非常严峻[③]。

　　工业化、城市扩张占用耕地和为了实现耕地的占补平衡进行的未利用地开发等，对生态环境的压力也不言而喻。工业、农业和生活三大污染在城市化过程中愈发严重，而耕地占补平衡政策的初衷是保护耕地数量不减少，但实际上造成了建设占用从耕地向边际土地转移，这对生态环境造成了严重的破坏[④]。

　　土地的增值收益成为工农产品价格"剪刀差"后新的"以农补工"的手段[⑤]。而这实际上也揭示了农村土地的经济价值的实现过程——实际上被地方政府通过征收的方式"变现"，然后为政府和部分城镇用地者所分享[⑥]。在城乡统筹发展目标下，这种土地分配格局的矛盾也给政府的战略转变提出了新要求。

　　鉴于目前中国经济增速回落是结构性问题造成的，传统的需求导向的强刺激没有成为当前宏观经济政策原则的选择，相反，结构性改革成为必然的选择。这种结构性选择指的是经济结构的优化、增长动力的切换、制度环境的改变等成为经济进入增速阶段性回落的"新常态"时期的目标。换句话说，如果地方政府在土地管理上依然只以经济收益为目标，那么实际上会造成土地引发的连锁反应——不仅土地财政本身的可持续性会受到影响，而且还会影响到整个经济的结构性改革，这是"跳出土地看土地"的要求。

---

　　① 谭荣，曲福田. 中国土地非农化与农地资源保护：从两难到双赢[J]. 管理世界，2006，（12）：50-59，66；Tan R，Qu F，Heerink N，et al. Rural to urban land conversion in China—how large is the over-conversion and what are its welfare implications?[J]. China Economic Review，2011，22（4）：474-484.

　　② 国家发展和改革委员会，国土资源部，住建部. 关于全国各类开发区清理整顿工作总结报告[R]. 北京，2007.

　　③ Kong X. China must protect high-quality arable land[J]. Nature，2014，506（74-86）：7.

　　④ Tan R. Reforming China's land policy for its green target[J]. Environment：Science and Policy for Sustainable Development，2011，53（6）：29-33.

　　⑤ 唐健，王庆日，谭荣. 新型城镇化战略下农村土地政策改革试验[M]. 北京：中国社会科学出版社，2014.

　　⑥ Tan R，Qu F，Heerink N，et al. Rural to urban land conversion in China—how large is the over-conversion and what are its welfare implications?[J]. China Economic Review，2011，22（4）：474-484.

在上述背景下，中央政府在策略上进行了调整。虽然土地节约集约利用的概念在 2005 年前后就已经出现，但是近几年俨然成为中央应对"新常态"下的土地管理的战略选择。原国土资源部先后出台《关于大力推进节约集约用地制度建设的意见》《节约集约利用土地规定》《关于推进土地节约集约利用的指导意见》《关于部署开展全国城市建设用地节约集约利用评价工作的通知》等文件，把土地节约集约利用推到新的高度。

推进土地节约集约利用实际上是中央在央地关系上的一个"妙招"。地方政府在土地非经济功能上与中央目标上的分歧明显，但中央又不能把地方经营土地经济的权利收上来——完全的集权管理只会出现更糟的局面。经过一段时期反复提出"土地节约集约利用"的国家目标，并且在十八届三中全会提出"缩小征地范围""赋予农民更多财产权利""建立城乡统一的建设用地市场"，以及《国家新型城镇化规划（2014—2020）》出台的背景下，原国土资源部提出"除生活用地外，原则上不再安排人口 500 万以上特大城市的新增建设用地"。

这是中央在土地规划和计划上集权化管理的一种举措，释放出一种信号：以往的增量模式不复存在了，地方政府必须在实现土地经济功能上寻找新的途径。而新的途径只能是对存量土地、低效用地等进行盘活或再开发，而这正是中央政府土地经济与非经济目标同时关注的内容，有利于提升经济效率、保护资源环境、缓解社会利益分配中的矛盾，同时满足结构性改革的需求。更重要的是，这种集权式的指标约束比起"收权"更为直接有效，实施中的信息成本和执行成本更低。

从目前来看，地方政府意识到增量模式已经无法持续支持地方之间竞争，为此多地已经开展了不同模式的存量或者低效用地的再开发，如"三旧改造""城市更新"等。虽然还不能断定未来央地之间是否会在经济增长、耕地保护和生态环境保护等方面始终保持一致，但至少从目前看，中央的这轮"发力"，即开始用指标控制这种最直接的手段来约束地方政府，直指之前央地关系中隐藏在土地经济效益背后的负面效应。

二、城乡统筹的诉求拉开了浙江农村土地制度改革的序幕

正是早期的城乡"二元"土地市场，造成了增量模式下土地收益上的"剪刀差"——政府以相对较低的补偿价格从农民手中征收土地，然后通过市场交易等方式以相对较高的价格出让给城市土地使用者。这种方式使地方政府获得了城市化和工业化发展所必需的资本积累。

据统计，2000 年以来，我国城乡收入比（以城市居民人均可支配收入与农村人均纯收入为指标）一直维持在 3 左右，而国际劳工组织的数据显示，世界上

大多数国家的城乡收入比都小于1.6，欧美发达国家的差距一般是在1.5左右。还有学者认为，如果把城市居民收入中一些非货币因素，如住房、教育、医疗、社会保障等各种社会福利考虑在内，城乡居民的收入差距可能更高，达到4~6倍[1]。从 2000 年以来，中央出台了一系列的政策举措，如统筹城乡发展、取消农业税、扩大农业补贴，到后来的"新型城镇化"等，都说明现阶段国家战略已经向"城市支持农村、工业反哺农业"调整。

正是在这个背景下，作为经济发达地区，浙江省也拉开了城乡统筹下的土地制度改革的序幕，开始关注农村土地制度和城市土地二级市场制度改革。总体上看，就是在从增量模式向存量模式转变的过程中，如何满足对农民和农村土地的还权赋能，如何提升土地的节约集约利用水平，如何促进城乡内部的存量建设用地的盘活利用。而这也就奠定了本轮浙江省农村土地制度改革的起点。

集体土地的使用权受限，表现在集体土地只能用于与农业相关的生产生活，未经政府允许或在政府征收为国家所有之前，不能直接用于非农产业发展和非农生活使用。集体土地的收益权受限，表现在集体土地只能通过与农业相关的生产生活获益而不能通过非农产业收益。另外，若被征收为国有土地，只是按照原农业用途年均产值的若干倍来补偿。集体土地的处置权受限，表现在集体土地的所有者只能在保证农业生产生活的前提下决定土地在集体内部的分配和再次流转，不能转让、租赁给集体以外非农产业使用。另外，集体土地不能抵押进而融资。集体土地排他权受限，表现在不能对抗政府的征收和征用，尤其在以公共利益为目的时。集体土地交易权受限，表现在集体土地所有权不能让渡给其他集体，使用权也要在一定条件下才能流转给集体以外的成员使用。

正因为此，土地可以是一种"支点"、一种调控手段，让城乡分配趋于平衡。这就是从土地增值收益分配开始，让农村可以分享到更多的增值收益，进而获得发展的初始资本积累，这为农村产业化和规模化等提供了前提条件。此时，社会资本可能被吸引到农村，更多的投资将吸引更多的劳动力、技术和产品等进入农村，带动农村的经济社会的发展。

能够起到这种"支点"作用的土地政策，就是当前浙江省全省范围内广泛开展的以农村土地综合整治为平台的各种制度创新，包括农村宅基地、集体经营性建设用地，以及基础设施用地在内的各类土地资源的整理、复垦，再通过城乡建设用地增减挂钩等政策优化空间结构和提高土地利用效率，且实现城乡之间和区域之间指标交易的政策试验。具体来看，宅基地整理、宅基地腾退、集体建设用地入市等在实践中已经体现出了明显的绩效，也是很多地方政府政策创新的突破口。

---

① 唐健、王庆日，谭荣. 新型城镇化战略下农村土地政策改革试验[M]. 北京：中国社会科学出版社，2014.

实际上，浙江省的现状是农村各类集体建设用地是当前农村土地"价值"的最大来源。本书部分章节都是围绕"创新农村集体建设用地制度从而实现土地价值释放"这一主题来进行论述的。"释放"农村集体建设用地的价值，在现阶段有"一举三得"的效果。

第一个效果就是土地利用在农村内部和城乡之间的空间优化。当前农村集体建设用地处于分散、低效的利用状态，表现在农村居民点用地缺少规划，农户宅基地过于分散，人均宅基地面积远远超过国家人均住房面积上限等。经过居民点整理、宅基地退出等集体建设用地政策的实施，能够有效解决分散、低效的集体建设用地利用状态。同时，通过城乡建设用地增减挂钩等指标交易政策，可以进一步对城乡建设用地的空间配置进行优化，实现土地经济价值上的收益改善。

第二个效果就是农民的收入提高和农村的后发发展。集体建设用地价值"释放"的结果就是农民分享了更多的土地增值收益，进而提高了整体的收入水平。农民和集体的收入增加，农村的资本积累也就增加了，农民有更大的空间和机会去选择自我的发展模式：可以从事非农就业（或创业），或者从事专业化、特色化、规模化的农业生产和农产品加工。在非农劳动转移和农业收入增加的双向推动下，农村的后发发展就有了很好的基础。这也是新型城镇化所追求的目标之一。

第三个效果就是让农村和农民有机会主动主导自己的发展。实际上，不仅表面上使农民在获得资本之后可以发挥自己的主观能动性来参与市场竞争，更重要的是，这种改革使当前农村发展的管理模式从政府主导真正向市场化配置模式和农民自我组织模式转变。这是当前中国社会管理体制改革的重点，也是政府职能转变的需求。很多地方实现了以农村集体经济组织为主体的村属集体产业和公司的发展模式，通过农村的股份合作制建立公司，与更多的社会资本合作，对农村具有特色的产业项目进行联合经营。整个过程，政府的职能就是监管者而不是实施者和参与者。这至少在理论上是一种管理方式上的效率提升，当然我们也已经看到，越来越多的实践证据在不断强化着这种论点。

第五节　浙江故事的外部条件

土地要素是否能够发挥最佳绩效，土地治理能否实现这个绩效，受制于自然约束程度、经济发展程度、制度环境好坏、社会基础强弱等外部条件。这些条件在一定情形下也可以起到促进作用。

一、资源禀赋压力反作用于改革的目标

浙江省人多地少，土地资源紧缺。随着这种矛盾的显化，资源环境禀赋对反作用于土地要素的生产效率与治理效率也愈发明显。目前，浙江省土地的瓶颈制约十分严重，各县（市、区）可用的土地指标还不到企业需求量的十分之一。土地资源的严重短缺导致浙江省地价大幅上涨，很多郊县甚至镇上的地价都高达每亩近百万元，远远超过了上海郊区及苏南的地价，以致企业投资成本大幅增加，严重制约了浙江省经济发展[①]。从表 7-1 可以看出，从人口密度与人均耕地面积来看，浙江省的人地供需矛盾较全国平均水平非常显著。

表 7-1　2016 年全国及浙江省人口和土地面积及其比较

地区	总人口/ 万人	土地面积/ 万平方千米	耕地面积/ 万公顷	人口密度/ （人/千米²）	人均耕地面积/亩
全国	138 271	960	13 492	144	1.46
浙江省	4 911	10.55	197.47	465	0.60

资料来源：《2017 年中国统计年鉴》《2017 年浙江统计年鉴》

浙江省的经济社会发展正率先进入一个重要的转折期。从资源禀赋看，浙江省面临能源、土地等资源供给，特别是土地资源十分紧缺，受环境容量以及要素成本上升的约束，粗放型的发展方式难以为继。因此，浙江省要实现经济的可持续发展，就必须创新发展模式，调整产业结构，加快转变经济发展方式。

这种资源禀赋压力对土地制度改革绩效的影响显而易见——浙江省改革目标的特殊之处就是应对这种压力，既实现经济社会的发展，又缓解资源禀赋压力，同时还能够保障各利益主体的利益，尤其是农村土地所有者、使用者和依赖者的利益。

二、强大的民营经济基因奠定了土地市场化的基础条件

社会主义市场经济在浙江省的蓬勃发展，离不开活跃的民营经济。民营经济是浙江省的优势和活力所在，浙江省经济的快速发展和综合实力的不断增强很大程度上依赖于民营经济的先发和壮大。改革开放近 40 年来，浙江省民营经济蓬勃发展，已成为经济增长和社会发展的重要支撑[②]。截至 2016 年，浙江省农民人均可支配收入达到 22 866 元，同比增长 8.2%，人均纯收入连续 32 年冠居全国各

---

① 朱允卫，汤加红，杨国庆. 以农为本的"三农"复杂关系与"三农"一体化改革思路——以浙江省湖州市为例[J]. 湖州师范学院学报，2014，（9）：1-7.

② 刘仁伍. 浙江民营经济发展报告[M]. 北京：社会科学文献出版社，2012.

省区。①浙江省民营经济的现象及其背后的发展逻辑成为众多经济学家探寻的热点，"温州模式""浙江模式"等概念被相继提出。

民营经济发达带来的一个显著效果就是社会主体的市场化意识强，政府对市场的接受程度高，企业家资源、金融资源和市场资源都相对丰富。而这种效果正好为浙江省农村土地制度改革提供了必需的市场经济土壤，有利于土地制度改革路径的多样化选择。

浙江省的民营经济是一种草根经济，以块状化的小微企业为主，共有各类市场主体 400 多万户。据统计，2000~2012 年，浙江省经济总量中民营经济比重就维持在 60%~70%，是浙江省经济发展的主要动力。长期以来形成的重商观念、务实精神、开放意识等文化传统，具有企业家精神的人力资源对历史禀赋（如来缝中生存的社队企业）与集市的有效利用，是浙江省民营经济成功的关键。

浙江省的民营企业多集中在乡镇，通过农村工业化，产业集群，一镇一品等规模效应实现了农村财富的增长。农村土地制度改革势必受到这种经济社会环境的影响。根植于浙江省农村的民营经济基因，对农村土地市场的促进作用是不言而喻的。浙江省民营企业家对市场的认识和尊重，与农村不同的建设用地市场平台的建立本身就非常契合。而以小微企业为主的民营经济，对土地要素的渴望，产生了农村建设用地市场化的实际需求。在敢闯敢试、大胆创新的环境氛围下，浙江省民营经济中所蕴含的民间市场力量可以为农村建设用地市场化的发展提供源源不断的动力。

正是这种强大的民营经济的基因，才使市场工具在浙江省农村土地制度改革过程中发挥巨大的成效。在德清县，截至 2017 年 7 月，已完成集体经营性建设用地入市 131 宗，总面积约 856 亩，其中有 19 宗通过异地调整方式实现入市，有 102 宗采取出让方式，其余的则采取租赁方式，成交总价达 1.88 亿元，农民和农民集体获益 1.53 亿元，共涉及 49 个集体经济组织，覆盖面积达 38%。这远超全国平均水平的入市宗数、面积，都是以德清县发达的民营经济为基础的。在义乌市，政府能够全覆盖式地对市域范围内全部 756 个行政村进行宅基地的更新、退出、置换搬迁等，无不得益于以土地有偿使用、土地发展权交易等为特征的土地市场平台的建立与完善，它不仅使农村宅基地等闲置建设用地得到有效的盘活利用，同时也通过各类资金转移支付的方式来满足土地盘活过程中各项成本投入的需求。

这些都说明，浙江省农村的土地市场化并不是凭空出现的，而是在前期已有的产业积淀下，以及政府政策出台后，放开手脚水到渠成的现象。要指出的是，

---

① 数据来自网址 http://news.163.com/17/0121/00/CB8VCIOU000187VE.html。

试点政策开放后所形成的欣欣向荣的集体经营性建设用地市场、宅基地有偿使用和退出市场、留用地市场等，无不体现了浙江省农村拥有较为成熟的产业基础和庞大的民营经济群体。推进农村土地市场化的政策出台恰好能够解决这些民营企业，尤其是小微企业用地难的问题。庞大的民营经济群体的巨大用地需求则进一步推动了农村土地市场平台的建立。

三、政府积极作为是土地市场化的必备条件

土地是特殊的商品，具有显著的空间异质性和资产专用性。市场化配置，往往忽略土地的异质性和资产专用性，从而造成市场配置的失灵。此时，政府在统筹、规划以及计划上，具有显著的优势，可以有效弥补市场失灵的问题。而建立一套产权明晰、权责分明、利益共享的市场运行规则，地方政府责无旁贷。政府这一有形之手不能过度干预市场，但应该做好市场规则的建构和监管服务工作，充当"守夜人"和"引导者"的角色。各类市场化改革的规则从无到有，包括如何有偿使用、如何定价、如何分配入市收益、如何建立平台等，浙江省的各级政府都是"有所作为"。

在农村土地制度改革过程中，浙江省地方政府的合理引导和积极推动也是农村土地市场平台形成及完善的基石。例如，在入市的制度设计上，德清县从自身的社会经济条件出发，自上而下地推动改革，在全国率先建立了"一办法、两意见、五规定、十范本"的入市政策体系。而在义乌市，农村三项制度改革全面推开，系统全面设计了"一意见七办法九细则"等，并借改革的契机，以撬动经济社会的发展和城乡融合发展为政策目标，不仅是为了解决农村宅基地、经营性建设用地入市等问题，更是一种全域统筹考虑的思维模式，旨在推动国际化小商品市场的发展、乡村振兴和农村的三产融合等。

在集体经营性建设用地入市改革中，政府的"积极作为"除了体现在产权登记颁证、规划管控、出让规则、基准地价、收益调节金等方面为土地市场化提供必需的制度环境外，更体现在政府作为市场的替代工具，积极推动异地调整入市、不同村庄之间的合作入市、以镇街为单位推进统筹入市等。这些不仅有利于实现规模效益、生产效率，更有利于降低管理过程中的各项制度的建立、执行、监管和奖惩的（交易）成本，有利于提高治理效率，还有利于找到合理的、被市场主体广为接受的分配规则，避免市场化的事后冲突，避免土地市场化引起的过度的"租值耗散"。

在宅基地制度改革中，政府的"积极作为"除了积极保障农民的宅基地权益，保障"户有所居"、解决历史遗留问题，以及推动宅基地的确权、登记和颁证外，政府积极寻找"向空间要地、向发展权要钱"的具体实现形式，针对性地

通过城市更新、城乡新社区集聚、村庄更新、异地搬迁四种形式来差别化处理宅基地腾退和盘活事宜，同时根据实际市场供需矛盾和自然社会条件的变化，推出从1.0版本（即四层半模式）向4.0版本（即集地券制度）逐渐演进的宅基地组织模式。其中，城乡新社区集聚中的置换权益制度、集地券中政府保底回购制度等，都体现了政府作为的必要性和可行性。而在三项制度统筹推进后，义乌市计划成立农村发展集团（义乌市国有第九大公司），统筹经营农村土地。在农村发展集团的框架下，各镇街也计划成立各地方性的"农村土地联合会"，来统筹该镇街的农村土地三项制度改革的利益分配。除此之外，义乌市还将成立农村宅基地风险处置专项基金，应对宅基地抵押融资的风险。

而在留用地制度中，政府的支持作用更为明显。政府不仅积极主动通过留用地政策分享10%左右土地征收中的增值收益，更是在留用地专项规划、留用地指标落地、留用地项目开发、留用地出让、留用地监管等方面为留用地政策的绩效奠定了基础。而实践中，留用地政策早期追求以市场定价和村集体自治的方式来管理，但经过十几年的发展后逐渐出现了很多"市场无序"的状态，如留用地项目的同质性、产业单一、闲置率高等问题，更是出现了因为缺少政府统筹管理，留用地指标"落地"过程严重影响城乡规划和土地利用总体规划的"落地"和实施的问题。因此，现阶段浙江省全省逐渐对留用地政策开始进行"反思"，并通过折算货币后置换国有企业开发的物业，或者通过直接货币化回购等方式，替代原有的留用地政策。其背后体现了政府行为的主导性和必要性，为土地市场的规范有序奠定了必要的制度基础。

可见，正是浙江省各级政府的积极作为，为土地市场化提供了必要的条件和基础，这是由土地这一特殊的商品属性决定的，也是市场经济相对发达地区对政府角色开始反思和两者逐渐融合治理的体现。

四、农民合作和村民自治是"集体行动"的保障

农村土地制度改革，涉及的是集体所有的土地，其产权归村民小组或村集体所有，是村庄成员的集体资产。无论是宅基地的更新、退出或整治，还是集体经营性建设用地入市，抑或是土地征收，都需要集体内部农民共同商定，并通过村集体经济组织才能实现，属于集体行动。

村民之间的信任和合作，是有效推进农村土地制度改革这一集体行动的保障，可以有效降低村民之间的协商成本、监督成本，减少政府的制度成本，以及提升土地作为生产要素的生产效率和组织生产过程的治理效率。

在德清县的入市试点中，可以发现，村集体与村民小组之间的合作、村集体之间的合作较为普遍，这为集体经营性建设用地市场的土地供给提供了基础。例

如，根据入市规则，行政村一级的集体经济组织（如村股份经济合作社）是入市的实施主体，而不包括村民小组。为了让属于村民小组的集体土地顺利入市，村民小组与村集体展开合作。以八字桥村为例，作为入市主体的村集体经济组织以2 500 元/亩的年租金（经村民代表大会讨论通过）将村民小组的土地首先流转到村集体手中，再进行入市的操作。入市后产生的土地增值收益，在上缴土地增值收益调节金后，剩下的收益按村庄自行制定的规则在村集体和村民小组之间分配。按照"入市一宗，租一宗"的策略，八字桥村循序渐进推动集体经营性建设用地入市。在异地调整入市中，也涌现了村庄之间合作，实现入市收益共赢的事例。以东衡村的钢琴小镇入市项目为例，项目区内的一部分地块属于其他村庄（雁塘村、洛舍村）的飞地，共计 58 亩。为实现钢琴产业园项目的整体效益，东衡村共同联合集体经济相对薄弱的相邻村庄雁塘村、洛舍村，在完成土地所有权调换的基础上，以东衡村股份经济合作社的名义实现邻村集体地块的入市。入市产生的收益在合作村庄之间进行协商分配。这种村庄合作基础上的异地调整，既保证了邻村能分享到集地入市的收益，实现共同富裕，又解决了历史遗留问题，明晰和简化了土地产权关系，可谓一举两得。

而在义乌市的宅基地改革中，早期超标建设农房的村民对超标部分缴纳有偿使用费比较抵触，普遍认为就算不缴费，自己建的房子也不会被收走或拆掉。对此，很多地区的村干部班子走访这些村民，向他们宣传缴费、颁证的好处。渐渐地，随着村里越来越多的人成功拿到不动产证书，轻微违规、超标占有建房的农户开始配合村里确权发证的工作，有序缴纳有偿使用费。这个过程中农民之间的信任，以及村民对村庄自治的信任，都是"催化剂"和"润滑剂"。而村委会在这个过程中的主动担当，既满足了对政府的政令通行的要求，也做到了发挥基层优势保障政策执行顺畅的效果。例如，在北苑街道新后傅村，农村宅基地制度改革实施以来，该村将处理农房历史遗留问题、推进不动产登记发证工作作为村里的头号工程，而村集体创新性地和主动地完成了最为棘手的准备工作，包括厘清村里的人口、旧村改造后的宅基地及房屋建设标准、产权归属、房屋买卖等情况，收集当年的建设许可证和用地审批表并归档。虽然这个步骤最费时，但大大节约了后续的政策执行过程中的成本。

而在杭州市各地的留用地政策中，农民之间的合作与村集体的协调作用就更加明显。留用地属于集体资产，一般由村集体经济组织代表村民行使权益，村民通过股份方式参与分享收益。在这个过程中，无论是村集体自主开发，还是与外来企业合作开发、村集体之间统筹开发等，都涉及不同程度的集体合作。村民之间的合作意愿、对村集体的信任和依赖，以及村集体为促成集体行动而承担的"公共物品"的费用等，都有利于上述各类合作的形成。

综上，浙江省农民和村集体能够通过积极合作来适应竞争，这是在市场竞争的氛围下，应对"小农户与大市场"之间矛盾的有效出路。而这种合作的形成，也有利于农村各项土地制度改革的推进，同时为节省政府和市场的交易成本提供了必要的实施中的保障。

第六节　浙江故事中的基础性制度选择

基础性制度也被称为制度环境，是治理结构优化的基础，构成了农村土地制度改革的规则。也即，无论是何种土地制度改革，或者是在何种区位或时间节点开展改革，都必须要遵守的规则。而这种规则不一定是为了约束试点地区的改革，相反，在浙江故事中更多的是起到推动与协调作用。

一、以优化土地利用空间和结构为核心

同全国许多地方一样，浙江的农村存量建设用地管理面临着一些"老、大、难"问题。例如，早期乡镇企业遗留用地闲置问题或者非法利用问题；农民建房的用地指标稀缺，无房户、危房户和建房困难户大量存在；宅基地存在违法违规现象，"一户多宅""超标超占"问题较多；宅基地粗放和低效利用甚至出现闲置；农村住房布局散乱，基础设施配套差，农民生产和生活条件亟待提升。浙江省委省政府对此高度重视，自上而下部署了一系列改革工作。通过专项扶持、存量盘活、增减挂钩、异地搬迁等多种途径，解决农村土地闲置、低效利用问题，解决无房户、危房户农民建房问题，群众权益得到进一步维护。

实际上，浙江省改革中的制度探索，都是以优化土地利用空间结构为核心开展的一系列基础性制度的建设。例如，在集体经营性建设用地入市上，主推集体存量建设用地就地入市、异地入市和合作入市，尤其是在异地入市和合作入市上，体现了空间优化的宗旨，既实现了规模效率，又解决了区位等因素对效率和分配的影响。

在宅基地制度改革上，"向空间要地"更是在缓解资源禀赋压力上的必然选择。建成区范围内采取城市更新、规划区范围内采取城乡新社区集聚、规划区范围外采取农村更新、山区或地质灾害易发地区采取异地安置或脱贫搬迁等形式，都是在满足法定居住权益的前提下，将有限的宅基地资源经过重新规划、整理，提高容积率和基础设施条件，实现土地资源空间优化，回应现实中宅基地供应和分配的难题，也解决了资金问题。

留用地政策不是单纯地以实物的形式留地安置，而是以指标的形式，给村集

体在选择项目和区位上留足弹性，有利于村集体发挥自主性。同时，留用地指标的方式，也有利于寻求与市场主体合作解决初始资金难题，或者寻求与其他集体合作解决单个村集体指标总量少，不足以满足大项目的需要的问题。这种由集体自治为主、市场配置为主，政府引导和协调为辅的方式，背后的激励机制就是通过留用地指标在空间上的优化配置，满足土地利用效率和提升收益分配满意度。

可见，人地矛盾比较显著的浙江省，作为东部发达地区，其土地制度改革的主线就是以土地利用空间与结构优化为纽带，提升土地利用效率和效益，这样就可以既满足权益保障的要求，又满足收益分配的需要，同时满足成本共担的要求。而这是浙江故事中基础性制度设计的一个主线。

二、以发展权交易来满足成本分担和收益共享机制

土地利用空间与结构的优化，虽然有潜在的增值收益，但面临着初始资金投入的问题。尤其是在涉及农村集体土地的时候，往往面临集体资产不足以支持空间与结构优化的初始成本的问题。如果由政府包揽这些初始成本，也有很大的压力，难以在短期内全盘解决。

浙江省改革过程中另一个基础性的制度设计就是构建发展权的市场平台，通过指标交易的方式，让利益相关方能够有效地满足成本分担和收益共享。而这种做法，浙江省早有经验，如在 2000 年前后逐渐形成的以农村土地整理、复垦等指标在城乡之间和省域内进行发展权交易的"浙江模式"[①]。

在 2015 年以来的农村土地制度改革中，无论是入市、宅基地、征地制度改革，还是新阶段的耕地保护与占补平衡政策等制度创新，都是通过发展权市场定价的方式来替代政府定价的，从而满足改革过程中成本分担和收益共享机制的建立。

现阶段中国的集体土地价值受到区位和制度的影响最为明显[②]。浙江省的入市改革中的异地入市和合作入市，实际上都是基于发展权转移的成本共担与收益共享。异地入市涉及两个村集体之间的协商，将一个村的集体建设用地复垦成指标（发展权），并在另一个村的土地上落地，满足入市必须具备的土地实物与土地指标的两个要求。而这个过程中，指标的共享与土地的共享本质上就是两个村集体在成本上的共担与收益上的共享。而合作入市涉及两个以上的村集体，虽然里面的权利关系更加复杂，但也是围绕指标与土地而进行的合作，也体现了成本与收益上的共担与共享。

---

① 汪晖，陶然. 论土地发展权转移与交易的"浙江模式"——制度起源、操作模式及其重要含义[J]. 管理世界，2009，（8）：39-52.

② 唐健，王庆日，谭荣. 新型城镇化战略下农村土地政策改革试验[M]. 北京：中国社会科学出版社，2014.

宅基地的发展权交易的本质就更为明显。直观地看,农村宅基地制度改革的重大关切是保障农民住房权益,实现"户有所居"和农民住房财产权。但在本质上,农村宅基地制度改革是要合理满足农民建房的用地需求和资金需求。也就是要解决好"地从哪里来"和"钱从哪里来"这两大长期困扰宅基地制度稳定有效运行的问题。从浙江省的改革实践来看,"向空间要地"和"由发展权供资"是这些地方破解农民建房的用地和资金难题的两大思路,围绕这两大思路,浙江省开展了与农村宅基地相关的各项制度改革,涉及农民住房权益保障、宅基地有偿使用与退出、宅基地用益物权实现和宅基地民主管理等各个方面,涌现出了不少具有创造性的做法和可供复制和推广的经验。浙江省的改革是经济发达地区改革的典型代表。

征地制度过程中的留用地政策、耕地占补平衡政策中的省内交易等,也都体现了发展权交易的本质。征地过程是农民放弃自己农用地的权益,来换取城镇国有建设用地上的使用权和处置权等权益。而占补平衡指标交易,更是以一个区域的耕地保有量的增加来换取另一个区域耕地保有量的减少和建设用地总量的增加。这个过程中无论是拆旧建新还是整理复垦,都体现了通过发展权交易的方式来为相应项目提供资金,并且这个资金来源于后续的建设用地开发中的收益的转移。

可见,发展权转移确实为资金来源提供了多样化的渠道。当然,不能忽视的是,发展权之所以具备市场价值,是因为市场上存在足够的经济利益,才让使用(购买)发展权的主体愿意让渡一定的收益来换取发展权(指标)。所以,市场的活跃和充裕,是这个制度设计的前提。

三、为市场在资源配置中起决定性作用提供制度条件

让市场在资源配置中起决定性作用是十八大以来政府进行国家治理和社会治理时的重要原则。而浙江省改革过程中推动并发挥市场的作用也是基础性制度设计的原则之一。土地制度改革中,最难的就是涉及政府定价上的改革。例如,征地补偿标准、入市土地的价格、宅基地的有偿使用、有偿退出等标准。如果是政府定价,无论改革的目标是如何让利,只要不是基于市场原则,相应的利益主体仍会不满意。这是公权力影响到私权利后的必然的现象。在浙江省的土地改革中,常常体现了让市场定价来代替政府定价,而这也取得了非常显著的绩效。

留用地政策的实质是在法律规定的给农民征地补偿费用之外,又增加了一部分实物补偿,是地方政府在利益共享上的制度创新。而留用地虽然是实物,但在开发使用后体现的收益是由市场定价的。正是这种市场定价,使很多村集体的集体资产在项目落地后得到了可观的增值,也使征地项目本身得到村集体的支持,

为政府征地项目的迅速完成奠定了基础。

宅基地制度改革也处处体现了市场的作用。在宅基地分配的有偿选位中，截至 2017 年 11 月义乌市全市的宅基地有偿选位费已经超过 120 亿元。这些有偿使用费的基础就是市场定价——由参与竞争的村民根据自己的支付能力和支付意愿在市场竞争原则下确定。而在义乌市的城乡新社区集聚模式下的宅基地退出后的置换权益，其价格也由市场来定。村民可以根据自己的意愿选择置换公寓、标准厂房、临街商铺、办公楼宇等，而这些物业的价值则由市场来确定。或者，村民可以直接将置换权益在公共资源交易中心上进行挂牌出售，购买人根据自己的支付意愿来竞争村民的置换权益。而在集地券制度中，集地券的价格在理论上也可以由市场来决定。虽然现实中，在最初的两年，政府为集地券制定了保底价格，并通过政府回购的方式进行，但这只是制度落实的初期为了秩序而采取的权宜之计，义乌市从 2018 年开始放开对集地券的交易，允许市场主体参与集地券的购买与使用。而政府的保底价将使市场主体能够更放心地参与市场竞争。上述这些方面都体现了通过市场定价来提升宅基地制度改革绩效的原则。

而入市制度改革则更加明显，入市本身就是让市场定价的行为。集体经营性建设用地入市不再是无法放到"台面"上的隐性交易行为。例如，德清县政府确立了以建立城乡统一的建设用地市场，健全同权同价、流转顺畅、收益共享的农村集体经营性建设用地入市制度为主的改革目标。为此，德清县还建立了"一办法、两意见、五规定、十范本"的入市政策体系。改革的主要内容涵盖了入市范围、途径、主体、方式、程序、地价管理、收益管理、抵押等集体建设用地市场化的各个环节。这些制度改革，显化了市场定价的效果，增强了市场对资源配置的作用。截至 2017 年 7 月，德清县农村集体经营性建设用地入市成交总额已经达到 1.88 亿元，领先全国其他试点区域的成交规模和成交价值。

可见，浙江省改革的绩效体现着市场在降低信息成本和交易成本上的优势，同时也能够激励和保障利益主体对收益分配乃至整个制度的认同。而这种认同，也将激励利益主体积极回应制度改革，尤其是形成集体行动的合力。

四、积极引导村民合作与培育集体自治意识

政府与市场是传统理论上常常划分的两种治理手段，两者的绩效在控制与激励等维度上互为替代。然而，随着理论的进展，治理上逐渐出现了很多新的模式，如协调治理、多中心治理、"外包"、PPP（即 public-private partnership，公私合营）等，这些新的模式无不在反思是否在传统的政府与市场之间还有第三条路可以走，并且第三条路在一定条件下比纯粹的政府或市场有着更显著的绩效。

　　村民的合作与自治在一定条件下就能够体现这种第三条路的优势。村民自治可以视为相关村民形成的一种自组织的治理模式。自组织的模式具有低信息成本、低协商成本、低事后冲突成本的优势，不仅可以有效降低市场中可能出现的"钉子户"问题，也可以缓解政府公权力导致的资源配置低效率和统一化补偿标准的不公正问题。村民的合作与自治体现了结合市场与政府两者优势的绩效。在浙江省的改革过程中体现的另一个基础性制度设计原则就是政府在积极引导村民的合作与自治。

　　在集体经营性建设用地入市改革中，早已在浙江省全省开展的集体资产股份制改革，为在土地入市改革中形成村民合作和村集体自治提供了制度基础。集体资产股份制改革，有利于村庄内部治理结构的改善，更有利于就地入市、异地入市和合作入市中推进集体行动的形成。而集体行动有效地降低了入市交易的交易成本，显化了农村土地资产的效益。而在义乌等地出现的农村土地联合会等形式的组织，更加有效地推动了统筹不同区位、不同集体土地的工作，让制度红利能够更加公平公正并且有秩序地惠及每一个村集体和村民。

　　在宅基地制度改革中，推动村民自治是改革的主要内容之一。在实践中，改革致力于建立健全农村土地管理议事决策机制、民主监督机制、财产管理机制、服务群众机制、调处矛盾纠纷机制，促进农村基层土地管理的民主决策、民主管理、民主监督，夯实农村土地基层管理基础等。这些制度和机制的建立，能够有效促进村民自治制度的建立，有利于宅基地在空间与结构上不断优化。

　　在留用地政策设计中，积极推进农村集体经济组织的建设，项目的选择、指标的落地、资金的来源、开发的方式等都由集体经济组织自主决定。并且，政府在这个过程中，积极引导和尽量满足村集体在指标落地和项目开发上的意愿，进一步增强了村集体在留用地指标使用过程中的便利性和有效性，从而增加了集体的威望，而集体的威望可以进一步促进村民合作的意愿和参与自治的积极性。

　　可见，浙江省改革过程中切实做到了积极引导村民合作与培育集体自治意识。这培育了实践中的义乌改革的基层组织，而正是这些基层组织被原国土资源部张德霖副部长认为发挥了很强的"战斗堡垒"的作用。

第七节　浙江故事中治理结构多样性的解释

　　治理结构是指制度的具体组织实施过程。相同的制度目标可以通过不同的治理结构来实现，如政府主导、市场参与，或者村集体的自组织。实践中展现出的治理结构的多样性的原因是不同治理结构在"省钱"（即节省交易费用）上的效果不同。因此治理的一个重要逻辑就是为了寻找最"省钱"的治理结构。

治理结构的另外一个作用就是影响着交易后的收益分配。谁负责实施交易，谁就能对收益分配产生影响。有什么样的治理结构，就会导致相应的收益分配结果。

一、集体经营性建设用地入市的治理结构多样性

集体经营性建设用地入市，是一个典型的"交易"，在交易的过程中存在显著的交易费用，如交易之前供需双方信息的搜集成本、交易过程中的协商成本、组织成本、监督成本，以及交易后的缔约成本、冲突协调成本等。

在当前浙江省改革过程中，对于入市的治理结构存在三种主要的治理结构，即以单个村集体为主体的就地入市、以两个或以上村集体为主体的异地入市和合作入市，以及以镇街为主体的统筹入市。这三种入市的治理结构，在"省钱"和影响收益分配上有着显著的差异性。

（一）如何更"省钱"

就像经典的"科斯之问"：市场中为什么会出现企业，在入市的过程中为什么会在市场化的大环境下（如单个村集体的就地入市）出现了"逆市场化"的统筹入市（统筹意味着在组织内部是通过层级制的管理而不是市场制的管理）？

以上问题从"省钱"的角度可以给出解释。如表 7-2 所示，不同的入市的治理结构在成本的表现上是不同的。例如，协商成本，就地入市需要单独寻找交易双方、需要议价，每开展一个交易都要经历相同的过程。随着交易的增多，协商成本增加显著。而如果采取统筹入市的方式，由镇街为单位进行统一的入市，则即使交易数量在增加，协商成本也能够较好地控制，因为供给方是统一的主体，在询价和议价上比每次不同的主体要"省钱"。而调整入市、合作入市在节省协商成本上是处于就地与统筹两者之间的治理结构。

表 7-2　不同治理结构的成本

类型	事前成本		事中成本	事后成本	
	协商成本	信息成本	组织成本	监督成本	事后冲突风险
就地入市	高	低	低	高	高
调整入市	次高	次低	次低	次高	次高
合作入市	次低	次高	次高	次低	次低
统筹入市	低	高	高	低	低

当然，不仅协商过程存在成本，交易的事中（如组织和监督），交易的事后（如冲突出现），也都存在明显的成本。而更需要关注的问题在于这些成本的变化趋势与协商成本不是相同的，如组织成本上，随着交易数量的增加，就地入市（偏向市场制）就明显低于统筹入市（偏向层级制），因为市场在组织的过程中能够有效降低合作过程的成本。

因此，对在入市过程中如何选择最"省钱"的治理结构这一问题，无法简单地给出答案，需要根据具体的入市案例进行判断。但是一个简单的逻辑是存在的，可以通过交易数量的变化、交易地块在区位上的异质性（复杂性）等维度进行判断。数量越多，市场化的治理结构（即就地入市）越节省交易费用；异质性越高，层级制的治理结构（即统筹入市等）越节省交易费用。

（二）分配如何让人更满意

实际上，治理除了实现效率，还有一个目的是决定分配。就地入市的收益主要由单个村集体获得。调整入市涉及两个村集体之间的分配。合作入市涉及多个村集体之间的分配。统筹入市涉及在统筹范围内所有集体之间的分配。

此时该如何确定入市的治理结构？在理论上这是一个规范问题（normative question），即背后隐含着一个价值的判断——决策者（或者利益相关者）偏好谁的权益，就会选择能够保障相应权益的治理结构。这是主观的价值判断，没有绝对的答案。实践中第三方（包括上级政府）难以给出答案。

不过，目前可以做的是回答与此相关的另一个问题——不同的治理结构引致的收益分配结果是什么？这是一个实证问题（positive question），而且这个问题的答案给治理结构的选择提供了必要的参考。

（1）"治理结构背后的分配"：不同的规则决定了权益的分配。

实际上，在农村土地三项制度改革的过程早已揭示了治理结构与分配之间的这种客观的关系。例如，探索集体经营性建设用地直接入市，就是针对城乡之间收益分配的制度改革，以前的由政府征收为主导的增值收益分配格局将被打破。集体与集体之间的增值收益分配存在类似的情形。改革之初关于"食利阶层"的争议，可以在改革过程中通过"产权异地调整""指标交易"等"去区位化"的方式应对分配上的矛盾。

而浙江省改革中出现的不同入市主体的治理结构，实际上也反映了集体与集体在分配上的问题。如表 7-3 所示，这些治理结构意味着不同的土地增值收益的分配结果。

表 7-3　制度背后集体间的增值收益分配

治理结构	入市主体	分配
就地入市	村股份经济合作社	村民之间
异地入市	建新区村股份经济合作社为主	两个村之间
合作入市	参与合作的多个村股份经济合作社	多个村之间
统筹入市	镇、区资产经营公司	相关村或镇之间

如果入市的地块的价值不是非常大，如何分配就会"不值一提"，如何选择入市的治理结构就能自动解决。只有那些有很大收益的入市地块，利益相关方才会费心思去制定能够得到认可的分配方式。

也就是说，实践中的治理结构是多样化的，如果在一条"光谱"上排列的话（图 7-1），它们都位于极端的市场制与层级制之间。例如，就地入市偏向于市场制，而统筹入市偏向于层级制。德清县大多采用就地入市的方式，不是因为它不愿意考虑统筹入市的方式，而是因为其入市地块潜在的收益不大。相较于义乌市，拟入市地块的价值动辄上千万每亩，这种可观的增值收益，如果不投入统筹入市的制度成本，会因后期冲突而造成更多的浪费，如不同区位集体之间的分配公平性，以及入市手段与政府征地手段的平衡。

图 7-1　成员权决定的制度的"光谱"

综上，我们能够分析的是不同的治理结构会带来何种分配的结果。然而，我们无法回答为什么要选择某种治理。这是问题的第二个层次，即"分配背后的制度"。

（2）"分配背后的治理结构选择"：该怎么界定成员权？

实际上，图 7-1 给出了一种决策的"工具箱"，里面有各式各样的备选的治理结构。每种治理结构可以造成什么样的影响，这是研究者或者第三方可以说明的，但是究竟选择哪一个工具，则受决策者（或利益相关方）的偏好影响。也就是"分配背后的治理结构选择"的问题。

义乌市市政府、镇政府以及涉及的村集体愿意花费巨大的时间和精力去研究制定统筹入市的规则，其动机在于如何分配好潜在的增值收益。相反，德清县选择就地入市，不仅是因为政府不可能知道每块地的情况和入市意愿，如果花力气去调查，成本大，且面临集体和农民对信息隐瞒的问题。此时允许各个集体内部通过"自治"的方式就能够设计出满足需要的治理结构。

因此，如何确定选择治理结构来让分配更满意，是一个相对复杂的权衡问题。既包括增值收益分配的权衡，又包括谁来进行规则确定上的权衡（实际上是成本的权衡）。这表明，不是村民自治就是良方，也不是政府统筹就一定不可取。这个问题的背后有两个方面的考虑。首先，入市利益是否足够大以至于需要对入市进行政府统筹。其次，"谁"去制定规则取决于是否有利于节省更多的成本。

二、宅基地整治的治理结构的多样性

虽然在浙江省的改革实践中，对宅基地的治理出现了诸如四层半的 1.0 模式，高低结合的 2.0 模式，城乡新社区集聚的 3.0 模式，以及集地券的 4.0 模式。但是从本质上看，治理结构主要存在村民自组织和政府统筹推进两种形式。

村民自组织一般发生在规划区范围外的农村更新，而政府统筹推进一般发生在规划区范围内的城市更新（城中村改造）、城乡新社区集聚、山区搬迁等。对于这两种治理结构的选择分析，实际上也可以按照前面对入市过程中的治理结构的分析那样，从两个维度进行分析，一个是如何更"省钱"，一个是如何让分配更让人满意。

如前所述，浙江省的宅基地改革多在"向空间要地"和"向发展权要钱"上做文章。这里涉及利益主体之间在土地利用空间和结构上的优化配置，是一类交易的过程，也涉及发展权转移的实现，是另一类交易的过程。

土地利用空间和结构的优化，最大的影响因素是空间的异质性和用途的专用性。前者指不同区位的土地是独一无二的，是不可比的，造成土地开发的机会成本高且可重复利用的程度低；而后者是指土地用途改革的成本一般比较高，尤其是在农村、非农业等之间的转换。土地用途一旦确定，一般很难调整。

因此，当宅基地进行综合整治背后涉及空间异质性高且用途专用性高的情形时，如规划区范围内的宅基地改造和集聚，这个过程中的协商成本、组织成本、监督成本和事后潜在的冲突成本就很高。此时，由政府统筹的方式，通过城乡新社区集聚或者城中村改造的途径，可以有效地降低异质性和专用性对各类成本的影响。若宅基地改造在规划区外，相应的异质性和专用性相对不那么明显，从而使政府统筹的方式不那么"省钱"，还是由村集体自组织采取农村更新的方式更为有效。

与此同时，随着空间优化范围的不同，背后涉及的发展权交易的复杂性也不同。如果是政府统筹下的大范围的空间优化，发展权交易就更为复杂，那么由政府建立发展权交易市场，如集地券的方式，可以显著降低交易各个环节的成本；而如果仅仅是村集体内部的旧村改造，无论是有偿选位还是抽签等不同交易方式，都由村集体自治就可以管好，节省了更多的制度成本。

三、征地补偿和安置的治理结构多样性

在浙江省的征地制度改革中，两种治理结构最为明显。一类是基于政府定价的征地补偿标准提升和安置途径保障；一类是基于市场定价的留用地政策和多样化的开发途径选择。这两类治理结构可以从两个维度进行分析，一个是如何更"省钱"，一个是如何让分配让人更满意。探讨补偿标准和安置途径如何让被征地人满意，从而降低征地过程的各类冲突，节省制度成本，达到"省钱"的目的，是两类治理结构比较的焦点。

实际上，传统征地制度之所以面临困境，主要有三种情形。第一类是公益性项目征地，此类项目一般不直接盈利，因此通过政府"兜底"支付征地补偿；然而因为政府预算有限，补偿标准难以明显提高。此时，被征地农民自然不愿意接受，尤其是会出现"邻避"的现象，在成本和收益不对等的情况下，往往容易出现征地困境，如因为建设垃圾焚烧厂或者修建道路、铁路等线性基础设施。

第二类是非公益性项目征地，此类项目往往会有很高的盈利，如房地产开发。此时，按照市场价格基于征地补偿，往往有足够的资金支持，但因为被征地人的特征的差异，仍会面临"钉子户"。

第三类是无论是公益还是非公益，都可能面临制度选择上的错配。例如，该选择以市场为主的手段时却选择了以政府为主的，反之亦然。这个现象在城市更新中常常出现，如深圳市在旧城改造的过程中往往会面临村集体对政府采取的是以市场为主的城市更新模式，还是以政府为主的土地整备模式。这两种制度背后的补偿标准和实施过程不同，造成村集体对政府征地的不同反馈，常常容易造成征地困境。

可见，传统征地的最大挑战就来自政府定价造成的补偿不被受征地影响的人所接受，进而很可能无法"省钱"。而杭州等地的留用地政策，因为最大的特征就是通过市场的方式决定留用地的价格，同时允许村集体用自治的方式来选择开发模式等，这些都有效地提高了被征地农民及集体的接受程度，从而也节省了大量的征地过程成本，达到了"省钱"的目的。

四、耕地占补平衡治理结构的多样性

在浙江省改革实践中，有两大类占补平衡。

一是由政府强制推行耕地占补平衡。政府依靠强制性的公权力迫使各主体采

取合作态度，节约了协商谈判等事前的交易费用，但却增加了事中和事后的强制执行和监督制裁的费用。加之人的有限理性和信息的不对称，政府往往会面临决策失误的潜在风险。例如，因占补平衡的选址规划不尽合理而产生的次生环境问题。

二是综合运用市场"看不见的手"和政府"看得见的手"来推动耕地占补平衡。一方面，通过市场的激励机制调动各主体参与耕地占补的积极性，并有效利用分散的地方性知识，尽可能节约占补平衡的信息成本、执行成本等。另一方面，借助政府的强控制能力，抑制"搭便车""拒不合作"等个体的机会主义行为动机，尽可能节约占补平衡的协商谈判和监督执行等成本。

政府主导模式有自身的优势和劣势。政府主导模式的鲜明特征是地方政府依靠自上而下的行政命令体系，垄断耕地占补平衡的立项、筹资、实施和验收的大部分甚至是全部过程。政府主导模式的强控制能力可以节约协商谈判的事前交易费用，并强化执行和监督。但是，政府主导模式也存在着自身的劣势。由于决策者的有限理性以及信息不对称，该模式采用的集权化决策方式一般存在决策失误的风险和成本。各地土地开发、复垦和整理项目的立项依托集权化的治理模式所产生的次生生态问题、新增耕地质量欠佳等就是现实例证。

市场参与模式同样有自身的优劣势。市场参与模式的主要特点是市场主体或者说市场力量直接参与了耕地占补平衡的立项、筹资、实施和验收的若干个环节。得益于经济激励机制，市场参与模式可以调动各主体实行耕地占补的积极性，充分利用各主体所掌握的关于土地开发、复垦、整理的社会知识，使耕地占补项目的规划设计尽可能符合当时当地的需要，减少决策失误的成本，并更好地适应项目实施阶段的诸多不确定性。例如，台州市黄岩的土地开发的立项由专业的规划设计机构负责，增强了规范方案的科学性，为耕地占补的质量与效益提升奠定了坚实基础。同时，两地的工程施工外包给专门的工程建设公司。建设公司长期积累的知识、经验与技术则能有效应对当时当地环境变化引起的不确定性，达到节约信息成本和执行成本的效果。然而，在经济激励机制的影响下，行为主体也可能采取机会主义行为，以牺牲他人利益为代价来提高自己的福利，引致额外的交易费用。所以，市场参与模式也未必能提高占补平衡的治理效率。

耕地占补平衡本质上是一种交易，交易本身包含多种属性，包括复杂性、专用性、不确定性和频率。这些属性体现在耕地占补平衡的各个阶段，需要根据交易属性来选择相应的治理模式，以节约交易费用。

项目立项的复杂性越强，越需要分权化的治理模式来协调各种经济、社会和生态关系，节约信息成本，避免决策失误。资金筹集的专用性越强，越需要集权化的治理模式，为专用化的资金提供保障，以推动融资集资。土地开发和整理实施的不确定性需要分权化的治理模式来及时适应环境的变化和妥善应对突发问题，以节约信息成本和执行成本。而土地复垦实施的专用性则需要集权化的治理模式来应对"钉子户"等机会主义行为，实现执行和监督成本的节约化。项目验收的专用性也需要集权化的治理模式为专业技术人员和设备提供可靠保障。而随着项目验收的频率升高，专用性的影响将减弱，进而为分权化的治理模式的产生创造了可能。

交易属性与治理模式的匹配程度决定着耕地占补的治理效率。把具有不同属性的交易与具有不同成本与效能的治理结构相匹配是提升耕地占补平衡的治理效率的必然选择。

第八章 浙江故事的经验总结
和政策建议

　　一个好故事需要一个好结局，如果能从故事中参悟点什么，或是给他人以某种思考，并以此为结局，那自然算得上是一个值得学习的好故事。本书前面的章节着重针对不同内容的农村土地制度，对发生在浙江省的改革故事进行了细致的陈述与剖析，生动地描绘了发生在这片土地上的"人与人"之间因农村土地利用与管理而产生的利益纠葛。在看完发生在浙江省的农村土地制度改革的故事之后，不禁会问，这些"故事情节"之中，究竟有什么是值得思考的呢？或者说，浙江故事能否同样给其他地域的人和事带去一点启发，形成可复制可推广的东西？作为本书的最后一章，本章力求给农村土地制度改革的浙江故事画上一个完美的句号，仅对浙江改革的长期观察以及上述不同的"故事情节"，从特征与绩效总结、工作经验总结、研究结论和政策启示四个方面，分享我们认为值得学习和借鉴的地方，以期为当前和未来一段时期的农村土地制度改革给出建议和启示。

第一节 浙江故事的特征、绩效与经验总结

　　本书第三章到第六章以分散聚焦的视角，详细介绍了不同制度创新内容下发生在浙江省的改革故事，并对每个故事背后的特征与绩效做了详细解读与分析。为进一步提炼出可借鉴、可参考的浙江故事的内涵，从全局视角出发，归纳总结浙江故事中四项农村土地制度创新背后所呈现出的共同的特征与绩效。

一、浙江故事的主要特征：官"推"与民"进"

　　尽管浙江省内各地区针对不同内容的农村土地制度创新采取了差别化的操作

路径，但其背后均表现出一定的相似性，并可以简单归纳为官"推"与民"进"这两个维度的主要特征，前者意指浙江省在推动农村土地制度创新的过程中，主要由地方政府来积极推动制度创新与试点实践的落地，而后者主要指制度创新的结果表现为农民财富与相应权利的增进。具体又可从以下五个方面来认识。

1. 政府主导规则，以完整的制度体系为前提

当前土地制度改革也是一场自我革新的战争，更强调"谋定而后动"，这里的"谋"指的正是围绕相关改革内容所建立的制度体系。在这一方面，浙江省各地方政府充分扮演了"三军统帅"的角色，根据中央的改革意愿，以全局的改革眼光，量体裁衣制定符合本地区实际情形的规则体系，以此来指导并推进改革的落地。例如，德清县面向集体经营性建设用地入市所提出的"一办法、两意见、五规定、十范本"政策体系，义乌市面向宅基地制度改革所构建的"一意见、七办法"政策体系，抑或是杭州、余杭、嘉兴等地开展征地制度改革所建立的相关政策文件，都是以政府为主导来制定或调整相关的规则。一般而言，地方政府率先成立专门的改革试点工作领导小组，整合一线人员及领域内专家同行，先行做好顶层设计，主要是针对改革的具体内容，制定详细的操作规则，并形成规范性的政策文件，以此发挥政策体系在改革中的引导和推动作用。这样的操作方式，有利于充分发挥地方政府组织与调配资源的优势，使相关的制度体系能够迅速建立起来，为后续改革实践争取更充足的时间；而较为完整的制度体系又能有效降低改革实践中的不确定性，减少改革的中间交易成本，从而提高整体的实施效率。

2. 改革探索"化零为整"，操作实践"化整为零"

浙江省在制度创新探索层面始终坚持"化零为整"的思路，通过统筹各项改革协同推进，实现"1+1>2"的改革效果。围绕"缩小土地征收范围"的改革目标，德清县确定将必要的公共事业与政府性工程用地，以及城镇建设用地范围内进行成片开发的土地纳入征收范围，其他涉及集体建设用地占用的则通过集体经营性建设用地入市交易进行，这样既稳定了集体经营性建设用地入市改革的长远预期，也落实了国家的征地改革内容，有效厘清了国有建设用地市场、农地市场（土地征收）以及集体建设用地市场三者之间的关系。义乌市实施的城乡新社区集聚建设与异地奔小康工程，与土地征收和城乡增减挂钩政策密切相关，三者之间的调动配合，确保农民"住有所居"，极大提高了农民的住房财产权益。杭州、余杭等地在实施留用地政策的过程中，按土地征收规模留取部分比例土地给村集体用于发展第二、三产业，其政策实施效果本身就与集体经营性建设用地入市相一致，并为后续扩大入市范围，形成集体经营性建设用地增量拓宽了渠道。

而在具体操作层面，浙江省又采取了"化整为零"的工作思路，将制度创新

的各项内容分解成不同的构成部分，并针对性地采取相应的解决措施，从而达到各个击破的效果。以集体经营性建设用地入市为例，德清县有计划、有步骤地将改革试点内容分解为政策文件解读、资源摸底调查、交易规则制定、职能部门整合、集体组织宣传、市场平台构建、金融机构引入、交易收益分配、资金利用管理、事后监督等多项联动的改革内容。义乌市则采取了"并联+串联"的操作路径，将宅基地改革内容分解为宅基地退出、宅基地有偿使用、宅基地抵押以及历史遗留问题解决等多个并联的改革内容，同时将各项改革内容分解为相互串联的改革环节，如将宅基地抵押分解为规则制定、基准地价评估体系构建、抵押评估、抵押登记、抵押处置、债权实现等多个环节。这样的层层解构，使改革的操作思路更加明晰，加速了制度创新与实践的落地。

3. "黑白猫新论"：政府、市场与自组织都是可用手段

无论是政府、市场，还是集体自组织，凡是能达成既定的制度创新目标，就是可行的实施手段。这是浙江省在农村土地制度创新中所坚持的"黑白猫新论"，坚持发挥政府、市场以及集体自组织在实施制度创新中的各自优势，不过度依赖地方政府或盲目推崇市场机制，也不忽视集体自组织在统一集体行动中的作用，而是根据实际需要选择合宜的组织和操作方式。如前文所言，在改革中由浙江省各地方政府主导相关规则的制定，有利于发挥层级制下地方政府的组织与资源调配的优势，使政策体系能够在较短时间内建立起来，为后续改革实践争取操作的时间和试错的空间。而建立政策体系后，采取市场制有利于引入多方社会资本，从而培育起市场竞争机制，有助于充分显化农村土地（包括宅基地和集体经营性建设用地等）的市场价值。例如，德清县集体经营性建设用地入市交易与义乌市集地券交易等；留用地政策的安排也旨在通过市场竞争机制保障失地农民的利益。而在调动农民积极性的过程中，采取集体自组织的形式，有利于借助民主决策机制和村集体内无形的文化纽带，统一大部分农民的行动意愿，从而降低改革的阻碍。例如，德清县实行由村集体自行决定入市地块交易的申请，义乌市实行由村集体统一决策是否参与城乡新社区集聚建设或异地搬迁安置工程。改革没有灵丹妙药，也没有既定轨道，坚持以改革成效为导向，合理选择相匹配的治理结构能够在理论和现实中尽可能降低改革中间的交易成本费用，从而扩大改革的整体效益。

4. 以"让利于民"进一步夯实"藏富于民"

熟悉浙江的人都会不禁发出感叹——"浙江人真有钱"，其实艳羡之余更应当认识到，其背后的深意来自"藏富于民"的发展理念，即通过富民来促进社会经济的长远发展，实现长治久安。在当前的农村土地制度创新过程中，浙江省秉持了"让利于民"的基本理念，以期进一步突显浙江"藏富于民"的发展特色。

杭州、乐清等地在土地征收过程中所开创的留用地安置措施，是让利于民的直接体现，通过将失地农民的利益与未来整体社会经济发展状况相绑定，打破了现有征地过程中的"一锤子买卖"，消除了城乡二元体制下原有土地增值收益分配机制的弊端，使失地农民的利益有了长远保障。德清县集体经营性建设用地入市本身就是实现城乡土地均等化发展的重要途径，给予农民和农村地区充分让利；而异地调整入市、统筹入市以及合作入市的提出，将有利于化解农村地区由区位差异所带来的差别化增值收益分配，将"让利于民"覆盖到尽可能广的区域。义乌市大力推进的城乡新社区集聚建设、新农村建设、异地奔小康工程等，实质上是以城乡一体化发展为指向，旨在消弭城乡体制间的隔阂，使农民和村集体能够充分享受到社会经济发展所带来的红利，并具体表现为住房财产权益、宅基地抵押权益的大幅提升。而浙江省围绕耕地资源保护所开创的"山海协作工程"，引入市场机制有效实现了耕地资源的占补平衡，形成了资源优势地区与资源较匮乏地区的优势互补，并通过简单经济意义上的"富帮穷"实现了"让利于民"。

我国当前土地制度安排所衍生出的城乡之间、地区之间、集体之间以及农民之间的不平衡、不充分的发展格局是新时期社会主要矛盾的重要构成。为化解这一矛盾，以农村土地制度改革为契机，坚持"让利于民"，不失为一条实现"共享"发展的可行路径。而浙江省的探索实践也充分显示了坚持"让利于民"的制度创新原则，有助于进一步夯实"藏富于民"的外在结果，实现更具广泛意义的改革成效。

5. 深化民主决策，增强民众参与感与选择权

政府主导规则制定并不等同于"一言堂"，而恰恰相反，浙江故事背后民众的改革获得感正在逐渐加强。德清县集体经营性建设用地入市交易实行"三会三公开"制度，入市地块的基本情况、入市方式、交易形式、起始地价等重大事项将全程公开，并明确入市事项须经民主决策后方可提出入市申请；与此同时，多种入市方式与交易形式的自主选择也突显出农民和村集体的主导地位。义乌市将宅基地审批权限下放至村集体，由村组织实行集体讨论公示；宅基地有偿使用、流转后集体取得的收益部分，也被纳入农村集体资产进行统一管理；更为重要的是，在宅基地退出的权益置换中，农民和村集体对选择货币补偿、住房补偿、社保补偿等均享有充分的自主选择权，大大增强了民众的改革参与感。对农村土地制度改革过程中民主决策的理解，不应简单停留在政策制定层面，更应该考虑民主决策背后民众（尤其是农民群体）所能获得的切实收益，而可选项的丰富与参与感的增强无疑将提升农民在农村土地制度创新实践中的利益。

二、浙江故事的主要绩效：向市场化迈进

浙江农村土地制度创新取得了一些实实在在的绩效，包括政策体系的构建、收益分配机制的创新、多模式的交易渠道等，这些主要绩效都凸显出浙江的农村土地制度创新正在向着市场化迈进。

1. 建立了较为完整的农村土地制度改革的政策体系

政策体系是引导农村土地制度改革落地的重要保障，也为后期相关法律的修改与调整提供了直接依据。围绕集体经营性建设用地入市，德清县在初期集中力量陆续出台一系列政策文件，其中《德清县农村集体经营性建设用地入市管理办法（试行）》是该套政策体系的核心，对入市途径、范围、主体、方式、程序及收益管理均做了明确规定；而针对集体经营性建设用地使用权出让、地价管理、土地增值收益调节金征收与使用、收益分配管理等主要内容，又配套出台了相应的管理细则，由此建立了"一办法、两意见、五规定、十范本"的政策体系，对推动农村集体经营性建设用地入市改革试点起到积极的制度保障作用。针对农村宅基地制度改革，义乌市同样建立起"一意见、七办法"的政策体系，分别对宅基地制度改革所涉及的退出、流转、抵押、民主管理等内容制定了针对性的详细规定，同时也结合自身早期探索经验，重点明确了城乡新社区集聚建设、异地搬迁工程等的操作规范。这些政策体系的构建，对后续的集体经营性建设用地入市、宅基地流转置换、留用地开发与利用、耕地保护指标交易等，都起到积极的规范和引导作用。

2. 形成了兼顾多方利益主体的收益分配机制

建立兼顾国家、集体和个人的收益分配机制是农村土地制度改革的目标之一。德清县根据土地用途和区位差异，采取"按类别、有级差"的分配原则，同时，按照"谁所有、谁受益"的原则，建立了以"明确收益属性、明确收益用途、明确农民利益"为核心的增值收益分配机制，该机制在实践中也得到相应的支持，而持续不断增加的集体经营性建设用地入市交易量，正是良性收益分配机制的外在表现。义乌市以农村宅基地制度改革为契机，建立起"局部让利于民、全局收益平衡"的分配机制，具体而言，在推动单项城乡新社区集聚建设与异地搬迁工程的过程中，坚持让利于民，以宅基地退出换取城市住房权益、产业用地收益以及社保福利等；而在全局范围内，则通过宅基地退出与城乡新社区建设节余的用地指标来满足全市整体的用地发展需求，从而有效平衡地方政府、农民及村集体的利益分配。而杭州、余杭、乐清等地实施的留用地政策，则采取了"准市场化"的分配机制，即划出部分土地给失地农民，并允许其在一定条件下进行市场化开发建设，从而将其当前及未来收益保障与整个社会经济发展相捆绑，

既能够满足地方政府及企业的城市用地发展需求，又能够相对公平地照顾到农民及村集体的权益。而在耕地占补平衡的制度创新过程中，各地方政府成为耕地保护指标的转让与购买者，两者收益分配也基本按照市场化或协议的机制来进行。

3. 形成了多模式的农村土地制度创新实践道路

正如世上没有包治百病的灵药，农村土地制度改革也不可能只有一条可行的路径。浙江省在探索各项农村土地制度创新的过程中，探索出了多模式、多途径的改革道路，有效兼顾了不同情形下改革落地的差异化要求，也直接赋予了农民和集体组织更多的自主选择权。德清县围绕集体经营性建设用地入市所建立的就地入市、异地调整入市、统筹入市以及合作入市等多种渠道，能够尽可能覆盖大部分农村地区的入市需求与可选项，对于入市所获土地收益的管理，在风险可控的前提下，也充分赋予了农民和村集体自主决策的权利。义乌市结合宅基地制度改革所开展的城乡新社区集聚、新农村建设、异地搬迁安置以及下山移民安置工程等，不仅能够满足全域不同地区农村宅基地资源再配置的客观要求，而且在保障农民宅基地及住房财产权益方面，也允许农民以农房和宅基地置换城市住房、产业用地、货币补偿、社会保障、股份收益等，极大地增进了农民的选择权。而浙江省在征地制度改革中针对农民和村集体也建立起多元化的征地补偿和利益保障机制，包括留用地安置、就业安置、住房安置、货币补偿、社会福利保障等，农民在安置方面享有了充分的选择权。在现有制度与法律体系在短时期内无法发生根本性转变的背景下，结合改革的内在要求与外部环境约束，形成多模式、多途径的农村土地制度改革道路，这种多元化的操作不仅有利于改革内容的落地，也在很大程度上赋予了农民更多的选择权利，向着市场化配置农村土地资源迈进了一步。

4. 奠定了构建相互融通的土地交易市场的基础

建立统一的城乡建设用地市场将是我国未来社会经济发展的大概率事件，而浙江省通过统筹各项农村土地制度改革的协同推进，正逐步建立起相互连通的土地交易市场。德清县集体经营性建设用地入市政策体系的构建标志着农村建设用地市场的建立，集体组织和农民作为合法入市主体，可采取就地入市或异地调整入市的渠道，将依法取得、符合规划的集体经营性建设用地，通过出让、租赁、作价出资（入股）等有偿使用形式，以及招拍挂等方式出让给受让方，并缴纳一定的土地增值收益调节金。而从实际运行来看，德清县农村集体经营性建设用地市场主要面向用地规模较小，对土地区位并不十分敏感的中小微企业，其与国有建设用地市场形成了良好的互补关系，后者的土地受让方以用地规模大，对土地区位敏感的大中型企业为主。义乌市将宅基地制度改革与城乡增减挂钩政策有效整合，并提出了集地券的市场概念，通过集地券这一农村建设用地（含宅基地）复垦指标，集体组织和农民可以将复垦腾退为耕地的农村建设用地指标面向资本市场出售，而单位和个人则可以采取挂牌或拍卖等方式对其进行购买，并用于后续的建设项目落地。这一创造性做法有效盘活了农村闲置建设用地，打通了城乡"任督二脉"，极大显化了农村建设用地的市场价值，并克服了义乌市受耕地资源约束而导致的新增建设用地无法落地的局面，实现了双赢。而浙江省多地的留用地操作，从实际结果导向来看，实质上是允许部分集体组织和农民直接售让或开发部分农村土地，在小范围内实现了农村土地有限制的直接入市。总体来看，浙江省的集体经营性建设用地入市、集地券交易，以及有限制的农村土地直接入市，都在向国有建设用地市场建设的方向看齐——通过市场竞争机制来配置土地资源，在某种程度上不同类型的土地市场之间在地方实践中呈现出良性互补、相互融通的关系。

三、浙江故事的主要工作经验：有为政府与治理转变

火车跑得快，全靠车头带。地方政府往往在推进各项改革事务中扮演着至关重要的角色，甚至在一定程度上直接决定了改革的成败。浙江省在农村土地制度改革中所取得的成就，始终都离不开各级地方政府对创新农村土地管理事务的长期坚持，有为政府在推动改革落地的过程中始终发挥着主心骨的作用，成为引领浙江省农村土地制度改革的急先锋。因此，在关注浙江故事背后的特征与绩效时，还需要重点关注地方政府在制度创新中的治理理念，这对于其他地区学习和借鉴具有重要参考价值。

（一）准确把握土地制度核心，积极研判政策走势——改革释红利

一谈到农村土地制度改革，就会很自然地联想到试点区、试验区或示范区等字眼，这是已经陷入了"唯有试点才能进行改革探索"的思维定式。在这种思维定式下，改革相对于地方政府而言往往更像是指令性的任务，是额外压迫在地方政府开展土地管理事务上的一根稻草。在这种认识下，地方政府开展改革探索更多地考虑能够带来多少政绩，而非改革所能创造的社会经济红利。必须承认，这样的思维定式在各地方政府中依然普遍存在，其根本原因就在于忽视了土地制度对社会经济发展所起到的核心作用，而长期缺乏对全国土地管理改革事务的积极研判，更是造就了一些地方政府"做一日和尚撞一天钟"的治理理念。

土地自身就是一项重要的生产要素，而且能够带动其他生产要素的流动，对社会经济发展支撑作用明显；而历史发展经验也表明，通过不断创新土地制度，

优化土地政策工具，及时调整"人—人"、"地—地"与"人—地"关系，能够为地区的社会经济发展提供源源不断的初始动力。正是对此有了深刻认识，自20世纪改革开放以来，浙江省就一直秉持着积极主动的改革心态来面对土地管理事务，打破了"唯有试点才能进行改革探索"的思维束缚。改革初期，当大部分省份的目光仍然停留在土地（尤其是农用地）的粮食生产要素属性时，浙江省就瞄准了土地作为经济生产要素的属性特征，以土地投入来弥补资金和技术的不足，大力发展乡镇经济，尽管造成了大量优质耕地资源的流失，但为今后的发展奠定了良好的社会经济基础；20世纪90年代，当大部分地区对宅基地的认识仍然停留在居住保障特性时，浙江省温州一带就开始借鉴城市住房抵押的模式，探索挖掘农村宅基地的金融资产特性，其自主推行的农房抵押为当地民营企业发展提供了重要资金来源；进入21世纪，在城乡二元体制的束缚下，全国土地管理出现了城市建设用地不足与农村地区建设用地低效利用的两难局面，对此，浙江省积极求变，提出了城乡建设用地增减挂钩的探索实践，在一定程度上打通了城乡建设用地的流通渠道；同期，面对各地爆发的征地所引发的冲突和矛盾，浙江省部分地区开始探索试点留用地政策，将失地农民的未来利益与社会经济发展相绑定，在很大程度上体现了"共享发展"的理念；2010年后，当各地仍然将目光聚焦在城市建设用地的横向扩张时，浙江省又在全省积极开展低效用地再开发建设，通过"腾笼换鸟"来推动产业升级，从而实现城市建设用地的纵向发展；2015年以来，义乌市所开展的宅基地改革并没有囿于中央文件所强调的农村地区，其操作路径更多是以城乡一体化建设为指向，力图在全市范围内建立城乡资源对等、发展机会均衡的住房保障体系，显然这一操作思路已超越现有宅基地改革的指导范畴。

通过简单勾勒浙江省在不同时期围绕农村土地制度改革所进行的自主求变，可以清晰认识到，浙江省对于土地在社会经济发展中的作用具有深刻的认识，在其发展历程中，土地制度创新俨然成为推动区域发展的有效政策性工具之一，也使地方政府树立起积极主动创新土地制度的改革心态，在这一过程中，土地制度改革并非是自上而下消极被动的政治性任务，反倒成了自下而上积极索取政策红利的重要渠道。

（二）改革模式因地制宜，治理方针因势导利——智慧在民间

汉代赵晔在《吴越春秋·阖闾内传》中早有记载："夫筑城郭，立仓库，因地制宜，岂有天气之数以威邻国者乎？"意指当政者治国理事，应根据具体情形而设定灵活机动的治理方针。在面对农村土地改革这一全国性难题时，浙江省也坚持了同样的治理理念，即在全省统筹的前提下，放手由各市、县地方政府结合自身市情县情，因地制宜地探索符合自身特定条件的农村土地改革道路或模式，

并结合自身长处因势导利推动改革实践的向前发展。

2008 年嘉兴市借助全省统筹城乡综合配套改革的契机，根据当地农民具有较强的承包地占有意识和对城镇居住生活有所向往的基本判断，围绕宅基地退出与承包地流转提出了"两分两换"的政策安排，丰富了当地农民的可选择项及自主选择权限，加速了改革实践的落地，成为各地竞相学习的"嘉兴模式"，再如，2015 年农村集体建设用地入市改革以来，德清县并没有复制照搬全国城镇国有土地入市的制度安排，而是结合当地农村闲置用地较多、民营小微企业用地规模小且供给不足的现实供需矛盾，建立了"就地入市"与"异地调整入市"两种渠道，形成城乡之间"合理竞争、差异保障、优势互补"的多层次土地市场，弱化了地方政府因顾虑对国有土地市场产生冲击而不敢放手建立集体土地市场的内在动机。当然，也需要客观认识到，"嘉兴模式"或"德清经验"等改革路径，并非是当地政府的"突发奇想"或"闭门造车"，其实质是对长期面对一线土地管理问题不断沉淀的具体表现，这就包括与当地村集体、农民群体或金融机构的反复沟通与交流，是集合多方智慧与频繁博弈的结果。多次调研也发现，当地改革的政策内容大部分都源于基层可行性操作的深度提炼，本身就具有较好的实践基础，这也解释了为什么浙江省的改革相对务实，并容易获得农民群体较为广泛的支持的原因。而浙江省采取这样一种类似"分散烧锅炉"的治理机制[①]，允许各地方政府自行探索符合当地发展需求的改革思路，也是出于对"智慧在民间"的深刻认识，通过给予地方政府更多的自主决策权，激发当地不同群体的改革意愿，调动地方政府以及当地民众的积极性和创造性。事实上，前文所引出的典故，其背后的故事也是当政者从农民因地制宜、栽种果树中受到启发，从而推演至更高层面的治国方略。

---

① 浙江大学曹正汉教授的《中国上下分治的治理体制及其稳定机制》一文，在解释当前我国治理体制为何始终能保持相对长期稳定的原因时，认为我国上下分治的治理体制实质利用了"分散烧锅炉"的原理，这一解释同样也适合浙江省在面对农村土地制度改革时所采取的策略。假设有一个人需要利用锅炉将100吨水烧开，但又不能使锅炉烧爆炸。在烧锅炉的过程中有两个假设，一是如果他把水烧开了而没有及时关闭炉火，锅炉就会爆炸；二是由于技术和信息制约，他只能全凭经验来判断烧锅炉里的水是否烧开，然后决定是否关闭炉火，这种经验判断正确的概率大概为90%。这时，他面临两个基本选择，一是选择一个巨大锅炉尝试一次性烧开这100吨水，其失误的概率大概为10%，而一旦锅炉爆炸，整个100吨水都会流失；二是选择将这100吨水均分为100份，聘用并放手由这100个管理员分别烧锅炉，一来这些管理员会根据自身所用小锅炉的特点以及对火候的认知来进行操作，尽管每个人的判误概率仍为10%，但显然这种分散开来烧锅炉的方法会极大避免"满盘皆输"的风险，确保100吨水不至于全部流失；二来从技术操作上看，对小锅炉的掌控也会远远轻松于大锅炉。显然，第二种选择是较优选项。上述"分散烧锅炉"故事中的这个人对应的就是浙江省，烧开100吨水意指实现农村土地制度改革的目标，不能把锅炉烧坏则指避免改革不当而引发全省的社会矛盾，而100名锅炉管理员和小锅炉则分别代表了各市县地方政府及其管辖范围，小锅炉本身的特点以及管理员对锅炉的认知和对火候的把握则代表了地方政府对当前社情民情的了解和治理能力。

（三）开弓没有回头箭，立定改革心不减——始终在路上

改革不只是现在进行时，还是将来时，尤其当涉及土地管理领域正式制度（如法律法规、制度约束）与非正式制度（如土地利用的意识与行为）的调整时，更加强调改革的长效性。面对纷杂的土地利益诉求以及动态变化的经济社会环境，时刻保持对土地制度安排的高度重视成为地方政府治理所面临的新常态，而始终坚持不断改革、调整和完善土地制度设计的信念，就成为应对新时期新问题和解决历史时期遗留问题的不二法门。在这一点上，浙江省始终践行着"革命尚未成功"的改革理念，立定了"开弓没有回头箭"的改革决心，在浙江农村土地制度改革实践中体现得尤为突出。

20 世纪 90 年代，为满足地方民营企业经营与融资的需要，温州市开始自行推进"农村抵押贷款"的探索。1998 年，杭州市开始试点"留用地"政策的征地制度改革探索，将征地农用地面积10%的比例核准留用地，同时结合村集体经济股份化改造，村民作为股民参与收益分红。21 世纪初，浙江省在各地开展农村集体非农建设用地使用权的流转试点工作，并明确了流转的内涵、范围、条件、程序、收益分配与管理等，着手将无序的集体非农建设用地流转纳入正常管理轨道。同一时期，面对建设用地供需矛盾突出，耕地后备资源极为匮乏的客观现实，浙江省最早开始探索城乡建设用地增减挂钩，并对建设用地复垦周转指标的申请、下达、使用、归还、管理等方面做了详细规定。2002 年，面对征地补偿标准过低，违法征地行为时有发生的情形，浙江省统一制定了"征地补偿区片综合价"，并开始探索多种安置方式，保障被征地农民的基本生活生产；同时也逐步加强对各级地方政府征地的管理，严禁违法行为发生。2010 年，面对农村宅基地利用低效与供给不足的两难局面，浙江省下发相关文件开始探索建立健全宅基地流转机制，允许部分地区尝试探索以市场交易方式促进宅基地资源的高效配置。2012 年，为了从源头落实耕地保护制度，浙江省在金衢、丽江、甬台温探索开展了低丘缓坡荒滩未利用地开发试点，充分挖掘利用低丘缓坡土地资源、沿海滩涂土地资源，缓解耕地保护和建设用地保障压力。2013 年，为进一步提高城镇建设用地的利用效率，浙江省开始在各地开展低效用地二次再开发，并建立了"协商收回、鼓励流转、协议置换、退二优二、退二进三、收购储备"等多种再开发方式。2015 年，又按照生态文明建设要求，改革大规模开发低丘缓坡土地资源的模式，探索开展坡地村镇建设，提出了"保留地貌，依势而建""房在林中、园在山中"的生态建设理念。

与此同时，浙江省并没有停止对土地制度改革和探索的步伐。党的十九大会议后，为承接新时代对土地管理工作的新要求，浙江省再次明确以推进农村土地制度改革作为今后全省土地管理事务创新的重要内容，并强调要持续加大农村存

量建设用地盘活的力度。在农村集体建设用地方面，根据德清县近三年所取得的改革成果和试点经验来看，农村集体建设用地入市制度改革在浙江全省推开已成为必然趋势，为此，浙江省正着手在全省范围内探索构建城乡统一建设用地市场的可行性，逐步稳妥推进全省存量集体建设用地调查、各地小微企业用地需求摸底、基层治理体制完善和农村集体资产管理机制构建等工作，为后续向全省铺开做准备。而杭州市也正在加紧出台开展集体建设用地租赁住房的实施方案，以期进一步扩大集体建设用地市场的应用面。在农村宅基地制度改革方面，浙江省不动产登记"最多跑一次"改革将在全省全面落地，信息与数字技术的持续性发力将有助于厘清农民住房财产权纠纷和历史遗留问题；计划在接下来三年内完成宅基地登记发证，这将进一步降低农民住房及宅基地入市（包括退出、置换、转让、抵押等）的中间交易成本，助推农村宅基地制度改革向更深处和更广处铺开；而义乌市在农村宅基地改革过程中形成的多元化宅基地退出与安置模式，也将为具有不同社会经济背景的其他市县在全省推广宅基地制度改革提供丰富多样的参考样本。

（四）干在实处、走在前列、勇立潮头——扬浙江精神

坚持长期进行制度创新的决心，还需要取得源源不断的实施成果来支撑当前及后续发展的动力，一味强调创新而不能获得实际成效，本质是在进行没有收益或收益较少而投资较大的交易活动，最后必然造成整体社会福利的降低——劳民伤财。上文中发生在浙江省不同时期、不同地区的农村土地制度创新探索，其背后的动机与出发点都是围绕现实用地发展需求而做出的积极主动响应，而且通过围绕制度创新所开展的改革试点与操作探索，实实在在取得了丰硕的成果，表现在社会经济福利提升以及生态环境改善等方面，成为浙江省"干在实处、走在前列、勇立潮头"精神的又一体现。

在农房抵押贷款方面，截至 2016 年 1 月，温州市贷款余额突破 80 亿元，达到 80.9 亿元，比 2015 年末增加 4.17 亿元，而参与农民自建房抵押贷款的金融机构则包括四大国有银行、农村合作金融机构、邮储银行、浙商银行、温州银行、中信银行、浦发银行等，农房抵押贷款试点走在了全国的前列。义乌市于 2015 年 12 月 28 日办理了全国首宗宅基地抵押贷款，截至 2017 年 9 月，共有 7 家银行累计办理宅基地抵押登记 1 475 宗，贷款金额 8.6 亿元。在宅基地有偿使用与退出方面，义乌全市集聚建设高层公寓项目 7 个，占地面积 984 亩，总建筑面积 227 万平方米，总套数 11 885 套，配套产业用房项目 7 个，可将 14 463 个农民融入城市圈；而近郊村按照"零增地"模式累计拆旧建新 1 201 户，建筑占地面积 12.36 万平方米，远郊村实施"异地奔小康"工程，在建项目 5 个，总投资 21 亿元，可安置农民 7 700 人，目前已安置 5 210 人。在集体经营性建设用地入市方面，截至

2017年10月，德清县入市土地达到138宗，总面积约1 000亩，总成交价款达到2亿元，其中农民和村集体所获收益1.63亿元，在此期间实现了集体经营性建设用地入市全国"第一槌"与异地调整入市全国"第一宗"。而在征地制度改革方面，截至2013年10月，杭州主城区通过留用地安置政策已落实留用地项目用地约5 080亩，出让留用地项目超过200个，其中在建85个、已竣工122个，2008~2012年，杭州市区共返还留用地项目土地出让金约60亿元。

上述通过制度创新所取得的社会经济数据，客观真实地反映了浙江省在推进各项农村土地制度创新时所取得的具体成效。而且随着试点实践的深入、时间的推移以及示范效应的扩大，这种务实的改革成效还将不断增长，成为引领全国各地改革实践的标杆与旗帜。

第二节　浙江故事的研究结论

从全社会的角度看，农村土地制度创新浙江故事的实质是财富增值与再分配，而本书前面章节所讨论的有关浙江省农村地区发生的各种制度创新的探索实践，无不印证了这个论断。然而，通过制度创新所得到的农民与农村财富增加只是直观、外在的结果，为归纳出可借鉴性的内容，还需要进一步分析其背后的逻辑。下面将以"分—总"的形式，分别从资源配置、治理结构、正式制度三个部分进行总结，最终形成整体性的研究结论。

一、资源配置层次的总结：资产显化与财富增值

从整体角度审视，自开展集体经营性建设用地入市、宅基地、征地制度以及耕地保护与占补平衡制度四项改革以来，浙江省在农村土地资源配置层次所取得的主要成效包括：①农村土地资产属性得以体现；②农民和村集体财富得到增加；③农村土地空间布局更趋于合理；④集体组织的民主制度更加完善。也就是说，通过各项农村土地制度改革，浙江省农村地区的土地资源进一步实现了优化配置，达到了资源配置层次的基本目的——配置效率的提高，而农村土地资产属性的显化以及农民与村集体财富的增值则是优化配置最为典型的结果。通过改革实现农村土地资产属性的显化以及农民或集体的财富增值，有其必然性。

一方面，制度调整显化了农村土地的资产属性，为其转化为资产价值创造了可能。改革前，我国割裂的城乡二元土地市场以及相应的制度体系，在很大程度上造成了刻意忽视农村土地资产属性的局面。宅基地是社会主义制度下因成员权

而公平分配的产物，因其无偿性而更多地强调基本的居住权益，住房财产权因无法流转而被人为抑制；集体建设用地也被限定在集体组织成员内部使用，限制了可对外流转交易的渠道而无法显现价值；而耕地资源则一直被过分强调其保障粮食安全的基本特性，既忽略了耕地的生态价值，也人为规避了对耕地资源因土地发展权而丧失的隐性价值。通过宅基地制度改革，浙江省大胆透过城乡增减挂钩的渠道，破除了宅基地无法跨区流转的壁垒；而集体经营性建设用地入市改革，更是直接允许其入市交易；在"山海协作"下，耕地资源的资产属性也间接实现了与建设用地的挂钩。以上这些制度的调整，既是中央改革基调使然，也是浙江运用政策创新的结果，而根本目的都在于正视农村土地资源的资产属性，并为其后的资产价值铺路。

另一方面，改革操作为实现农村土地价值搭建了多种渠道，并建立了相应的分配规则，是实现农民与村集体财产增值的关键。通过破除制度约束来显化农村土地资产属性只是迈开了改革的第一步，在改革过程中人为创造相应的交易机制或交易平台，为实现农村土地的资产价值提供了真正的动力，而收益分配机制的建立则为实现农民和村集体财产收益提供了保障。德清县建立的就地入市、异地入市、统筹入市与合作入市等多种模式，本质上开拓了集体经营性建设用地得以实现其经济价值的多种渠道，通过这些渠道，村集体或农民就可以结合自身与市场情况，自主选择是否或采取何种途径进行入市交易，并参与收益分配。义乌市针对不同地区而实施的改造工程，以及实施的多版本改造模式，都可以被直观理解为宅基地"入市"的多种渠道，是农民住房财产权益得以资产化或资本化的主要途径。浙江省各地围绕土地征收而执行的留用地安置，从客观来看允许部分有条件的农村土地直接入市进行交易，但要符合相应的交易及用地规则，尽管政策开的"口子"较小，但也从根本上缓和了被征收农地无法体现其市场化价值的局面。"山海协作"工程则统筹考虑了不同地区的耕地资源优劣势，实现了耕地的土地发展权益在空间上的转移，而其价值也在空间转移的过程中得到了体现。

需要指出的是，尽管中央允许对制度进行调整是显化农村土地资产属性的关键，但在如何让资产属性变现，如何最大化实现其资产价值，以及如何合理分配土地收益上，各地的改革操作又会有所差异，这背后还涉及治理效率以及治理结构选择的问题。

二、治理结构层次的总结：政府、市场与集体自组织

实现农村土地资源优化配置的一个有效方式就是根据地区的内外部属性选择适宜的治理结构以提高配置过程中的治理效率，从而实现改革效益的最大化。从理论上看，在实现农村土地资源优化配置的治理过程中，可以有三种不同的治理

结构。一是政府主导的治理模式，对应的层级制结构具有严格的上下级关系与既定的业务流程，成员根据所处等级必须遵守固定成文的规章制度，并按照专业进行分工组织活动；二是市场主导的治理模式，对应的市场制能够通过竞争机制，激发各方主体推进农村土地制度改革落地的积极性，并增加整体的社会财富。三是集体自组织主导的治理模式，对应的混合制能够有效协调各方的利益诉求，尤其是集体内部不同农民的利益取向，在达成统一行动意愿的基础上，形成统一的集体行动，来共同推动农村土地制度改革。

无论是政府主导、市场主导，还是集体自组织主导，都是实现改革效果的可行路径，而个中差异就在于治理结构的选择以及相应的中间交易费用的高低，且两者存在必然的内在联系——合适的治理结构能够达到降低交易费用的根本目的，治理结构的错配不仅会造成交易费用的增加，还可能导致改革操作的失败，因此关键在于治理结构的选取，这需要结合具体的改革内容以及所处的内外部环境进行匹配性选择。同时，应当认识到，改革并不是单一的个体，而是由多个环节组合而成的，不同环节很可能需要采用不同的治理结构来应对，因此这里面还涉及治理结构的嵌套性问题。

1. 集体经营性建设用地入市的治理结构选择

对于集体经营性建设用地入市改革而言，建立相应的集体经营性建设用地市场，显化农村集体建设用地的市场价值是改革的根本目的。围绕这一点，浙江省德清县在改革实践中采取了"政府搭台+市场唱戏+民主决策"的基本治理形式，并取得了显著的改革成效，其治理结构的选择启示可简单总结为以下几点。

第一，市场制是实现入市交易价值的优先选择。这主要是因为：一方面，通过市场中的价格机制与竞争机制，能够快速促成用地买卖双方信息的汇集，并尽快达成对入市地块价值的共识，既降低了交易过程中的信息搜集成本，并能最大化地显化入地地块的价值；另一方面，在市场的经济激励机制下，自利的市场主体凭借自己所掌握的专门知识和积累的土地开发经验，根据市场环境的变化，制定符合实际的且能够最大化土地增值收益的集体经营性建设用地开发决策，有利于真正地提高存量土地的利用效率，而一些低效用地企业则主动改造所占用的地块或者通过兼并重组等方式盘活用地。但是这并不意味着市场制就能完全应付入市改革的所有问题。

第二，层级制是构建市场体系的基础。市场制要发挥其基础性的配置作用，需要完善的市场体系做支撑，包括交易规则制定、纠纷处理、监督管理等。但市场体系的建立并不是一蹴而就且没有成本的，因顾虑承担建立市场体系所耗掉的成本但又不能必然排除"搭便车"者推卸负担成本的行为，使自利的市场主体往往缺乏自发构建市场体系的激励，这时就需要地方政府来提供这一"公共物品"，一来政府的公信力能够起到稳定市场预期的作用；二来由政府主导规则制定有利于衔接现有制度体系与改革的任务要求。

第三，集体自组织是推动入市交易的保障。入市交易还有赖于集体组织的入市意愿。集体经营性建设入市涉及集体与农民、农民与农民之间的利益关系协调，当农民利益群体过多时，很可能由于内部意见的不一致而很难达成统一的入市决策，导致协商成本过高而影响入市收益，甚至造成入市交易流产。面对这种情况，采取层级制下的行政力量进行强制性协调能够在一定程度上解决问题，但也需要考虑到行政强压下所潜藏的社会矛盾；而采取集体投票、表决、商议等形式，以自组织的方式形成统一的集体行动，既能够权衡绝大部分利益相关者的利益诉求，同时又避免了引发后续纠纷，不失为一种合理有效的治理方式。

2. 宅基地制度改革的治理结构选择

对于宅基地制度改革而言，实现宅基地有偿使用、退出以及保障用益物权是改革的三项重点内容，需要分开判断应该采取何种治理结构。而浙江省义乌市在改革过程中，则采取了多样化的治理结构来分别应对各项改革内容的落地，其治理结构的选择经验可以总结为以下几点。

第一，市场制与层级制都是实现宅基地有偿使用可行的治理结构。宅基地有偿使用主要包括宅基地配置中的有偿使用以及针对历史遗留问题的有偿使用，对于前者而言，采取有偿选位、有偿竞价等市场竞争机制来确定配置宅基地，能够激励农民节约集约用地，促使农民建房向中低层发展；而村集体利用竞价资金建设小高层，采取向高空要地的发展策略，以此保障其他农民的基本住房权益，两者共同实现了宅基地资源的高效利用。对于后者而言，由于历史遗留问题涉及行政管理上的老大难，通过行政力量对"违建超建""一户多宅"等现象收取有偿使用费，能够"以理服众"并做到"一碗水端平"，降低费用收取的执行难度。

第二，大规模宅基地退出适合采取层级制，小规模则适宜采取市场制。整村搬迁式的宅基地退出由于涉及国有土地与集体土地性质之间的转换，且牵涉到的宅基地规模与农民群体较大，采取政府主导的形式，一是有利于不同性质用地之间的快速转换及相关规划编制的快速调整，节约工程推进的时间成本；二是政府以优厚的退出补偿为吸引，可以快速协调整村宅基地的退出事宜，达成统一的集体行动；三是规模化的宅基地退出能够节余部分建设用地指标，形成对地方政府的激励。而小规模的宅基地退出以集地券这一市场化的交易形式来促进宅基地退出，不仅能够兼顾宅基地具有不同区位和不同大小的客观差异性，使小规模退出具有可行性；而且也可以通过集地券交易平台，实现宅基地退出的交易价值最大化，起到积极的激励作用。

第三，市场制是实现宅基地用益物权保障的有效治理结构。宅基地用益物权保障主要体现在农房及宅基地抵押方面，由于需要金融机构的支持，借鉴国有土地抵押市场的模式，市场机制是比较合适的治理结构，能够通过经济激励吸引金融机构的积极介入，引入大量社会资本，有助于农房及宅基地抵押的实现。

3. 征地制度改革的治理结构选择

就目前各地围绕征地制度改革的实践来看，提高征地补偿标准是征地制度改革中最为切实可行的改革内容之一，而如何构建"公平"的征地补偿机制，以期尽可能实现"利益共享"下的改革目标，则是未来改革的发展方向。浙江省各地在土地征收中所采取的留用地政策，实质上是以一种准市场化的手段来确定征地补偿标准，并取得了重要改革突破。从操作可行性角度来看，政府主导下的市场化配置是实现征地制度改革的重要手段。

在现有城乡二元土地管理体制尚无法在根本上得以破除的背景下，土地征收过程中所涉及的集体土地向国有土地转变的事实，决定了政府在征地过程中必然要扮演重要的角色，这是《宪法》赋予地方政府的权利与责任。然而土地征收涉及多个环节，虽然总体基调需要采取政府主导的治理结构，但这并不影响不同环节采取针对性的治理结构，也就是以嵌套的形式，形成不同治理结构之间的优势互补。例如，在开展土地征收过程中的土地增值收益分配时，以往由政府主导的补偿价格制定并没有充分做到"公平"的征地补偿，既有"农村支持城镇化、工业化发展"的意味，又有地方政府获取较多土地增值用以城市和农村地区公共基础设施建设的区要，这显然已无法满足新时期的发展要求。而浙江省通过划出部分留用地给集体组织或农民个体，允许其在一定条件下通过市场手段进行开发经营并获利，相对于"政府定价"，通过市场机制而获得的征地补偿收益，显然更具公平性，也赋予了失地农民或村集体"利益共享"的权利，使其长久生计得以保障，能够极大降低征地过程中来自失地农民和村集体的阻力，缓和社会矛盾。这种在政府主导下引入市场机制对土地征收补偿进行的改革探索，有效发挥了不同治理结构的优势，既保障了政府在征地中的权威性，也相对公平地实现了征地补偿纠纷的妥善处理。

4. 耕地保护与占补平衡制度改革的治理结构选择

从实践来看，实现耕地保护及占补平衡主要有三种方式：在耕地后备资源充足的地区多通过土地开发来补充耕地；在耕地后备资源不足甚至枯竭的地区多采用土地整理复垦的方法；也可以通过联合耕地后备资源充足与不足的地区，采用指标转让、异地占补等类似的跨区域交易的模式来实现。显然，浙江省的"山海协作"工程就属于典型的第三种，而且从其实践历程来看，采取了分阶段采用不同治理结构的处理方式，具体为以下几点。

第一，初期采取政府主导的治理结构，有利于加快项目的落地。耕地占补平衡通常都限定在县域范围内讨论，但浙江省沿海地区普遍呈现耕地后备不足的基本格局，使开展县域内耕地占补平衡实施难度较大，直接开发或复垦的成本较高；而采取开展跨区域的耕地保护指标交易，将省内山区耕地资源优渥的地区与沿海地区进行联动发展，能有效弥补空间资源上的差异，且能够以相对较低的开发成本实现相同的保护目的。但这在改革探索的前期，需要重点考虑突破现有制度约束的问题，也就是跳出"县域内实现耕地占补平衡"的制度束缚，这时候就需要地方政府积极介入，尤其是省级政府进行相应的背书，以消除政策运行中的不确定性，免去各地方政府在操作上的政治顾虑。同时，由于初期的交易对象具有不确定性，省级政府牵线搭桥有利于"山""海"地区的地方政府快速"组队"，促成交易快速达成。因此，初期采取政府主导的形式是十分可取的。

第二，后期采取市场化配置手段，有利于突显耕地保护的价值。随着"山海协作"工程的持续推进，交易对象与数量逐年扩大，交易频率也不断上升，逐步形成了具有一定规模的耕地资源保护指标交易的市场，若继续采取政府主导下的"两两配对"式交易，省级政府在促成交易过程中的组织协调成本将必然大增，且因缺乏经济激励而阻碍交易效率的提高。此时采取市场制，引入市场竞争机制来促进耕地保护指标的交易，避免了信息收集的成本，既能够在经济激励下促成交易双方快速达成交易，又有利于充分显化耕地保护的生态价值和土地发展权益。当然，这并不意味政府就可以完全"撒手不管"，对交易事前的规则解释及纠纷处理，以及对交易事后的耕地保护的落实，仍需积极发挥政府作为"审判者"和"监督者"的作用。

三、正式制度的总结：产权明晰与市场构建

在进行治理结构层次的总结时，不同治理模式之间的比较是基于制度环境不变这一假设前提的，也就是在进行选择时并没有突破现有的制度环境，也没有考虑制度本身存在的缺陷。然而，不可否认的是，一方面，我们很难简单去评定某一单一的影响因素，因为各个层次相互关联并互相影响；另一方面，现实实践也已表明，资源配置层次或治理结构发生变化时，很有可能会引起制度环境的改变。例如，从 1997 年耕地占补平衡政策提出至今，耕地占补平衡政策已有较为完备的体系，国家也一直在完善相应的法律法规，形成了正式的制度规范并体现在《土地管理法》中。这一例证体现了制度环境自我调整以满足治理结构或资源配置层次需要的客观现实，也表明制度环境的改进与优化将对农村土地制度改革产生重要的影响。而从浙江故事背后的正式制度层次来看，正引发产权与市场两个方面基础性制度的调整。

第一，产权由模糊向清晰转变，农村产权制度体系正逐渐建立。浙江省针对

各项农村土地制度改革的探索，都是进行农村土地产权再调整的过程，体现出产权正逐步由模糊向清晰转变的演进路线。德清县集体经营性建设用地入市中村集体组织以实体形式出现于入市交易，成为真正意义上农村土地的所有者，农地的主人由"做不了主"向"做得了主"转变，村集体和农民享有了更为完整的权利束。义乌市宅基地改革后，农民对宅基地及农房所享有的权利在抵押、流转、置换中都得到了扩大，其占有、使用、收益与处置宅基地的权能相对以往有了大幅提升，不再局限于宅基地产权不得交易流转的模糊设定。浙江省的留用地政策，本质上是政府在行使土地征收权的过程中公权力的退让，也就是说农民和村集体在被征地中的私权利得到了放大，并体现在采取市场化机制确定土地征收补偿标准上，这是一种间接明晰农地产权的方式。而"山海协作"下的耕地保护指标交易，更是直指耕地的土地发展权益，赋予耕地保护更为完整的权能与利益诉求。上述各项制度创新在产权权利上的调整，既在实践操作中有明显体现，也在地方性政策文件中得到了进一步规范，是迈向正式制度调整的重要一步。整体来看，农村产权制度体系的建立将实现模糊的农地产权逐渐向清晰转变，随之带来交易费用的不断降低，为后续政策应用的扩大，以及市场体系的建立奠定了基础。

第二，农地市场从无到有或由弱变强，农地市场制度体系也逐渐在建立。从提高农村土地利用效率，公平合理实现土地收益分配的角度来看，建立相应的农地市场是较为有效的手段之一。而浙江故事各项制度创新的背后，也体现了通过构建市场来优化配置农地资源、合理分配收益的基本逻辑。简单来看，德清县集体经营性建设用地入市改革的目标之一在于构建与国有建设用地市场互为补充的农村集体建设用地市场；义乌市宅基地流转置换则通过扩大交易范围、依托城乡增减挂钩政策、开创集地券流转等途径，尝试构建面向农村建设用地和宅基地的交易市场，并与国有建设用地市场相对接；留用地政策则是有条件地引入国有建设用地市场体系到征地补偿过程中，允许村集体和农民以一定方式参与市场开发利用；耕地占补平衡制度的创新则是围绕耕地保护指标（土地发展权），建立了地方政府之间用于指标交易竞争的耕地保护的市场。应当看到，这些农地市场的建立与强化，的确实现了农地资源的优化配置，并在一定程度上化解了农地收益分配不均的难题。而浙江省通过探索市场体系的建立所设定的一些规则或规范，正逐渐成为引导各项制度创新向纵深发展的有力保障。

四、总体结论："做蛋糕"与"分蛋糕"

纵观整个浙江故事会发现，无论是资源配置层次、治理结构层次，还是正式制度层次，浙江省针对农村土地制度改革的基本思路都是围绕提高农村土地利用的效率来实现"做蛋糕",并按照利益共享或让利于民的原则来进行"分蛋糕"的这一目标来行动的,这里的"蛋糕"不仅指农村土地资产价值的显现,还包括生产生活环境、用地秩序、民主管理等软环境方面的提升。例如,集体经营性建设用地入市、宅基地流转置换、留用地安置以及耕地保护的指标交易等改革的实施,其带来的直观绩效就是农村建设用地得到优化利用、农村生产生活面貌大有改善、耕地保护得以有效落实、城乡用地空间布局更为合理、城市发展用地也得到一定保障等。从当前我国土地利用管理所面临的现实问题来看,浙江省的这些改革措施确实都对其加以了针对性的解决,并基本实现了"做大蛋糕、分好蛋糕"的改革目标。

当然,最引人关注的还是这些政策改革通过提高农村土地利用效率,起到了很好的"释放"农村土地资产价值的作用,进而实现了村集体和农民完成资本积累的效果,符合新型城镇化战略下农村地区发展的总体方向,也是对面向我国当前社会发展存在"不平衡、不充分"的主要矛盾的积极响应。通过集体经营性建设用地入市和宅基地流转置换所"释放"的土地资产价值,主要来源于建设用地总量投入增加所实现的使用价值;以留用地安置和耕地占补平衡指标调剂所"释放"的土地价值,使农民和村集体在当前城乡二元土地市场下能够进一步获取更高比例的土地增值收益。但无论如何,农民和村集体能够通过这些改革措施的执行,获得实实在在的财富增加与资产提升,这为农民的农业生产规模化、产业化、农村工业化,为农民的社会保险,为农业转移人口的"带资"进城等,奠定了资本基础。

应当注意到,"做蛋糕"并不是自发实现的,需要相关利益主体的积极介入与推动,因此这里还涉及具体组织实施的问题。从浙江故事背后的四项改革案例可以看出,针对不同的改革内容和改革环节,可以采取的治理组织模式一般包括以下三种:政府的主导、市场中的个体资源协商、村集体组织的集体行动。不同的治理结构在协调不同利益主体之间的关系以达到改革目的的过程中,所采取的操作方式与具体做法会有一定区别,如政府主导主要依靠行政力量来协调各方行动与利益关系,市场制则通过竞争机制来进行,而集体自组织则多通过集体表决、商议来统一行动与收益分配。显然,不同的治理结构在面向改革的不同环节时,具有一定的选择性和针对性,这就进一步牵涉到治理结构的选择问题,对此,选择的主要依据在于治理过程中成本的最小化与否,也就是如何在"做蛋糕"的同时,尽可能降低制作过程中"物料"的损耗。

从理论上来看,三种不同的治理结构并没有绝对的优劣,因为不同的治理结构通常面临着不同的实施成本,而成本的影响因素又呈多元化。具体而言,所处的内外部经济社会条件,政策的实施主体和其他利益相关者的特征,以及各项改革的事务特征等,都会对实施成本带来影响。这就表明,并没有所谓的"万能"

（one size for all）的治理结构，我们只能说在某种特定环境中，采取政府主导更有利于降低整个过程中的执行成本，而在另一种情形下，采用市场制则更为有益。因此，真正意义上的"万能"应当体现在匹配性的治理结构选择上。令人欣慰的是，浙江故事的背后也恰好体现了这样的选择逻辑，也就是根据不同改革内容以及不同改革环节的具体特征，并结合内外部环境来确定合宜的治理结构，并通过将面向不同环节的治理结构的嵌套组合，来协同降低整体执行成本的最小化，实现做大蛋糕。

与"做蛋糕"强调"做大"的目标导向有所不同，"分蛋糕"应当更加注重如何"分好"的价值取向，言外之意也就是如何公平合理地分配好蛋糕，这同样是体现改革绩效的关键。不可置否，在城乡二元土地管理体制下，低价农地和征地制度是我国早期快速城市化、工业化的经济基础，早期农村土地制度运行中所产生的土地增值收益，主要通过政府这一"看得见的手"来实施农地定价，直观的结果就是农民和村集体在分享"蛋糕"的过程中"分"得的相对较少，而政府或城市地区分得的相对较多，这也是我国社会发展"不平衡、不充分"的重要体现。而在浙江故事的背后，政府这一"看得见的手"在"分蛋糕"的过程中正在逐渐看不见，而市场这一"看不见的手"在"分蛋糕"时却越发变得清晰而明显。例如，集体经营性建设用地入市的交易收益分配，宅基地流转中的有偿竞价与集地券流转，以及留用地开发的收益分配，无不体现了市场机制在收益分配中发挥着越来越重要的作用。就目前来看，这也是相对更为"公平合理"的分配方式，能够实现"分好"的基本目标，这主要体现在农民和村集体在一定程度上享有了对农村土地自主开发、自主选择的权利。当然，集体自组织在"分蛋糕"的过程中，亦扮演着重要角色，如集体建设用地的合作入市和留用地的合作开发，都是集体自组织与市场力量合作开发，并协商好如何分配蛋糕的。因此，以浙江故事的视角来看，市场化、自主化的"分蛋糕"机制应当是改革的总体方向。

总的来说，浙江省的农村土地制度改革达到了既定的改革目的，通过显化农村土地资产，并降低中间执行成本而"做大蛋糕"，并通过市场化机制与自主协议机制的引入，能够更为公平合理地"分好蛋糕"，均体现了土地政策作为一种工具的有效性。

第三节　浙江故事的政策启示与建议

在传统城乡二元体制导致"农村地方发展普遍滞后于城市地区"的形势依然严峻的同时，化解我国新时期下"不平衡、不充分"的社会发展矛盾，对农村土地制度改革又提出了更高的要求。浙江省从自身社会发展需要出发，分别对农村集体经营性建设用地入市、宅基地、土地征收以及耕地占补平衡等制度做出了大胆的改革探索，在实现区域统筹发展（如耕地保护中的发展权转移）、城乡一体化发展（如留用地安置与义乌市城乡新社区集聚建设）以及农村地区均衡发展（如德清县集体经营性建设用地入市）等方面均取得了显著成效。尽管其开创的改革模式与实践做法仍有待历史检验，但相对于目前全国层面的农村土地制度改革而言，仍不失为一种可供借鉴的路径。因此，以浙江故事为视角，似乎可以为其他试点区域提供解决方案。

一、以浙江视角回答全国性农村土地制度改革

浙江故事是全国农村土地制度改革在浙江演绎的结果，那么自然而然联想到可以从浙江的视角来审视全国性的制度改革问题。具体地，立足浙江改革的成效及背后操作的逻辑，可以从改革的要义、改革的问题、改革的组织以及改革的治理四个方面来回答全国性的制度改革。

1. 改革的核心要义：规则改变"释放"农村土地价值

毋庸置疑，农村的发展需要资本支持，但历史经验告诉我们，简单的"富帮穷"只会是"授人以鱼"，难以取得可持续的发展结果。因此，当前全国性农村土地制度改革的重点任务之一就在于如何通过农村土地来促进农民与农村地区财富的积累，实现向"授人以渔"方式的转变。需注意，"释放"农村土地价值的潜台词实际上是现有农地价值被（严重）低估，这主要是由于我国现有的城乡二元土地管理体制，是人为的制度设计割断了农地与市地"同地同权"的设想，导致"同价"根本无法实现。因此，从"解铃还须系铃人"的视角来观察，改变现有制度设计、创新规则就成了"释放"农地价值的关键，这也是全国性农村土地制度改革的核心要义。

在浙江省农村土地制度创新中，德清县允许集体经营性建设用地以招拍挂形式进行入市，实际上是农村集体建设用地进行流转的规则发生了根本性改变——集体组织可以所有权人身份对集体经营性建设用地行使收益及处置的权利，企业或个人则被允许甚至是鼓励参与集体经营性建设用地的入市交易。这些根本性规则的变动，使集体经营性建设用地可以在有形的市场上按照竞价规则来体现其"市价"，成为"释放"集体建设用地价值的关键。在义乌市的例子中，允许宅基地流转置换、鼓励农房与宅基地抵押、创新集地券等，都是对原有规则的革新——宅基地被视为一种指标资产，可以参与城乡增减挂钩的交易，农民对农房及宅基地所享有的用益物权在处置规则上得到进一步的强化，金融银

行机构也被鼓励参与到宅基地用益物权实现的交易过程中，等等。这些规则的变化，同样使宅基地可以按照竞价交易的规则来衡量其"稀缺性"程度和区位优劣度，并以近似市场价值的形式加以体现。而征地制度所设定的留用地制度创新，改变了以往按货币、社保进行补偿的规则，转而以"土地补偿"规则进行补充，并允许对留用地进行准市场化的开发建设行为，这一规则的改进，使失地农民与村集体的土地利益能够按照市场竞价机制来进行弥补，而且从实际来看，留用地安置中失地农民的利益实际上有了大幅提升，这也是价值"释放"的直观体现。耕地占补平衡制度创新，允许跨区域的耕地保护指标交易，突破了原有耕地保护指标限定于县域内平衡的基本规则，使耕地资源充足与耕地资源匮乏的地区，可以以协议甚至市场定价的机制来进一步显化耕地保护的价值。

2. 改革的主要问题：妥善处理"人、地、钱"的问题

显然，我国农村土地制度改革将打破现有制度体系所支撑的城乡之间、集体之间以及集体与农民之间的社会关系网络，并实现新的社会关系网络的建立，在这一变迁过程中，就必然涉及"人、地、钱"的问题。例如，宅基地制度改革中农民的住房安排、宅基地的优化配置以及再开发的资金来源，可以归结为"人到哪里去"、"地从哪里来"以及"钱要怎么筹"三个方面的问题。而集体经营性建设用地入市中入市主体的确立、入市地块的界定以及入市收益的分配，同样可以理解为"谁来入市"、"哪些地入市"和"钱怎么分"的问题。因此，是否能妥善处理农村土地制度改革中的"人、地、钱"问题，成为全国性改革成败的关键。面临同样的改革难题，针对各项改革的内在要求，浙江省采取了分情形施策的处理原则，由各地区结合自身社会经济条件，有针对性地采取差异化的措施来解决"人、地、钱"的问题。

以宅基地制度改革为例，人多地少、用地需求量大、城镇化率高、经济实力强劲是义乌市的整体外部环境，为应对"人到哪里去"、"地从哪里来"以及"钱要怎么筹"的改革问题，义乌市以统筹城乡一体化发展为导向，通过城乡新社区集聚建设、新农村建设和"异地奔小康"工程，加速农民向市民转变，实现向高空要地①，并建立了政府财政、社会资本、农民和集体资金等多元化的资金筹措渠道，实现"由发展权供资"。在集体经营性建设用地入市的故事中，德清县面临着集体经营性建设用地分布零散、中小微企业繁多且用地需求量大、农民集体组织意识强烈和市场经济环境活跃的基本外部状况，通过现状调查和规则制定，明确了入市的客体与主体，并建立交易平台引入民间社会资本来显化入市土

---

① 向高空要地是指通过建设高容积率的高层公寓来安置农民，并拆除复垦原低密度的宅基地，从而达到节约集约土地指标的目的。

地的市场价值，并采取了"按类别、有级差"的增值收益分配模式来协调政府、集体与农民之间的利益关系。在余杭开展征地的留用地政策探索过程中，明确了只有在规定时期，且征收耕地数量达到既定规模时，村集体组织才允许申请使用留用地，由此明确了"谁可以申请留用地"的问题；留用地数量安排则按村庄人口规模分档制定，落地选址优先安排在村集体内，无法落地的则安排至规划的工业功能区，并规定只能用于商业经营性用途，不得进行商品房开发，确定了留用地分配、落地与用途的问题；因留用地安置而产生的收益分配，除按规定缴纳既定税费外，其余均归村集体所有。而在创新耕地保护与占补平衡方面，主要通过显化耕地的土地发展权益以及建立耕地保护生态账户，实现耕地资源少、建设需求高的区域向耕地资源保护任务重的区域转移经济财富，既有效激励耕地保护的利益主体，又能进一步增强耕地保护任务的落地。

3. 改革的组织形式：合理界定政府、市场与集体组织之间的关系

我国实行土地所有权的公有制，政府的力量（看得见的手）通常在土地利用与管理中发挥着主导作用，而国有建设用地市场的建立又充分体现了市场机制（看不见的手）在土地资源配置方面的优势；此外，考虑到集体组织在农村土地制度改革中的重要性，以及通常面临的集体行动困境问题，如何协调两只手与集体组织之间的关系，以达到优化配置农村土地资源的目的，成为农村土地制度改革的应有之义。浙江省开展农村土地制度改革坚持以成效论英雄，并没有过分依赖地方政府，或盲目推崇市场机制，抑或是任由集体自行组织，而是将各项改革内容分解为不同环节，根据每个环节的特征及外部属性来选择匹配的治理结构，从而统筹实现改革目标的落地。

具体而言，德清县集体经营性建设用地入市大体可以划分为规则制定、入市决策、入市交易、事后监管四个环节。其中在规则制定环节采取政府主导的形式，以树立交易规则的权威性，并争取充足的试点时效；在入市决策环节，由村集体组织根据入市规则内部协商入市交易与否，从而形成统一的集体行动；在入市交易环节，通过招拍挂等市场交易机制引入社会资本，充分显化土地的市场价值，并降低信息收集、协商等中间交易成本；在事后监管环节又坚持政府主导，以监管者的角色督促入市地块后续开发建设有序按时进行。采取分环节并针对性选择治理结构的改革操作，能够有效厘清政府、市场和集体组织之间的关系，充分发挥各自组织的优势，从而加快改革的落地，这样类似的操作在义乌市宅基地改革和杭州市留用地政策中均存在。总体而言，在规则制定、规划编制、实施监督和争议解决等方面地方政府应当扮演主导角色；在土地资产属性显化、交易达成方面市场应发挥主导作用；集体组织则凭借村民自组织之间的人际关系纽带，在形成决策、统一行动方面发挥关键作用。

4. 改革的地方治理：树立地方政府长期坚持改革的决心

改革考验地方政府的治理能力，也挑战着地方政府的改革决心。当前的农村土地制度改革，既不是起点，也不是终点，这就要求地方政府在应对农村土地管理问题时，应当立定长期改革的治理理念。简单回顾会发现，全国在确定试点市县进行各项农村土地制度改革时，正逐渐呈现出选点固化的现象，即承接国家改革试点任务的地区通常都呈高频率出现，其中杭州、义乌、德清、温州等地区就是典型代表①。浙江省之所以频繁成为各项改革的前沿阵地，这种潜移默化的安排固然与浙江省整体的社会经济环境有关，但浙江省各地方政府长期坚持对土地制度的自主探索与自我创新，也是其被选为试点区的重要因素。因为从国家推进农村土地制度改革的初衷来看，实现制度调整与创新是改革的根本目的，倘若将改革试点任务下放至未尝有过改革实践经验或改革意愿较差的地区，那改革的目标必然会难以实现，地方政府在承接这些改革任务时也会更多地视之为"政治性任务"，而非撬开政策红利的"钥匙"；相比之下，具有强烈主观改革意愿和改革经验积淀的地区，更有利于改革目标的落地。

以全国农村土地制度三项改革为例，之所以确立 33 个改革试点地区，其实质是体现中央寄希望于地方政府能够积极发挥自身主观能动性和创造性来建立符合地域发展特点的改革路径的思路，但部分地区在试点过程中的观望意识或应付意识仍然存在，"拿来主义"依然横行，并没有从自身实际供需矛盾和社会发展需要的角度出发来面对改革试点的任务，导致原本释放政策红利的契机，反而转化成试点地区的政治性压力。这与地方政府是否坚持长期改革的治理理念密切相关。

二、浙江经验推广复制的可能性：共性与特性

形成"可复制、能推广、利修法、惠群众"的实践经验是此次农村土地制度改革的重要目标之一。因此，跳出浙江故事看农村土地制度改革，还应当站在更宏观的视角审视浙江经验推广至东部发达地区乃至全国地区的可能性。

改革并非孤立的事件，要取得改革的成功，一是不能脱离现有制度体系及社会问题等外部环境所限定的基本"活动范围"，这从总体上限定了改革可操作的空间，主要表现在不能突破现有制度体系所框定的底线原则，以及要解决的现实问题的导向性；二是要结合自身特定属性做到量体裁衣，超脱于自身社会经济发

---

① 杭州市先后被确定为农村集体产权制度改革、农村土地确权登记试点、利用集体建设用地建设租赁住房试点的地区；义乌市先后被确定为农村宅基地制度改革试点、城镇化试点、农村改革试验区、投融资体制改革、扩权强镇改革等 11 项国家级改革试点；德清县则先后被确定为新型城镇化综合改革试点、农村集体资产股份权能改革、集体经营性建设用地入市改革的试点地区。

展水平及自然资源禀赋的束缚而设定的改革，往往是可望而不可即的。而浙江各地区围绕农村土地制度改革所进行的探索，也是基于以上两个方面的综合考虑的结果。因此，探讨浙江故事背后的改革经验可否推广或复制，也可以从这两个方面进行对比研判。

1. 外部环境一致，表明浙江省的改革方向适合全国各地

改革并不是革命，其操作空间同样要受到现有法律制度体系的强力约束。尽管中央在改革之初提出可在一定程度上突破现有法律的说法，但土地公有制性质不改变、耕地红线不突破、农民利益不受损、粮食生产能力不降低的四条底线原则，依然从根本上框定了现有改革的基本活动空间，而现行制度体系中显性的以及隐性的条条框框，也制约着改革的操作空间。从这一点米看，无论是浙江省、东部发达地区，还是全国各地，都面临着相同的境遇，这就表明在制度环境约束方面，浙江省与其他地区是处于同一起跑线的。

也正是因为受到同样的制度约束，在社会经济不断发展的背景下，全国各地区也面临着同样的现实问题。例如，城市发展用地供给不足与农村建设用地低效利用相并存的"两难"困境，宅基地管理中"多户一宅"与"一户多宅"的并存局面，现行征地制度所引发的征地矛盾，以及耕地保护中生态补偿机制的匮乏，都是全国层面普遍存在的问题，这从根本上构成了中央以及地方对农村土地制度改革的现实迫切需求。尽管不同地区在面临同样现实问题时的迫切性存在一定差异，东部地区面临的问题更为严峻和棘手，而中西部地区则相对略为缓和，但对于同样问题的解决，其方向应该是大同小异的。

面对这些制度壁垒与现实问题，浙江省通过构建集体经营性建设用地入市渠道，推进宅基地流转置换，铺开征地补偿留用地安置以及创建耕地生态占补平衡新机制等制度创新来应对，并取得显著成效。其中，入市与宅基地流转置换构建出城乡建设用地"流通"的渠道，在一定程度上扭转了"两难"局面，并充分显化了农村集体土地的价值；而留用地安置将农民利益与未来社会经济发展相绑定，极大地缓解了因补偿而引发的征地矛盾；"山海协作"下跨区域的土地发展权交易与生态账户建立，也从根本上体现了耕地保护的生态价值以及农民保护耕地的机会成本，实现了区域发展共享。从这个角度而言，发生在浙江省的上述改革思路与方向是可以供其他地区推广复制的，即无论是东部发达地区，还是全国其他省份，都可以以"建立集体经营性建设用地入市体系、建立宅基地流转置换体系、建立多元化征地补偿体系（包括留用地安置）以及建立耕地生态补偿占补机制"为改革方向，指导本地区改革的具体操作。

2. 自身属性差异，决定改革的操作需要因地制宜

改革不能脱离现实发展实际，既要根据自身资源禀赋确定可发力的方向，又

要根据自身社会经济发展水平确立可发力的大小。任何超脱于现实实际的改革，很可能只是一时性的揠苗助长，其改革的可持续性将受到质疑。

例如，在集体经营性建设用地入市过程中，可入市交易的集体经营性建设用地的数量、规模、大小与区位等资源禀赋情况，以及用地企业或个人对集体经营性建设用地的需求情况，从根本上决定了集体经营性建设用地市场是否能正常运转。浙江省德清县正是摸清了自身集体经营性建设用地足以形成一定规模的供地市场，以及大量中小微民营企业客观存在的用地需求，使入市改革取得了立竿见影的效果。跳出来看，我国东部发达地区由于早期农村经济发展的原因，在农村地区普遍留有一定数量的集体经营性建设用地，而且民营经济相对活跃也暗示着用地需求客观存在，以市场机制驱动集体经营性建设用地入市交易的浙江改革经验，在推广至东部发达地区时具有较高的可行性。但反观我国中西部地区，部分改革试点地区的调研结果表明，存量集体经营性建设用地规模微乎其微，市场用地需求较小，若直接复制浙江改革的操作做法，显然只会是"空中楼阁"，现实情况根本无法支撑市场的正常运转，在很大程度上，浙江经验推广至中西部地区的可行性会大打折扣。对此，可行的操作方式是由地方政府积极介入，以政府的力量替代市场的力量，通过政府牵线搭桥和给予政策优惠，主动挖掘潜在的用地需求者与供给者，以达到入市交易的目的。

又如，在宅基地制度改革中，尤其牵涉到规模较大的农民群体的住房权益，资金输入的多少是宅基地改革能否取得效果的关键因素。义乌市由于自身财政实力雄厚，且能够调动一定体量的社会资本流入宅基地改革中，加上当地农民群体本身就相对富裕，自有资金充盈，因此能够在较大程度上避免城乡新社区集聚、新农村建设以及异地奔小康工程中的资金制约，取得明显的改革绩效。对于东部发达地区而言，由于社会经济发展水平基本相似，采取类似的浙江经验的做法，不失为一条可行、快捷的改革路径。但对于中西部地区而言，财力本身就是地方政府的薄弱之处，而农民自身经济实力也非常有限，因此采取如此大规模的宅基地制度改革模式，显然不太受用。相反，对于这些地区而言，现实可行的操作在于推进小范围内宅基地资源的再配置利用，重点实施有偿使用、有偿选位、有偿退出等做法。

由于不同的制度改革内容涉及不同的改革环节，而每个环节可采取的操作又需要根据实际情形具体确定。为准确判断浙江经验推广至东部发达地区或全国地区的可行性，需要将每个环节一一拆解开来，并进行逐一对比与匹配，显然这是一项系统烦琐的工程。限于篇幅，本书并不对此逐一展开介绍，但仅从以上列出的部分环节内容来看，浙江经验适用于东部发达地区的可借鉴性显然相对更高。

3. "可推广、可复制"内涵的外延

应当认识到，"可推广、可复制"远非"拿来主义"下的"照本宣科"，将浙江故事完全复制照搬到其他省份，很可能落入"邯郸学步"的陷阱，改革不得而终。因此，有关浙江经验推广复制的可能性问题，很可能是一个伪命题，一来很难找到与浙江省情完全一致的地区来进行同样类似的改革操作，无法准确判断其改革是否"完全可行"，进而难以言及"放之四海而皆准"；二来是历史早已证明，"一刀切"式的改革方案只会"顾此失彼"。当然，这并不意味着浙江经验在浙江之外就一无是处，正如上文所述，其在很大程度上为其他地区指明了在某种情形下，针对相同目标下的某种制度改革，可以采取或者应当避免的操作，这本身就是"可推广、可复制"内涵下的题中之义；而浙江在应对各项改革时的治理理念，也非常值得其他地区广泛借鉴，如坚持让利于民、坚持因地制宜和坚持长期改革。

三、进一步提升浙江改革绩效的政策建议

随着我国社会主要矛盾的转向，城乡之间发展不平衡、农村地区发展不充分的总体冲突格局，对当前的农村土地制度改革提出了新要求。为在今后一年以及未来长远的改革实践中，进一步提升浙江改革的绩效，可以考虑从以下几个方面予以突破。

1. 夯实基础配套工作，助推改革向更广区域铺开

农村土地制度改革并不是孤立、离散的事件，它与其他配套性基础工作紧密相连。因此，为继续扩大浙江改革的实施绩效，需要进一步夯实基础性工作，具体包括但不仅限于以下几点。

第一，加强土地资源与资产调查，建立大比例尺、高精度的基础土地信息数据库。为服务今后日渐扩大的农村土地交易面，必须实现"以图管地"：①全面开展土地资源调查，完成覆盖城乡的 1∶500 城乡一体化地籍调查成果，全面摸清辖区内城市、建制镇、农村居民点的建设用地使用情况，掌握城市与集体低效建设用地、集体经营性建设用地、宅基地的基本数据结构与空间分布状况；②全面开展土地资产调查，全面调查核实不动产权属、用途、位置、界线、数量等基本情况，为下一步全国层面改革的启动做好充分的准备，及时更新、建立基础矢量数据库，强化基础土地信息数据库的管控作用，必要时可进一步开展城乡建设用地低效利用潜力评价，核定潜力开发区。

第二，推进确权登记发证。在上述土地资源与资产调查的基础上，为进一步实现"以证管地"，一要加快农村宅基地和集体建设用地确权登记发证工作的进

程；二要继续扩大集地券登记颁证工作；三要在耕地保护责任制的基础上，探索推进耕地保护确权登记发证和耕地发展权益登记颁证制度；四要以行政区为单位，探索建立生态账户的确权登记颁证制度。

第三，建立健全规划体系。加快"多规合一"规划体系的探索，重点完善土地利用总体规划与城市总体规划的衔接机制，加强中心村、特色村的村庄规划，完成基本覆盖全域的城乡建设规划，切实强化规划管控。

第四，加强改革宣传工作，持续传递改革释放红利的讯息。由于改革对现有用地意识的冲击，以及设定改革窗口期所造成的未来不确定性，目前对各项改革持观望态度的群体仍然存在。应进一步加强改革的宣传力度，面向社会广罗大众，尤其是广大农民群众，传递中央改革并释放政策红利的决心，积极发挥已取得改革成效的示范效益，扩大改革的受众面。必要时，省级政府可为地方政府的改革探索背书，稳定地方制度创新的未来预期。

2. 加快培育市场机制，支撑改革向长远目标发展

改革只是一种手段，重塑农村土地制度背后的社会关系结构，实现农村地区土地市场的建立才是根本的目的。目前，德清县集体经营性建设用地交易的市场竞争程度有待提升；义乌市宅基地置换也主要由政府统筹资金与用地配置，留用地安置则基本由地方政府主导，而有关耕地发展权益的交易，也仅停留在政府间的交易中。总而言之，浙江省在改革中所尝试建立的相关土地市场，仍有待历史检验。对此，可从以下几点进一步加强市场竞争机制的培育。

第一，加快构建城乡统一的地价体系。从构建城乡统一建设用地市场的长远发展趋势考虑，应着手建立配套统一的城乡建设用地价格体系，引导城乡建设用地价格向"同地同权同价"的方向衔接。充分考虑宅基地的价值构成及价格影响因素，尽快建立覆盖农村地区的宅基地地价体系，引导宅基地合理流转置换。客观认识耕地保护的生态价值及其机会成本，加快构建覆盖全省的耕地生态价值评估体系，建立分地区、分组织、分个人的"生态账户"。

第二，鼓励银行金融机构加大对农村土地交易的资金支持。"人、地、钱"问题的解决，关键要落脚到"钱"上，但农村土地价值普遍相对较低，且现行法律制度体系的约束也往往让银行金融机构望而却步。为扩大农村土地市场交易的规模，充分显化农村土地的市场价值，应加强银行金融机构在各项农村土地制度改革中的参与度，一是鼓励其对土地交易双方的抵押融资给予支持；二是借鉴集地券的交易方式，扩大农村土地债券化的交易规模与数量，探索类似的"留用地券""耕地保护生态价值券"等；三是必要时由地方政府进行政策背书，降低金融机构的政治顾虑。

第三，建立政府专项基金应对农村土地交易中的权益调处。探索由各级政府

联合建立相应的农村土地交易风险处置基金，重点对集体经营性建设用地入市交易、宅基地流转置换、土地征收与留用地安置，以及耕地保护生态价值交易中的纠纷进行处置。例如，为防止社会资本支配和侵占集体土地，对集体经营性建设用地抵押、宅基地抵押、留用地抵押以及购买耕地保护生态价值等可能发生的违约行为进行调处，确保农村地区的社会稳定。

3. 强化集体组织作用，达成统一的集体改革意愿

集体组织是农村土地制度改革中的利益主体之一，可以也应当在农村土地制度改革中扮演更重要的角色，尤其考虑到各项改革或项目的落地都需要面向不同的农民个体，为以较少的时间成本和协商成本达成统一的行动目标，有必要强化村集体经济组织自我组织的引导和协调作用。

第一，加快成立农村集体土地运营公司。集体土地所有权主体的虚化是制约农村集体土地价格的重要因素之一。以村集体组织为单位，成立农村集体土地运营公司，负责统一管理村集体土地的交易（包括耕地保护生态价值的交易）与收益管理，有利于及时有效地形成统一的集体行动，增强农民和集体在交易中的谈判地位，促进农村集体土地收益在集体内的公平、公正分配。同时，考虑到因土地区位和规划用途差异而导致全域不同地区的农村集体土地在增值收益形成上存在较大差距，可探索建立覆盖全域的农村土地开发联合会，以统筹姿态协调农村土地交易的时序性与空间性安排，降低土地增值收益的差距，促进农村地区统筹发展和社会公平。

第二，加快农村民主管理建设。建立健全农村民主管理体系，形成土地管理议事决策机制，积极发挥集体经济组织在统一集体行动中的"领头羊"作用；加强民主监督机制与纠纷调处机制，强化对农村集体财产性收入的统筹管理，实现对农村土地收益在集体内部的公平、公正分配。

4. 认清地方政府角色，为改革纵向推进保驾护航

浙江故事中，尽管地方政府、市场及集体自组织在不同的环节发挥着自身的优势，用以统筹协调改革实践的落地，但一个客观的事实是，地方政府的角色仍过于厚重，甚至在某些方面直接取代了市场和自组织所应该发挥的功效，这样不利于改革的纵向推进，可持续性存疑。

第一，政府应当着眼于改革的公共性事务，当进则进。政府与市场的边界问题探讨，一直是经济改革领域的热点话题，在农村土地制度改革中也面临同样的抉择。就改革所涉及的公共性事务和公共物品提供来看，地方政府应发力于公共性事务的建设上。改革初期，改革环境的营造、政策体系的建立以及多方主体的协调，是服务改革各项顺利进行的基础，具有明显公益性质，政府应积极主导。改革中期，为规范农村土地交易双方的行为，交易规则的设定与解释以及交易平

台的构建都需要政府的介入。改革后期，为协调交易纠纷处理以及事后的开发建设管理，政府又应当扮演监督者的角色。

第二，政府应避免大包大揽，当退则退。随着交易行为的增加，政府应当急流勇退，避免大包大揽。例如，目前在集体经营性建设用地入市交易、宅基地置换、留用地安置中，都或多或少地由各地方政府兜底实行最低保护价，虽然取得了明显的短期绩效，但其背后的长期隐患也不容忽视：一是加重地方政府财政负担，很难谈得上是"可复制、可推广"；二是形成过度依赖政府的局面，尤其考虑到改革窗口期即将结束，地方政府改革的热情可能会逐步下降，改革向纵深发展的可行性受到挑战，更难以言及"可持续、可推广"的改革模式或经验。

第三，政府应弥补市场和自组织的不足之处，张弛有度。尽管市场机制有利于维持农村土地市场的长久运行，充分显化农地价值；而集体自组织也有利于达成统一集体行动的意愿，并在实现土地收益公平分配方面发挥一定作用；但两者并不是完美无瑕的，市场主体的利己本性可能诱发社会资本对农村集体土地的侵占，如盲目囤地；而集体自组织也会受到自身经济实力、组织能力及谈判能力的制约，从而导致交易行为的"流产"。这时就应当充分发挥地方政府统筹全局以及合理调配资源的作用，如通过事前规划与事后监督机制，严控社会资本主体对农村土地进行的违法违规开发经营行为；或通过政府强制引导、政策支持及资金补足，协调集体自组织的统一行动，以此提高农村土地制度改革的质量和效益。

5. 凝聚各项改革合力，发挥改革的综合放大效益

农村土地制度改革是一项系统性工程，不仅会引起土地及生态系统的变化，还涉及社会经济关系的再调整，再加上不同改革内容之间普遍存在的内在联系，更强调了改革的系统性、整体性与联动性。在推进各项农村土地制度改革的过程中，浙江省各地方的探索实践有效化解了当前经济社会发展中的一些难题，而且逐步开始从统筹的角度来协调各项农村土地制度改革之间的关系，但目前仍然有一些难以调和的深层次问题尚未解决，这就需要从系统的角度发力，坚持以系统工程的方法推进改革攻关，坚持在联动和集成的基础上放大改革的整体效应。

第一，加快探索构建统一的土地增值收益分配机制，找准改革的关键。目前有关集体经营性建设用地、宅基地及征地背后的土地增值收益分配机制并未建立，各地方的认识也并不一致，难以形成可复制、可推广的经验。为兼顾各项改革的协同推进，这一问题必须在农村土地制度改革大一统的背景下进行，客观厘清不同制度背后的土地增值收益差异，但又要避免因收益分配差异过大而构成彼此改革推进中的"利诱性"障碍；同时也要考虑与国有建设用地市场背后的土地增值收益分配机制相匹配，以免造成不同用地市场之间的内在冲突，增加改革的

阻力。

第二，加快探索构建统一的城乡建设用地市场，引领未来改革方向。浙江省各地普遍存在城市地区建设用地需求大而供给不足，与农村地区建设用地规模大却又低效利用的两难局面，这使城市地区发展受到局限，而农村地区发展后劲不足。为从根本上扭转这一局面，改革的步伐可以迈大一点，从新型城镇化建设、新农村建设、农村土地制度改革等多方位相融合的视角，不断扩大农村建设用地和宅基地的流转面，不断解除城乡增减挂钩或集地券的地域使用限制，不断放开农村土地交易的权力束缚，不断凸显农村地区的土地发展权益，协同探索构建统一的城乡建设用地市场与生态补偿市场，缓解当前城乡二元土地市场发展不均衡、农村土地价值显化不充分的局面。

后　记

　　土地政策本身具有复杂性的特征，同时又受到不同区域经济社会和自然条件的影响。土地政策工具的实施不仅会引起土地及生态系统的变化，还会影响社会经济关系，再加上不同改革内容之间普遍存在的内在联系，制度设计的系统性、整体性与联动性显得更加重要。因此，农村土地制度改革是一项"内繁外联"的系统性工程，这是本书所要重点剖析的关键问题和主要内容。

　　首先，这是一个关于浙江的故事。本书基于十多年来浙江农村土地制度的改革实践，以分散聚焦的视角，详细介绍了集体经营性建设用地入市、宅基地、征地制度以及耕地保护与占补平衡制度四项制度创新，并对每个故事背后的特征与绩效做了详细解读与分析。在推进各项农村土地制度改革的过程中，浙江各地方的探索实践有效化解了当前经济社会发展中的一些难题，而且逐步开始从统筹的角度来协调各项农村土地制度改革之间的关系，在联动和集成的基础上放大改革的整体效应。

　　其次，这不单单是关于浙江的故事。无论是浙江省，还是东部发达地区，乃至全国各地，都面临着相同的境遇，即都面临着相同的境遇——受到既有法律制度体系的强力约束。因此，在社会经济不断发展的背景下，全国各地区也面临着一系列共同的土地问题。浙江故事是全国农村土地制度改革在浙江演绎的结果，其在应对各项土地问题时的改革理念和治理逻辑，有很多非常值得其他地区借鉴的地方。从浙江的视角来审视全国性的制度改革问题，这本身就是"可推广、可复制"内涵下的题中之义。当然，改革不能脱离现实发展实际，既要根据自身资源禀赋，确定可发力的方向，又要根据自身社会经济发展水平，确立可发力的大小。任何超脱于现实实际的改革，很可能只是一时性的揠苗助长，其改革的可持续性将受到质疑。

　　本书由沈国明、关涛、谭荣和蒋明利共同完成。沈国明负责总体框架的构建和全书内容的统筹，关涛负责主要观点和政策建议的归纳和提炼，谭荣负责总体框架和主要理论应用方面的凝练和总结，蒋明利负责政策文件、改革脉络等方面的梳理和解读。

首先要感谢浙江省土地勘测规划院的领导和同事，他们为项目的开展和本书的撰写提供了慷慨的支持和帮助，还要感谢浙江大学土地与国家发展研究院谭荣教授的团队，他们为全书做了大量的基础性工作，其中包括熊昌盛、周天肖、陈准、胡如梅、龚艳青和张凯文几位博士研究生。

我们还要特别感谢科学出版社的编辑对本书提出的诸多中肯建议和热情帮助。感谢尊敬的陈铁雄厅长为本书作序。此外，本书在撰写过程中参考和引用了许多国内外专家、学者的研究成果和相关资料，在此一并致谢！由于本书作者学识所限，书中难免会存在不足之处，请各位同仁提出宝贵意见或建议，以指导我们今后更好地开展研究。

作　者

2018 年 3 月